河北省社科基金项目"基于京津冀一体化的津冀港口群竞合研究"
（HB17GL093）

津冀港口群协同发展研究

王 晶◎著

燕山大学出版社
·秦皇岛·

图书在版编目（CIP）数据

津冀港口群协同发展研究 / 王晶著. —秦皇岛：燕山大学出版社，2021.5
ISBN 978-7-5761-0192-8

Ⅰ. ①津… Ⅱ. ①王… Ⅲ. ①港口经济－协调发展－研究－华北地区 Ⅳ. ①F552.72

中国版本图书馆CIP数据核字（2021）第093699号

津冀港口群协同发展研究
王晶 著

出 版 人：	陈　玉
责任编辑：	张　蕊
封面设计：	吴　波
出版发行：	燕山大学出版社 YANSHAN UNIVERSITY PRESS
地　　址：	河北省秦皇岛市河北大街西段438号
邮政编码：	066004
电　　话：	0335-8387555
印　　刷：	英格拉姆印刷(固安)有限公司
经　　销：	全国新华书店

开　　本：700mm×1000mm 1/16		印　张：13.25	字　数：230千字
版　　次：2021年5月第1版		印　次：2021年5月第1次印刷	
书　　号：ISBN 978-7-5761-0192-8			
定　　价：58.00元			

版权所有 侵权必究
如发生印刷、装订质量问题，读者可与出版社联系调换
联系电话：0335-8387718

前　言

近年来，港口之间的竞争日趋激烈，而因地理位置相近、腹地重合所形成的港口群内的港口之间联系更为密切，其竞争也更加激烈，港口群内部竞合问题日益凸显。经济全球化和航运联盟趋势要求港口之间要建立合作竞争关系，加强港口之间的合作，是防止过度竞争的有效手段和必然选择。从港口群角度出发，研究港口群竞合以及协同问题，已经是港口行业的热点问题。然而近年来，关于港口群内竞争合作的国内研究更多的是关注长三角和珠三角地区，对津冀港口群的研究鲜少。自2014年京津冀一体化提出，津冀港口成为京津冀地区乃至全国经济新的着力点，也给港口发展带来了新的机遇。津冀港口群应打破恶性竞争，实现合作共赢，进而实现津冀整个港口群协同发展，促进京津冀一体化的进程，对区域经济发展起到重要推动作用。津冀港口群在多年的发展过程中主要形成以下问题：第一，津冀各港口地理位置相近，导致货种同质化竞争；第二，各港口为增加各自的利益与规模经济效益，基础设施重复建设现象严重；第三，各地方政府各自为政，导致行政区域内相关支持政策的隐形竞争和摩擦等，严重阻碍了港口群的健康有序发展。除此之外，津冀港口群没有统一的发展规划，定位模糊，导致港口资源浪费、需求下滑等问题。

本书在京津冀协同发展背景下，以津冀港口群为对象，对津冀港口群发展进行了深入研究。

第1章对国内外港口、港口群、共享腹地港口群等基本概念进行了界定，搜集了津冀港口2008—2017年10年间的相关数据并进行统计分析，深入了解津冀港口群的现状，分析港口群内外部发展环境。

第2章在对港口竞争与合作相关研究现状进行总结、归纳与分析的基础上，介绍了港口群合作竞争相关概念和基本理论，对津冀港口群内部竞合关系及面临的问题进行了详细的分析，通过构建博弈模型，对港口进行竞争合作博弈研究：一方面针对地方政府合作成效低、严重阻碍不同行政体制下港口合作的问题，构建港口与政府两阶段博弈模型；另一方面针对港口地理位置临近、腹地重叠导致的货种同质化竞争问题，构建多港口博弈模型。在模型中分别比较了合作前后对港口市场需求份额、服务价格、服务水平、利润、地方政府利润以及整个港口群的影响，并将模型应用到津冀港口群中进行竞合博弈分析。

第3章对港口群利益分配进行了研究。首先从供应链角度进行研究，分析信息共享环境下港口供应链的特点和利益分配模式，结合传统港口供应链的利益分配值，以及利益分配的影响因素，对港口供应链进行二次利益分配，得到合理的利益分配值；其次对港口群内部利益分配进行研究，构建了共享腹地港口群内部利益分配模型，并以津冀港口群为例进行了算例研究。

第4章从系统理论、自组织理论和协同论出发，以津冀港口群发展现状为基础，对津冀港口群系统协同演化进行了系统研究。在分析津冀港口群系统协同发展的内在动因和外在动因及其自组织和他组织性质的基础上，阐述了港口群系统演化的三个阶段，结合阻滞增长模型，建立了津冀港口群系统自组织与他组织复合演化模型，分析了模型的稳定性，并进行了数值模拟和仿真分析。

第5章考虑腹地经济发展状况，对津冀港口及其共享腹地的协同发展进行了研究。从共享腹地港口群物流联动企业之间的关系演变着手，将共享腹地港口群的协同与优化作为研究对象，将相关理论和高新技术应用于港口协同与优化问题，从横向港口集群出发构建港口群协同发展评价模型，并对津冀港口与腹地系统发展演变进行了分析。

面对共享腹地港口群在货源方面的一致性，急需跨越企业界限，进行协同管理，以求达到经济效益、社会效益和环境效益的协调优化。要解决上述问题，其关键在于建立可行的管理模式和协同调度机制。因此第6章对津冀港口群的协同发展机制及策略进行了分析，针对津冀港口群提出协同具体机制和保障措施。通过实践研究为港口管理者和经营者以及供应链各节点企业作出科学决策提供一定的理论支撑。

前言

当前中国经济结构调整步伐加快，对港口协同发展的要求越来越突出，港口之间的竞争正由纯粹竞争向竞合进而向协同转变，本研究在理论上可以促进共享腹地港口群协同模型的构建，完善港口群的协同研究，为港口群协同系统的开发提供原型支持。同时，对于共享腹地港口群的协同有很强的指导作用，有利于共享腹地港口群的规划建设更趋于合理，引导地方政府制定相关的政策，从而进行协同调度和运作，提高港口的主导地位及整体的竞争力，对提升与完善新时期共享腹地港口群协同能力具有比较重要的应用价值和实践意义。研究表明，共享腹地港口群通过协同管理，能够合理分工，减少环境污染；建立协同合作网络，能够提高港口物流的整体竞争力。同时希望本研究对其他行业的协同机制建设有一定的借鉴作用。

本书的出版由河北省社科基金"基于京津冀一体化的津冀港口群竞合研究"（HB17GL093）资助，在写作过程中，得到燕山大学经济管理学院韩雅蓉、梁凯、王晓君、孙升华、王东磊、杨晓甫等同学的大力支持，在此向他们表示感谢。本书在写作过程中参考了国内外大量的相关研究文献，这些文献的作者无法一一列出，在此对他们表示深深的谢意。同时，尽管在写作过程中做了很多努力，但错误及缺点在所难免，请同行专家和读者批评指正。

目　　录

第1章　绪论 ……………………………………………………………… 1
 1.1　港口 …………………………………………………………… 1
  1.1.1　港口的定义 ……………………………………………… 1
  1.1.2　港口的功能 ……………………………………………… 2
 1.2　港口群 ………………………………………………………… 4
  1.2.1　港口群的概念 …………………………………………… 4
  1.2.2　共享腹地港口群 ………………………………………… 7
  1.2.3　我国沿海港口群概述 …………………………………… 10
 1.3　津冀港口群 …………………………………………………… 12
  1.3.1　津冀港口群现状分析 …………………………………… 12
  1.3.2　津冀港口群整体发展分析 ……………………………… 30

第2章　津冀港口群内竞争合作研究 ………………………………… 41
 2.1　港口群内竞争合作概述 ……………………………………… 41
  2.1.1　港口群内竞争合作概念 ………………………………… 42
  2.1.2　港口群内竞争合作相关因素 …………………………… 43
 2.2　津冀港口群内部竞合关系分析 ……………………………… 44
  2.2.1　津冀港口群竞合外部环境分析 ………………………… 44
  2.2.2　津冀港口群内部环境分析 ……………………………… 46
  2.2.3　津冀港口群竞合面临的问题 …………………………… 47
 2.3　津冀港口与地方政府博弈 …………………………………… 52

2.3.1 两阶段博弈模型问题描述及假设 ·················· 52
　　2.3.2 两阶段博弈模型构建及求解 ····················· 54
　　2.3.3 模型理论结果分析 ························· 56
　　2.3.4 津冀港口群与地方政府博弈分析 ·················· 57
2.4 津冀港口群内部多港口博弈 ························ 62
　　2.4.1 多港口博弈模型问题描述及假设 ·················· 62
　　2.4.2 多港口博弈模型构建及求解 ····················· 63
　　2.4.3 模型理论结果分析 ························· 66
　　2.4.4 津冀港口群博弈分析 ························ 71

第3章　津冀港口群利益分配研究 ·························· 78
3.1 港口群利益分配概述 ···························· 78
　　3.1.1 利益分配的内涵 ·························· 78
　　3.1.2 港口群利益分配的目的和原则 ···················· 79
　　3.1.3 港口群利益分配的特点 ······················· 81
　　3.1.4 港口供应链利益分配的影响因素 ·················· 81
　　3.1.5 港口群利益分配的模式 ······················· 83
3.2 共享腹地港口群供应链利益分配研究 ···················· 84
　　3.2.1 共享腹地港口群供应链利益分析 ·················· 84
　　3.2.2 信息共享环境下港口供应链利益分配模型 ·············· 89
　　3.2.3 信息共享环境下港口供应链利益分配算例分析 ············ 97
　　3.2.4 信息共享环境和非信息共享环境下各企业分配利益比较
　　　　　分析 ································ 104

第4章　津冀港口群系统协同发展与演化研究 ···················· 106
4.1 津冀港口群系统协同发展分析 ······················· 106
　　4.1.1 港口群系统协同发展的内涵和目标 ·················· 107
　　4.1.2 津冀港口群系统的外部环境及特征 ·················· 109
　　4.1.3 津冀港口群系统协同发展的动因 ·················· 111

4.2 津冀港口群系统演化模型的构建与仿真分析 …………………… 114
　　　　4.2.1 港口群系统协同演化机制分析 …………………………… 114
　　　　4.2.2 津冀港口群系统演化模型的建立 ………………………… 119
　　　　4.2.3 模型的稳定性分析 ………………………………………… 122
　　　　4.2.4 数值模拟与仿真分析 ……………………………………… 127
　　4.3 津冀港口群协同演化分析 ………………………………………… 134
　　　　4.3.1 津冀港口群系统自组织演化分析 ………………………… 135
　　　　4.3.2 津冀港口群系统自组织与他组织复合演化分析 ………… 140

第5章 津冀港口与腹地协同发展研究 ……………………………… 144
　　5.1 港口腹地及划分 …………………………………………………… 144
　　　　5.1.1 传统腹地划分方法 ………………………………………… 145
　　　　5.1.2 基于引力模型的腹地划分 ………………………………… 146
　　　　5.1.3 港口与腹地协同发展关系 ………………………………… 146
　　5.2 津冀各港口"港-腹"范围界定 …………………………………… 147
　　　　5.2.1 京津冀地区发展概况 ……………………………………… 147
　　　　5.2.2 "港-腹"范围界定模型构建 ……………………………… 153
　　　　5.2.3 "港-腹"范围界定模型测算 ……………………………… 155
　　5.3 "港-腹"协同发展演变 …………………………………………… 162
　　　　5.3.1 "港-腹"协同发展评价模型构建 ………………………… 162
　　　　5.3.2 "港-腹"协同发展演变分析 ……………………………… 164

第6章 津冀港口群协同机制设计 …………………………………… 176
　　6.1 港口群协同发展的必要性 ………………………………………… 176
　　6.2 津冀港口群协同发展总体策略功能定位 ………………………… 179
　　　　6.2.1 津冀港口群协同发展总体思路 …………………………… 179
　　　　6.2.2 天津港发展思路 …………………………………………… 180
　　　　6.2.3 河北港口发展思路 ………………………………………… 180
　　6.3 津冀港口群协同发展策略 ………………………………………… 182

6.3.1 政府层面策略 …………………………………………… 183
6.3.2 港口层面策略 …………………………………………… 185
6.3.3 社会层面策略 …………………………………………… 192

参考文献 ……………………………………………………………… 194

第1章　绪　　论

1.1 港口

1.1.1 港口的定义

港口，中文意思是水边之巷，即大陆对外从水路进出的通道；英文Port源于古拉丁文Porta，意思是位于海岸的门户。根据《港口法》第三条的规定，港口是指具有船舶进出、停泊、靠泊，旅客上下，货物装卸、驳运、储存等功能，具有相应的码头设施，由一定范围的水域和陆域组成的区域，是一个货物的集散地和各种运输载体的换装点，是水陆空运输货物换装和集散的中心。

随着企业的供应链化发展趋势越来越突出，为了适应新的发展模式和外部经济环境的变化，港口在区域经济发展中的功能、定位、发展方向等方面都必须做出改变。因此港口不再是简单意义上的水陆运输的连接点，而是整个区域物流体系和供应链体系中的重要节点之一，必须参与到供应链和区域经济的整体发展中，港口结构、功能及定位等的改变需要港口采取有效的改革措施，这些改变不仅使港口适应新的外部环境和竞合需求，也使港口的发展呈现出新的趋势和特征。因此，从传统意义上讲，港口是以连接水路和陆路运输为目的，承担船舶停靠、进出并为业主提供装卸、存储、交易等相关物流运输服务的水陆运输的汇合点，具有明确的水域和陆域界限，并承担着所在区域的水运与陆运的中转任务。现代意义上的港口不仅是交通枢纽，更是"经济区"，包括交通、服务、科技、金融等产业的活动空间，即现代港口不仅是客货集散地，也是港口周边的产业集群。港口作为交通网络中的节点、枢纽和门户，在发展国内外贸易、促进国际友好交往、沟通地区物资交流、方便人民出行等方面发挥着重要作用。

1.1.2 港口的功能

从港口功能的演变角度，联合国贸易与发展会议在1992年的《港口的发展和改善港口的现代化管理和组织原则》的研究报告中，把港口划分为三代，各代港口的主要特征为：

第一代港口：运输中心。主要是指形成于19世纪初，直到20世纪60年代以前的传统港口。社会经济主要处于自给自足时期，港口属于航运中转型，其功能为海运货物装卸、转运、临时存储以及货物的收发等。港口作业和活动的范围局限于码头及相关水陆域范围，港口发展的关键因素是劳动力和资本。

第二代港口：运输中心+服务中心。主要是指20世纪60年代至20世纪80年代工业化时期的港口。经济的对外扩张，促使大批依赖水运的工业向港口城区集聚，其除了具有第一代港口的功能以外，又增加了使货物增值的工业、商业功能。港口活动已不再限于码头本身，而是扩展到周边地区，开始为临港工业服务，并形成了部分专为临海工业服务的港区及工业港。港口发展的关键因素是资本与技术，装卸业务港口对城市经济GDP的贡献十分明显，此阶段是港口规模扩大最快的时期，码头专业化、深水化进展明显。

第三代港口：国际物流中心。主要产生于20世纪80年代以后。经济全球化趋势、全球性的产业结构调整、信息技术的广泛应用和集装箱运输的逐步成熟，使港口功能得到进一步扩展，除了原有功能以外，增添了信息服务与货物的配送等综合服务，具有集商品、技术、资本、信息集散于一体的物流功能。从此，港口成为各种运输方式的联运中心，主要业务范围从货物装卸、仓储和船舶靠泊等服务扩大到货物从码头到港口后方陆域的配送一体化服务，港口发展的关键因素是技术、信息和服务。许多港口以发展集装运输为重点，力争吸引国际中转货，建设成为国际或地区性枢纽港。

1999年，联合国贸易与发展会议上又提出了第四代港口的物理概念："空间上分离但是通过公共经营者或管理部门链接"（physically separated but linked through common operators or through a common administration）的组织。港口作为海上运输的起点和终点，自然是国际贸易和全球运输网络中的一个重要节点。但是随着船舶规模的日趋增大，港口逐步从以前的主导型地位走向相对于航运公司的从属型地位。航运公司对港口基础设施和专用设备提出了新的要求，同时也对港口营运和服务等方面提出了更高的要求。

第四代港口：现代物流中心。主要是指20世纪90年代后的港口。第四代港口对于一个国家的经济能否有效地参与经济全球化发挥着越来越重要的作用，总结归纳其特点主要包括：

（1）港口向着合作化趋势发展。首先，地理位置临近的港口之间由于拥有交叉重叠的腹地市场，在发展过程中存在明显的同质化竞争。为解决这一问题，各港口以组建港口群、港口联盟等方式，依据港口自身特点进行合理分工、采取合作策略、谋求共同发展。其次，从各港口所在区域内部来看，港口与所在地区的相关产业集群和供应链的发展息息相关，在企业供应链化和区域经济一体化的发展趋势下，港口成为供应链和区域经济发展的重要一环，除了各港口之间的竞争合作，港口所在供应链间的竞争合作对港口的发展也越发重要。为了实现港口运营效益的最大化和区域经济整体协同发展的目标，港口发展必须做到横向和纵向双向协同、实现共赢。

（2）港口发展的区域化和集群化。多港口联合的区域化与集群化发展能扩展各港口的腹地面积和市场空间，提高各港口发展的上限，促进港口的网络化发展与集体化运营，有利于适应外部经济环境的变化和提升对市场需求变化的适应能力，满足对港口服务的多样化需求。

（3）港口的柔性化与精益化发展。随着经济发展的全球化和港口市场变化的不确定性越来越明显，港口对市场变化的快速反应能力显得越发重要，这便体现了港口柔性化建设的重要性。柔性化港口的主要特点就是对市场需求变化的准确预测和快速反应，利用其对市场的准确预测能力、柔性的管理和自主学习能力，为所在区域提供高质量的差异化服务。消除所有可能的浪费是精益思想的本质，随着精益思想的提出，现代港口运营过程中，通过资源共享、信息化管理等方式，尽量消除运营过程中造成的浪费。通过港口的柔性化和精益化建设，达到增强港口群系统的弹性和环境适应性的目的。

发达港口在已有的基础上，不断努力拓展综合物流的服务功能，除了国际多式联运的枢纽功能外，还扮演区域或国际性的商贸中心、金融中心、信息中心的角色，对城市、区域经济的贡献极大。港口是世界经济发展的产物，也是人类社会经济发展阶段的主要标志之一。港口既是国际贸易和商品货物运输的起点和终点，也是商品生产与交换的重要基地。

1.2 港口群

1.2.1 港口群的概念

1.2.1.1 港口群的产生

随着港口经济和港口业务及功能的不断发展，一个港口已不能满足地区交通运输的需要，于是第二、第三个港口便应运而生，即港口群的产生。同时，人们更加注重以港口或港口群为中心的区域经济，以及包括该区域所有港口、交叉腹地、产业集群、集疏运系统、政府管理部门等在内的整个港口群系统的整体发展，港口群系统由此产生。港口群的形成与发展不仅反映了地区经济发展的规模，同时也反映了世界经济重心的地理空间的变化状况。

20世纪90年代，高科技迅速发展，市场经济体制成为大多数国家的选择，跨国公司的规模迅速扩大，世界各国经济联系进一步增强，预示着经济全球化时代的到来。经济全球化发展是一个漫长的阶段，形成于20世纪中后期并一直延续到现在。在新技术革命的推动下，社会生产力高度发展，要求不断投入发展新技术、新工艺，也要求分工更加精细化、专业化，协作范围不断扩大化、广泛化，这就促进了国际分工和协作的不断升级。参与国际分工的对象由发达国家扩展到世界各个国家和地区。由于生产制造的全球化，导致世界贸易量的不断增长，其增长率远远高于世界生产的增长率。港口在经济全球化中扮演了重要的角色，维持着世界经济的正常运转，日益增长的世界贸易量对于港口本身也是极大的挑战，在强大需求的驱使下，港口群得到了不断的发展。

国际现代物流的发展和区域经济一体化的趋势，提高了交通运输量，因此，在区域内，一个港口是不能满足需求的，于是全球许多区域在经济及地理条件的驱动下，均出现了港口群，如美国东西岸港口群、地中海地区港口群、日本东京湾港口群以及我国五大沿海港口群。这使得港口从简单装卸、物流运输业务，发展到腹地交叉、功能趋同的横向港口群，并从横向演变成纵向港口群体系。港口群的产生及演化如图1-1所示。

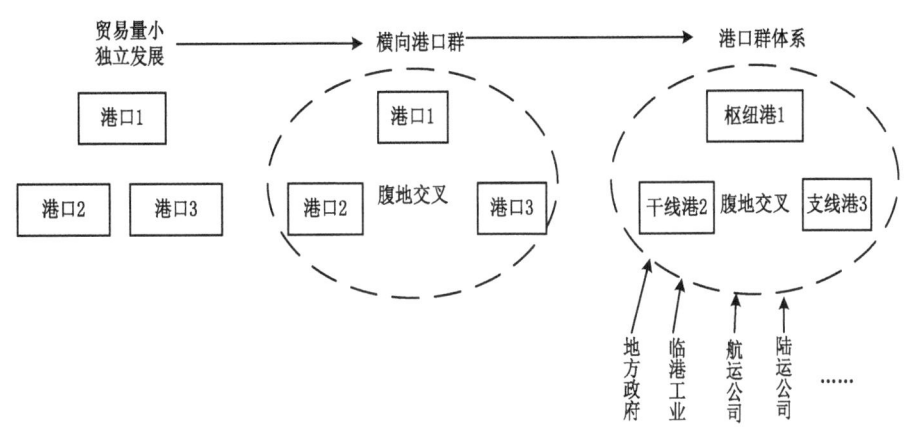

图1-1 港口群的产生及演化

1.2.1.2 港口群的定义

2004年7月,地中海沿岸国家在环海高速公路会议上提出了港口群的概念,同时指出港口群内各个港口间应避免无序竞争,通过选择合适的中心港并且合理地规划,可以有效避免港口资源的浪费。改革开放后,我国港口快速发展并向港口群体系方向发展。肖钟熙(2007)从横向空间角度定义,认为港口群内港口的特点是地理位置相近、经济腹地部分共有、功能可以有一定程度的互相取代并且互为竞争对手。杨静蕾和李欣(2009)从纵向产业层面对港口群界定加以补充,即以某个大型港口为核心,由相关临港工业、陆运、航运代理、港口服务业等产业组成的纵向产业链。董雷和刘凯(2010)提出港口群三大有效性要素,即交通的通达性、空间的临近性、行政管理,兼顾港口经济特性。汪传旭(2009)认为港口群内各港口明确功能、合理分工,并根据各自优劣势达成合作联盟,可提高港口群体系的高效性,进而促进自身和区域经济的可持续发展。

总结以往研究中港口群的概念,国内外学者大致从两个角度对港口群进行定义。从横向空间角度定义,即地理位置彼此相邻或相近、经济腹地交叉重叠、发展规模和性质既相互制约又相互依存、功能上有交叉和一定的取代性、存在竞合关系的一组空间港口组合,称为港口群。从纵向产业层面定义,即从与港口相关的产业集群的角度出发,将港口群定义为:以港口为核心，以物流服务业、临港产业和港口服务业构成的产业网络集群为主体的各港口产业链的集合，且各主体间存在买卖、服务与被服务的关系。

港口群不同于生物群，也不同于产业群。它是由地理位置相近、存在共同腹地的，若干个功能或部分功能可以被相互替代的个体港口系统组成的港口群体大系统，是港口的功能及规模发展到一定阶段的产物。三者之间的本质区别主要有：其一，主体不同。港口群的主体是港口，生物群的主体是生物，产业群的主体是企业或产业。其二，形成机制不同。生物群是由特定的生存环境决定生物群的规模、构成及其生存方式，群落中各生物体的相互关系既有亲缘关系，又存在敌对的食物链关系；产业群是由于分工原因在特定地域上形成聚集；而港口群是由于区域经济的发展需要以及政府扶持形成多个港口的聚集。其三，稳定性不同。生物群落一旦形成，将形成稳定不变的群体，只有受到较大的外界环境变迁才可能发生变化；产业群随着外界形式的改变，在分工、技术、产品、竞争合作模式等多方面进行发展与创新，表现出高度的灵活性；而港口群由于港口投资规模巨大，一旦建成便不宜改造、变更，且港口产品单一，在外界环境的变化下，港口群只能以内部竞争合作模式的变化来改善外界环境带来的冲击。其四，港口群是航运产业群的载体。没有港口就没有航运产业，可以说港口群包含了众多产业群，是航运产业存在的必然条件。虽然产业群与港口群有众多不同之处，但是港口群也是多个港口在地域上的聚集，共享人才、资源、市场、技术等，相互之间存在着竞争与合作的关系，并产生了广泛的聚集经济效益，具有产业群聚的普遍特点。

1.2.1.3 港口群的基本特征

系统理论认为，任何系统都有以下三个条件：一是系统由元素构成，二是元素之间存在相互作用，三是元素与元素之间的关系能够实现特定的具体功能。从系统理论角度对港口群系统进行分析可知，首先，港口群系统是由两个及以上处在邻近区域、拥有交叉腹地、业务相关的港口组成的，是同一区域中多个港口的集合。其次，港口群系统内部港口与港口之间、港口与腹地之间等存在持续的相互作用，这种相互作用不是偶然和短时的，而是长时间的必然联系。最后，港口群系统的形成目的在于为所在区域、腹地甚至是整个社会提供服务，实现其社会价值，具有特定的功能。由此可见，港口群系统是由多个港口子系统组成，港口子系统中又包含港口、港口城市、交通网络、人力资源、管理部门等一系列资源，具有开放性、复杂性和动态性等特点。港口群是现代物流发展的必然要求，作为海陆集运输的重要枢纽，不同于一般的交通运输方式，也不同于其他的服务及制造企业集群。因此，港口群以独有的自身发展特点，形成独有的特征，具体包括以下几个方面：

（1）港口利益主体各自为政。在同一港口群中，虽然各个港口的空间距离相邻或相近，但是每个港口隶属于不同的地方政府，由不同的行政区域所管辖，具有不同的利益主体。地方政府与港口均希望自身收益最大化，导致各港口之间不断发生经济利益冲突、竞相争夺同一经济腹地货源、缺乏合理有效的整体规划，不利于整个港口群的发展。

（2）运输系统及经济腹地交叉。港口的发展所依托的运输方式主要为公路、铁路和水路运输，并通过有效连接形成运输网络系统。从空间角度看，由区域内地理位置临近的港口组成的港口群，使得各个港口的运输网络系统及经济腹地交叉重叠，带动了区域交通运输网络发展、促进了经济腹地对外的贸易往来。

（3）相似的区位整体优势和国内外市场。港口腹地范围是相互交叉的，并没有特别明确的界限，而且相同的地理位置使得港口群中的各个港口具有相似的区位优势，其各个港口开辟的航线和辖射的国内外市场也交叉相同，往往导致对货源的同质化竞争。

1.2.2 共享腹地港口群

1.2.2.1 共享腹地港口群的定义

一直以来，腹地与港口的研究便有千丝万缕的联系（王爱虎、肖平，2013），如早期理论界认为两者之间存在隶属关系，即某腹地从属于特定港口（Captive Hinterland），为港口提供离港货源及抵港货销售地（Weigend，1958）。后来随着各地港口的不断兴建，学者开始意识到港口之间的竞争很大程度上表现为对腹地货流的争夺，共享腹地、竞争腹地（Shared or Contestable Hinterlands）即因此得名（Rodrigue & Notteboom，2010）。由此可见，腹地与港口群在概念上密不可分、相辅相成，故文献中"腹地港口群""港口群腹地"与"共享腹地港口群"并无实质性差别，皆指港口群与关联腹地链接而成的货物流通区域。借鉴肖钟熙（2007）与刘志敏（2012）的观点，本书将共享腹地港口群定义为"由位置相近、功能互替互补的若干港口及其竞争腹地所构成的物流系统区域"。

当两个或几个港口存在共同腹地时，就形成了一个共享腹地的港口群系统。根据研究的目的和所涉及区域范围的不同，可以将共享腹地港口群进行三个层次的划分。

第一，同一个港口内的不同港区组成的港口群。随着港口的不断发展，港口的规模越来越大，很多港口都包括了若干个港区，这些港区隶属于同一家港口，但是地理位置不同、自然条件不同、码头类型不同，临港工业发展状况也有所不同，彼此差别使得港口应该对所辖的港区进行统一规划和有效协调，以使港口的功能优化、服务优化，提高港口的竞争力，促进所在城市的经济和社会发展。例如，江苏省的太仓、常熟、张家港3个港口原是各自独立的港口，2002年8月这3个港口合而为一，共同打造"苏州港"，原来的3个港口成了苏州港的三大港区。港口的管理实行政企分开，实行"统一领导、统一规划、统一政策、统一管理"，3个港口各有分工、相互合作、相互补充，实现了港口的跨越式发展，提高了港口的综合实力。

第二，同一省区内的不同港口组成的港口群。例如，辽宁省内有大连、营口、锦州、丹东等多个港口，从港口对于辽宁省和整个东北地区的经济和社会的促进作用来看，可以将这些港口作为一个港口群大系统进行研究；又如，广西也有北海、防城港和钦州等多个港口，这些港口也可以作为一个港口群系统。由于这类港口群的港口同属于一个省区，而且位置相邻，有较多的共同利益，因此在整合过程中具有一定的便利条件，也受到了较多的关注。

第三，同一地区内的不同港口组成的港口群。我国有五个较大的地区性港口群：环渤海港口群，长江三角洲地区港口群，东南沿海港口群，珠江三角洲地区港口群和西南沿海港口群。这五大港口群几乎包括了我国所有沿海地区的大型港口，而且这类港口群的港口可能分属于不同的省、自治区、直辖市。其港口数目众多、规模较大，彼此之间的利益冲突也比较明显，因此对此类港口群进行有效的整合是我国港口业发展的重大问题。

目前，国内外对共享腹地港口群的定义大部分是基于最后一种划分，即为共同的腹地或地区提供运输服务，在功能、发展规模及性质上既相互制约又相互补充，在地域上彼此相邻或者相近的一群港口的集合，为共享腹地港口群。

1.2.2.2 共享腹地港口群内部联系的特征

共享腹地意味着各种资源总和不变，物流来源相同、去向相同，共享腹地港口群内的港口由于共享腹地的原因而被紧密地联系在一起。如此组合的港口群不同于同一港口内不同港区组成的港口群，可能在同一个省区内，也可能分属不同省份；即使是同一个省份内的港口，也被不同的市级或以下的政府部门分管，故两两港口之间在经济发展上没有共同的目标，但是在港口本质的使命上皆为同一个腹地的经济服务。共享腹地港口群内的港口，相互之间的关系及联系呈现如下特征：

（1）地域的临近性。能够共享同一经济腹地的港口在地域上不能相离太远，陆运距离在一定的范围内才可以共享到相互之间的腹地。若相离太远，腹地货物运输到港口A的时间及成本远远大于运输到港口B的话，那么A很难分流到B港口的货物，如广州港和天津港同属于中国这块经济腹地，但天津港共享不到广东省的吞吐量。所以共享腹地港口群的港口在地域上存在相对的临近度，使腹地内的货物运送到港口群中的任一港口的货币成本、时间成本等的加总相差不多。

（2）某个层面的系统性。共享腹地港口群共同服务于同一个经济腹地，腹地的范围在理论上说没有界限，但是在现实中由于各种成本、空间上的可达性等的影响，使得港口群能辐射到的经济腹地范围有限。现已有研究开始计算港口群的腹地范围、如何划分港口的腹地及腹地的隶属度问题，即共享腹地港口群的腹地有一定的界限和范围，在这个范畴之内，港口群内的港口组成了一个为该经济腹地服务的物流系统。腹地经济的货物种类、数量等是一定的，那么这些货类在港口群内的瓜分使得港口群在某种意义上成为一个系统，每个港口的加和就等于腹地内货物的港口物流需求。

（3）竞争的必然性。腹地范围有一定的界限，腹地内的港口运输需求在一定的时期内是固定的，那么腹地货物在港口群内港口的瓜分将引起群内港口间的竞争。除非港口群的货物吞吐能力远低于腹地内对港口物流需求的货物量，否则竞争随时都存在。我国当前刚经历过"十五"规划及"十一五"规划期间的港口建设高潮期，全国五大港口群的吞吐能力几乎都超过当前的腹地港口运输需求，所以我国目前港口群内港口间竞争的激烈程度可想而知。

（4）功能的互补性及替代性。腹地内经济的产业结构、支柱产业等特征决定了腹地内货物对港口运输的多样化需求。腹地内每种货物需求都有港口响应，故共享腹地港口群内的港口会各自发展出符合所运输货物要求的功能特征。港口群内功能上的重叠决定了港口与港口间具有一定的替代性。

1.2.3 我国沿海港口群概述

2006年中华人民共和国交通部出台的《全国沿海港口布局规划》，将我国沿海港口划分为环渤海、长江三角洲、东南沿海、珠江三角洲和西南沿海五个港口群体（见表1-1），标志着我国沿海港口建设与发展进入了新的发展阶段。

表1-1　我国五大港口群

港口群名称	核心港口	支线港口
环渤海港口群	大连港、天津港、青岛港	葫芦岛港、营口港、锦州港、丹东港、秦皇岛港、唐山港、黄骅港、龙口港、威海港、烟台港等
长三角港口群	上海港、宁波-舟山港、连云港港	温州港、扬州港、江阴港、苏州港、南京港、南通港、泰州港、镇江港、嘉兴港等
珠三角港口群	香港港、广州港、深圳港	珠海港、汕头港、东莞港、汕尾港、中山港、惠州港、虎门港、茂名港、阳江港等
东南沿海港口群	厦门港、福州港	泉州港、莆田港、漳州港、福州港等
西南沿海港口群	湛江港、防城港、海口港	广西港、洋浦港、北海港、三亚港、钦州港、八所港等

环渤海港口群可根据地理位置划分为辽宁港口群、津冀港口群和山东港口群。辽宁港口群，主要以大连港为集装箱发展的干线港口，锦州、营口、丹东港等为支线港口；以大连、营口港为主发展煤炭、铁矿石等大宗散货，锦州、葫芦岛港等为支线港口。山东港口群，以青岛、日照港为核心的专业化煤炭装船港，烟台、龙口港等为支线港口；以青岛港为集装箱发展的干线

港口，日照、威海港等为支线港口；以青岛、烟台、日照港为主发展石油、铁矿石、天然气和粮食等大宗散货。津冀港口群，以天津港为集装箱发展的干线港口，秦皇岛、唐山、黄骅港为支线港口；以秦皇岛港为重点的专业化煤炭装船港，天津、唐山、黄骅港为支线港。

长三角港口群依托长江产业密集、腹地经济发达、上海国际航运中心等优势，成为我国吞吐量最大、发展最为迅速的港口群。长三角港口群形成了以上海、宁波-舟山、苏州港为主，由南京、连云港港等组成的集装箱运输系统；以连云港港为主发展煤炭装卸及转运；以宁波-舟山、连云港港为核心，由上海、南京港等组成进口铁矿石中转运输系统。值得一提的是，2006年，宁波、舟山港合并为宁波-舟山港，经资源整合后的组合港取得了显著的成绩，其货物吞吐量和集装箱吞吐量逐年攀升。宁波-舟山港成为浙江港口的龙头，与上海港形成双枢纽之势。

珠三角港口群由珠江三角洲地区和广东省东部港口组成，目前发展成为以深圳、广州港为集装箱干线港，汕头、虎门港等为支线或喂给港；以珠海、广州港为重点的进口铁矿石运输系统；由广州、深圳、虎门港等港口为主，发展石油、天然气业务；以广州港为重点发展煤炭装卸及转运系统。珠三角地区是我国经济最发达地区之一，地处港澳地缘和世界级制造业基地，依托香港港国际航运中心的优势，该港口群发展潜力巨大。

东南沿海港口群岸线资源丰富，形成了以厦门、福州港为重点，以莆田、泉州、漳州港等为主要支线港的布局分布。东南沿海港口群，目前发展以厦门港为集装箱干线港，福州、泉州、漳州港等为支线或喂给港；以泉州港为重点，发展石油、天然气业务；以厦门港为核心发展海上旅游客运及邮轮运输业务；以宁德、厦门、泉州、莆田、漳州港等为核心，发展陆岛滚装业务。

西南沿海港口群由海南省、广东省西部和广西沿海地区的港口组成，以湛江、防城、海口港为重点，并包括广西、北海、三亚、八所港等。该港口群，以防城、海口、湛江港等港口为集装箱支线或喂给港；以海口、洋浦、湛江等港口发展进口石油、天然气业务；以湛江、防城、八所港等为重点，形成进出口矿石中转运输系统。由于区域经济相对落后，所以西南沿海港口群的发展规模与环渤海、长三角及珠三角港口群相比较小，发展缓慢。

近年来，我国的港口建设与管理虽然取得了一定的发展，但在很多方面还存在着改进的空间。如何避免港口群内各个港口之间的过度竞争，实现合理有序的竞合关系，降低港口成本，从而提升整个港口群的竞争实力，促进港口行业及区域经济的发展，是目前一个值得关注的问题。这五大港口群内各港口由于地理位置邻近以及业务的相似，导致港口群内产生激烈竞争，这种竞争不但不利于各个港口发展，更不利于港口群的发展。

1.3 津冀港口群

1.3.1 津冀港口群现状分析

1.3.1.1 津冀港口群系统的构成

近年来，津冀港口群恶性竞争日益凸显，是目前亟待解决的难点问题。从2014年京津冀一体化的提出，到如今将京津冀协同发展上升为国家战略，以及"一带一路"合作倡议的提出等，给津冀港口群合作发展带来了难得的机遇。在此背景下，有必要系统分析津冀港口群发展现状及津冀港口群整体发展。

京津冀地区港口众多，在津冀地区约640千米的海岸线上，从北到南依次分布着秦皇岛港、唐山港（丰南港区、京唐港区、曹妃甸港区）、天津港、黄骅港等众多良港，分别坐落在秦皇岛市、唐山市、天津市和沧州市（见图1-2）。港口群成为京津冀地区经济发展的重要支撑，是促进区域经济发展的重要战略资源。秦皇岛港、唐山港、黄骅港3个港口分布在河北省内，河北省拥有海岸线487千米、规划岸线126.8千米。2017年，唐山港、秦皇岛港、黄骅港港口吞吐量完成10.9亿吨，首次突破10亿大关，同比增长14.3%；3个港口固定资产投资完成70.7亿元，新增港口通过能力为2192万吨，河北省港口总通过能力达到10.5亿吨，居全国第二位。天津港是我国五大枢纽港之一，天津港的集装箱码头数量排在全国首位，具体数据如表1-2所示。

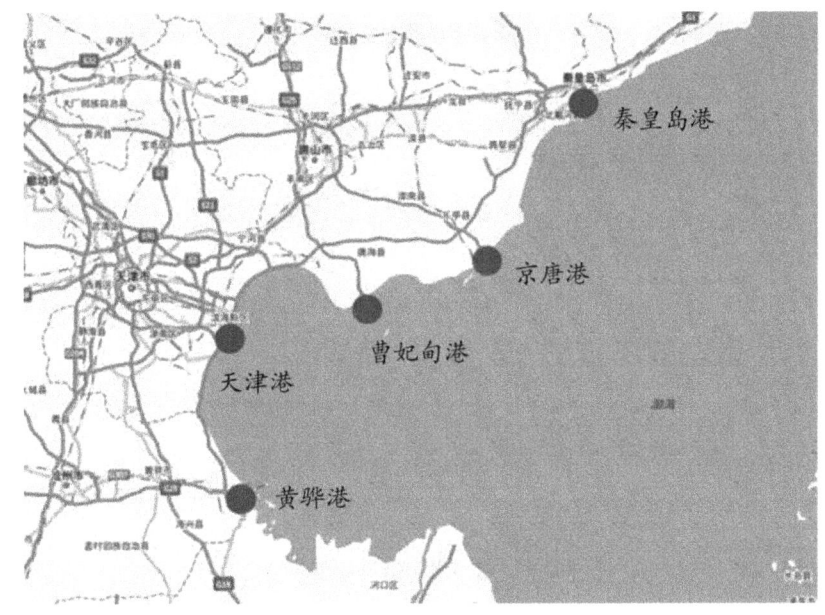

图1-2 津冀港口群分布图

表1-2 四大港口的主要设施情况

港口	生产性泊位个数/个	泊位长度/米	万吨级以上泊位个数/个
天津港	160	37634	103
唐山港	111	30036	39
黄骅港	39	9586	25
秦皇岛港	58	13329	44

作为复杂的社会经济系统，津冀港口群系统是一个庞大的要素集合。各港口子系统又包括各自的自然条件、基础设施、腹地资源、集疏运体系、产业集群等。各中层体系又由多个基层元素组成，例如：各港口的自然条件包括港口区位条件、水域及自然环境、岸线资源条件等；基础设施建设包括泊位建设、装卸设备建设、交通设施建设、靠泊系统建设等；腹地资源包括市场需求资源、陆路交通运输系统等；集疏运系统包括陆路交通、水路交通、货物装卸及存储系统等。从系统论角度对津冀港口群系统的构成进行分层分析，得到了津冀港口群系统的结构，具体构成如图1-3所示。

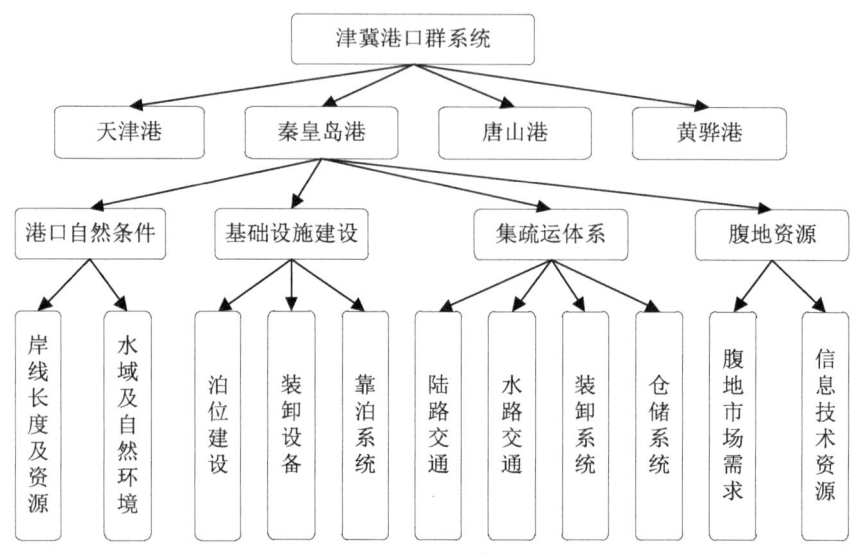

图1-3 津冀港口群系统的构成

1.3.1.2 天津港的发展现状

（1）天津港发展历程

天津港具有140年的悠久历史，位于天津市滨海新区、海河入海口处，处于京津城市带和环渤海经济圈的交汇点上，是环渤海中与华北、西北等内陆地区货物从海洋集散运往全国乃至世界的最近入海港，也是亚欧大陆桥的东端起点之一，背靠三北，面向东亚，是我国最大的人工港、我国沿海重要水路交通枢纽港及重要对外贸易口岸。作为人工港，其自然条件并不优越，没有天然的深水泊位且回淤量大，为此，港口不惜巨额投资，经人工挖掘水深达21米，最多可停靠30万吨船舶，成为世界一流的人工造港。天津港是京津冀地区重要的战略资源。

天津港经济腹地辽阔，对内辐射力强，腹地面积近500万平方千米，以华北、西北地区为主，包括北京市、天津市、河北省、山西省、陕西省、甘肃省、青海省、内蒙古自治区、新疆维吾尔自治区、宁夏回族自治区，以及河南省、山东省的一部分，占全国总面积的52%，已经形成了颇具规模的立体交通集疏运体系和水路与陆路交通运输网络。全港70%左右的货物吞吐量来自天津以外的各省、市、自治区。直接经济腹地为京津冀地区和山西省，间接腹地有陕、甘、宁、青、川、新、藏及内蒙古等地。腹地物产资源丰富，

第 1 章 绪论

土地面积和人口分别占全国的46.9%和18.8%。

天津港对外联系广泛，同世界上180多个国家和地区的500多个港口有贸易往来，集装箱班轮航线达到120条，每月航班550余班，联通世界各主要港口，形成了巨大的物流、资金流和信息流；集疏运条件便捷，形成以港口为核心的现代立体交通体系，促进了腹地各地区的经济合作及国际贸易往来。全国有1/5的煤、1/4的盐、1/6的油、1/7的矿物，都要通过天津港进行海上运输。目前天津港每年完成的煤炭吞吐量都在3000万吨以上，原油和成品油接卸能力达500万吨。

（2）天津港港区分布

天津港地理位置独特，是我国东部沿海五大重要的、具有中转意义的港口之一，也是我国北方较为重要的现代化综合交通网络的节点。天津港分为北疆、南疆、东疆、临港经济区南部区、南港港区东部区五大港区。截至2019年，天津港港口岸线总长32.7千米，水域面积336平方千米，陆域面积131平方千米。北疆港区以集装箱和件杂货作业为主；南疆港区以液体散货和干散货作业为主。

各港区主要业务如表1-3所示。

表1-3　天津港港区主要业务

港区	主要业务
北疆	集装箱及零件杂货业务
南疆	干散货物及液体散货业务
东疆	集装箱装卸、国际航运贸易、离岸金融等现代化服务
临港经济区南部区	码头装卸、综合物流、轻工、粮油、食品加工、能源及医药等
南港港区东部区	煤炭、矿石等大宗散货

（3）天津港2008—2017年数据

天津港目前以集装箱、原油、矿石、煤炭为"四大支柱"产业。货物年吞吐量从2005年到2015年呈现出突飞猛进的增长，2005年为2.4亿吨，2013年首次突破5亿吨，直至2015年以平均5%年增长率保持在5亿吨以上。

天津港2008—2017年港口货物年吞吐量及同比增长率如图1-4所示。

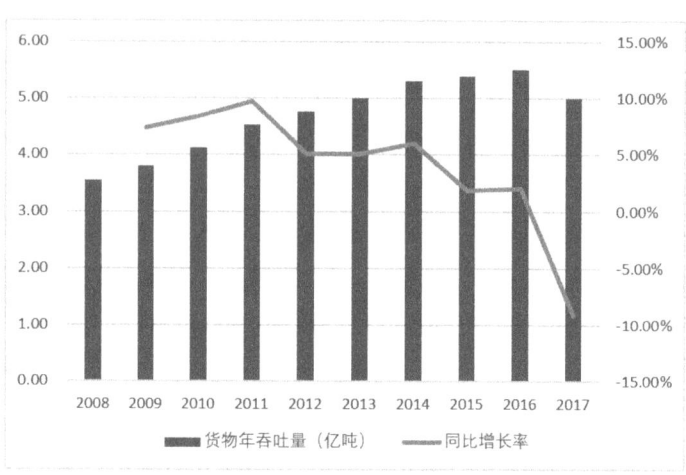

图1-4　2008—2017年天津港货物年吞吐量及同比增长率

注：数据来源于《中国港口年鉴》《中国交通运输统计年鉴》

随着全球贸易的发展，集装箱业务的服务水平、作业效率等的提升尤为突出，天津港成为中国集装箱大港，并连续三年跻身于全球集装箱吞吐量十大港口之一。作为津冀港口群集装箱港的干线港，集装箱年吞吐量在近十年保持着持续增长的态势，2015年完成了近1400万标准箱，在世界集装箱吞吐量排名中位于第十。

天津港2008—2017年集装箱年吞吐量及同比增长率如图1-5所示。

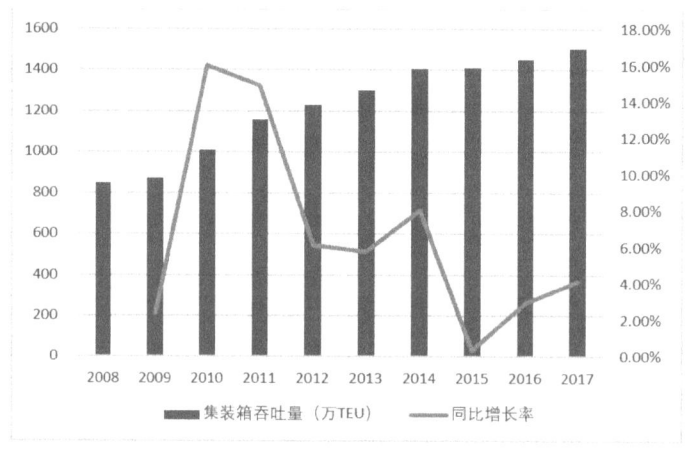

图1-5　2008—2017年天津港集装箱年吞吐量及同比增长率

注：数据来源于《中国港口年鉴》《中国交通运输统计年鉴》

天津港2008—2017年煤炭年吞吐量及同比增长率如图1-6所示。

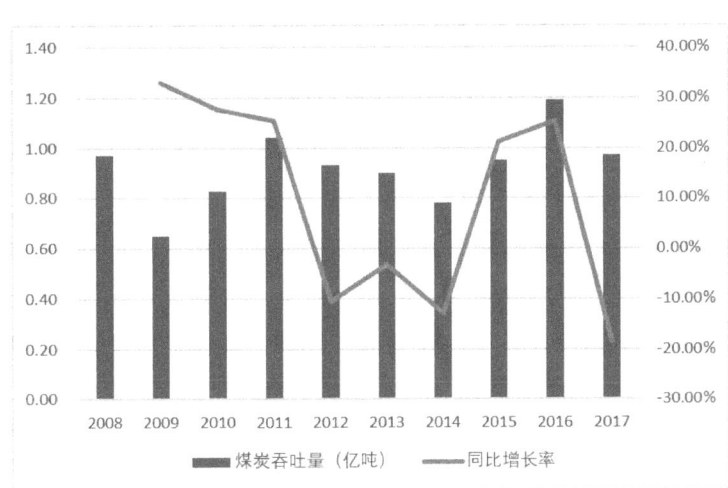

图1-6　2008—2017年天津港煤炭年吞吐量及同比增长率

从天津港的吞吐结构看，天津港最主要的货物有金属矿石、煤炭、石油天然气和机械设备等，它是北方地区很重要的集装箱干线港。各类货物吞吐量及其增长率如表1-4所示。

表1-4　天津港2008—2017年各类货物吞吐量及其增长率

年份	2008	2009	2010	2011	2012	2013	2014	2015	2016	2017
货物吞吐量/亿吨	3.55	3.81	4.13	4.53	4.76	5.00	5.30	5.40	5.51	5.01
货物吞吐量增长率/%	—	7.32	8.40	9.69	5.08	5.04	6.00	1.87	2.04	-9.07
集装箱吞吐量/万TEU	850	870	1009	1159	1230	1301	1406	1411	1452	1506
集装箱吞吐量增长率/%	—	2.35	15.98	14.87	6.13	5.78	8.07	0.34	2.91	3.72
煤炭吞吐量/亿吨	0.97	0.65	0.83	1.04	0.93	0.90	0.78	0.95	1.19	0.97
煤炭吞吐量增长率/%	—	32.99	27.70	25.30	-10.58	-3.22	-12.89	21.17	25.26	-18.49

由表1-4可知，天津港在2010—2016年货物吞吐量呈持续上升趋势，在

2016年达到峰值，货物吞吐量5.51亿吨，在2017年稍有下滑，但货物吞吐量仍突破5亿吨。天津港的基础设施投资在2013年达到了180亿元，港口基础设施的不断完善提高了港口的吞吐能力，进而货物吞吐量一直持续上升，货物吞吐量在2011年增长速度最快达到14.5%。2010—2017年天津港煤炭吞吐量小有波动，在2017年煤炭吞吐量下降最多，同比下降26.7%，由2016年的1.19亿吨下降到2017年的0.97亿吨。

1.3.1.3 秦皇岛港发展现状

（1）秦皇岛港发展历程

秦皇岛港区始建于1898年，地处渤海之滨，扼东北、华北之咽喉，是我国北方著名的天然不冻港，目前中国最大的能源输出港，也是我国主要对外贸易综合性国际港口之一。港口除承担国内货物的中转外，还与世界上100多个国家和地区的港口保持着经济性的贸易往来。据2019年10月秦皇岛港官网显示，秦皇岛港拥有12.2千米长的码头岸线，陆域面积11.3平方千米，水域面积226.9平方千米，分为东、西两大港区。秦皇岛港经营范围广，主要以煤炭、石油、粮食、化肥、水泥、矿石、饲料、水果为主，集装箱运输业务发展也很快。

秦皇岛港区是我国"北煤南运"大通道的主枢纽港，担负着我国南方"八省一市"的煤炭供应重任，占全国沿海港口下水煤炭的50%。秦皇岛港煤炭输出量约占全国沿海煤炭输出量的70%以上，在保证我国北煤南运和煤炭外贸出口中具有十分重要的地位。港口煤炭货源分布于山西北部、内蒙古西部、宁夏、陕西北部以及河北、北京等地，我国著名的大同、开滦、平朔矿及神府东胜煤田等，都在港口经济腹地内，是我国主要煤炭生产基地。秦皇岛港国内中转煤炭流向上海、浙江、江苏、福建、山东、广东、广西、海南、辽宁等9个省市，约占港口煤炭吞吐量的77%；外贸煤炭出口流向为日本、东南亚和欧洲等一些国家和地区，约占港口煤炭吞吐量的23%。港口原油货源主要来自大庆油田。大庆油田原油产量在我国居第一位，为港口提供了充足的货源。截至2019年10月，秦皇岛港拥有泊位50个，其中煤炭专用泊位23个，设计煤炭通过能力为2.2635亿吨；可装载0.5万~10万吨各吨级船舶，最大可停靠14万吨级船舶。秦皇岛港有煤炭专用堆场128万平方米，最大堆存能力为500万吨，有煤炭品种90多个。在煤炭方面，其工艺流程先进、装卸效率高、工艺自动化及机械化程度高、工艺水平处于领先地位，具有品牌效应优势。

集疏运方面，秦皇岛港区位于渤海辽东湾西侧，对外交通发达，集疏运条件优越。铁路有沈山、京山、京秦和大秦4条铁路干线直达港口。公路通过城市集疏港道路与102、205国道相连，可直达北京、天津、沈阳等地。航空方面已开辟有到北京、广州等地的多条航线，每月有定期航班。海上运输可到达中国沿海各港及长江中下游港口，并开通了至山东龙口的海上客运航线。秦皇岛港与世界上80多个国家和地区的港口通航，先后开通了至日本、韩国等多条国际集装箱班轮航线，先后与日本的苫小牧港、澳大利亚的纽卡斯尔港结为友好港。

（2）秦皇岛港港区分布

秦皇岛分为东港港区、西港港区、山海关港区三大港区，各港区主要业务如表1-5所示。

表1-5 秦皇岛港港区业务

港区	主要业务
东港港区	煤炭、铁矿石、原油等
西港港区	游轮和游艇等方面的旅游客运
山海关港区	临港工业、工业园区等

（3）秦皇岛港2008—2017年数据

近年来秦皇岛港正在发展成为多功能、综合性、现代化的港口。秦皇岛港进口货类结构，内贸进口以杂货为主，占总量的0.2%；内贸出口以煤炭、原油为大宗，占总量的71.5%；外贸进口主要是小麦、矿石、木材、钢铁、化肥、糖、水泥及其他杂货，占总量的5.1%；外贸出口的货物主要是煤炭、原油、非金属矿石、钢铁、粮食及其他杂货，占总量的23.2%。

秦皇岛港2008—2017年港口货物年吞吐量及同比增长率如图1-7所示。

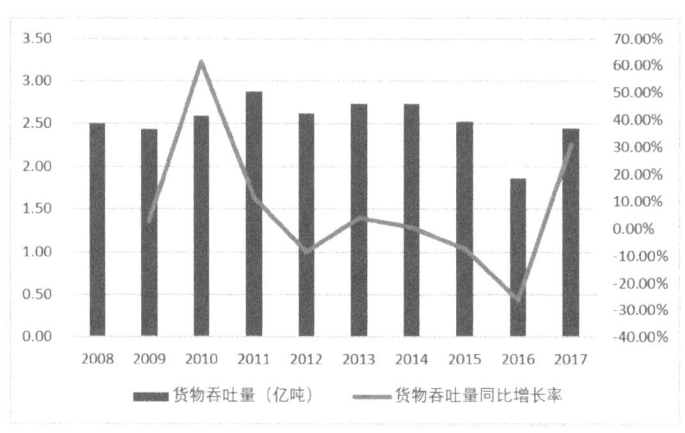

图1-7 2008—2017年秦皇岛港货物年吞吐量及同比增长率

秦皇岛港主营业务依然为煤炭，2006年秦皇岛港货运吞吐量为20127万吨，其中煤炭吞吐量为17651.8万吨，使得秦皇岛稳居我国煤炭第一大港之位，同时也称为该年世界散货第一大港。2011年，煤炭年吞吐量首次突破2.5亿吨，2014年货物吞吐量为2.74亿吨，其中煤炭为2.4亿吨，相比之下煤炭需求量有所降低。

秦皇岛港2008—2017年港口煤炭年吞吐量及同比增长率如图1-8所示。

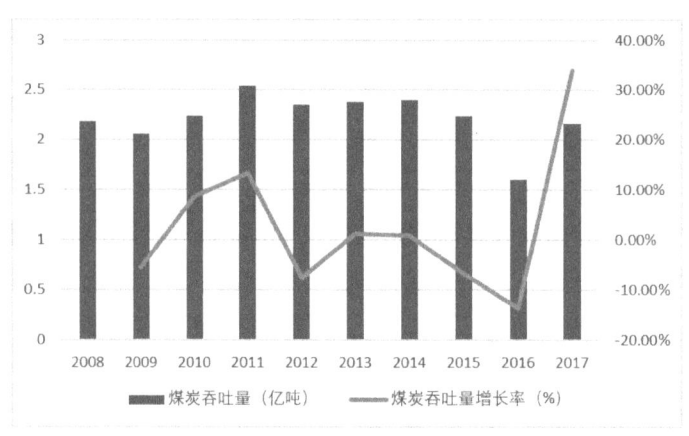

图1-8 2008—2017年秦皇岛港货物煤炭年吞吐量及同比增长率

秦皇岛港其他货种比重相对较小，集装箱业务发展平稳，先后开通了至日本、韩国等国际集装箱班轮航线。2008—2017年秦皇岛港集装箱业务年平均吞吐量为42.22万TEU。

秦皇岛港2008—2017年港口集装箱年吞吐量及同比增长率如图1-9所示。

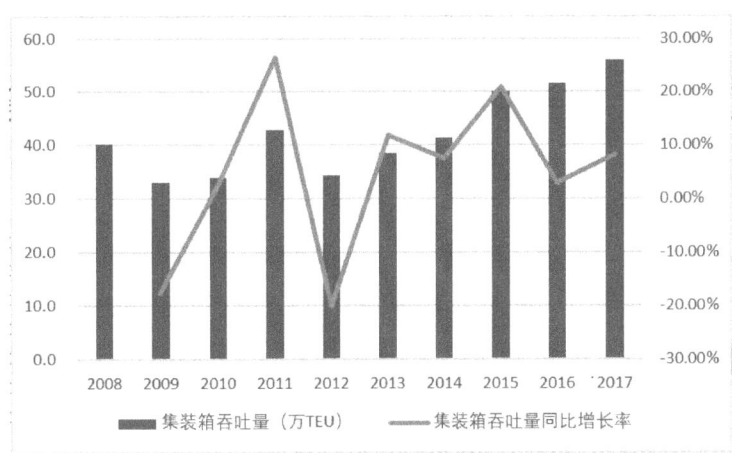

图1-9　2008—2017年秦皇岛港集装箱年吞吐量及同比增长率

秦皇岛港是东北、华北等地区的重要出口港，自1898年秦皇岛港建立，就负责全国煤炭50%外运的任务，全国煤炭的运输也由秦皇岛港来承载。

秦皇岛港2008—2017年的各类货物吞吐量及其增长率如表1-6所示。

表1-6　秦皇岛港2008—2017年各类货物吞吐量及其增长率

年份	2008	2009	2010	2011	2012	2013	2014	2015	2016	2017
货物吞吐量/亿吨	2.50	2.44	2.59	2.88	2.63	2.73	2.74	2.53	1.87	2.45
货物吞吐量增长率/%	—	2.40	61.5	11.20	-8.68	3.80	0.36	-7.66	-26.19	31.02
集装箱吞吐量/万TEU	40.2	33.1	34.0	43.0	34.4	38.5	41.4	50.1	51.6	55.9
集装箱吞吐量增长率/%	—	-17.66	2.71	26.47	-20.00	11.92	7.53	21.01	2.99	8.33
煤炭吞吐量/亿吨	2.18	2.06	2.24	2.54	2.35	2.38	2.4	2.24	1.61	2.16
煤炭吞吐量增长率/%	—	-5.50	8.74	13.39	-7.48	1.28	0.84	-6.67	-13.60	34.00

注：数据来源于《中国港口年鉴》

由表1-6可知，秦皇岛港货物吞吐量在2010—2017年小有波动，在2012年、2015年和2016年出现负增长，2012年、2015年和2016年秦皇岛港煤炭吞吐量出现负增长，秦皇岛港是承担煤炭运输的主要枢纽港，煤炭吞吐量的降低对货物吞吐量造成了一定的影响。秦皇岛港的集装箱吞吐量在2011年增长最快，同比增长26.47%，在2012年出现负增长。

1.3.1.4 唐山港发展现状

（1）唐山港发展历程

唐山市地处环渤海湾中心地带，南临渤海，北依燕山，东与秦皇岛市接壤，西与北京、天津毗邻，是连接华北、东北两大地区的咽喉要地和极其重要的走廊，京沈、京秦、大秦三大铁路横贯全境；唐津、京沈、沿海高速公路横穿全境；唐山港位于津、秦两港之间，东邻秦皇岛港，西邻天津港，是我国沿海的地区性重要港口，能源、原材料等大宗物资专业化运输系统的重要组成部分。境内铁路公路交织成网，交通发达，具有较强的腹地辐射能力。

唐山港从1988年建造1.5万吨级泊位起步，前期建港目标以散杂货泊位为主。随着近海铁矿的开发、钢铁工业的发展，唐山港将发展成为以钢铁为主的综合性港口。2015年的数据显示，唐山港港池水域面积4.3万平方米，陆域面积4.5万平方米。作业区东北侧建有一块梯形布局的港口辅建区，占地约22万平方米，码头岸线长316米。唐山港建成投产各类生产性泊位71个，其中万吨级以上泊位57个，设计年通过能力4.22亿吨。随着唐山港曹妃甸港区煤炭码头续建工程等几个大型深水泊位项目的建成投产，唐山港货物吞吐能力将显著增强。港外锚地在航道出口东侧，水深12米，4个锚地，可系泊1.5万吨级船舶。进港航道垂直于岸线，进入港池走向135度~315度，航道长为4.4千米，水深9.8米，可通航1.5万吨级船舶，乘潮可通行2万吨级船舶。导航设施在水域有1~7号浮鼓，陆域上有两组导标和灯塔1座，灯塔坐标为38°55′07″N、118°30′24″E。港口现有装卸机械35台，其中门座起重机2台，最大起重能力16吨。港区铁路专用线3400米，其中装卸线1200米。

（2）唐山港港区分布

唐山港距离渤海湾出海口最近，是国家一类开放口岸，是促进京津冀地区、华北及西北部分地区经济发展并实现对外开放的重要港口之一。唐山港分为京唐港区、曹妃甸港区和丰南港区，形成分工合作、协调互动、三港齐飞的总体发展格局。

唐山港港区主要业务如表1-7所示。

表1-7　唐山港港区主要业务

港区	主要业务
曹妃甸港区	为邻港冶金、石化、能源、装备制造、建材等大型重化工业服务,发展大宗原材料转运功能,并承担"北煤南运"的重要任务
京唐港区	各类物资运输服务的综合性港区
丰南港区	为冶金、装备制造等后方临港产业服务,未来发展成为区域综合运输服务港区

京唐港区是为腹地经济发展所需各类物资运输服务的综合性港区,为唐山市及其他腹地的通用物资转运服务,并在唐山港煤炭运输中发挥辅助作用。京唐港区于1992年通航,港口后方陆域有广阔的国有盐碱荒滩未利用地,因此适合发展大规模临港产业。公路上可与205、102、107国道相接,铁路上可与京广、京九、京沪、京哈、京包等铁路接轨。港区有广阔的经济腹地,开滦煤矿、唐山钢铁工业是港区重要的直接经济腹地,间接经济腹地包括北京、河北、宁夏、山西、内蒙古和陕西等地,与国内外90多个港口、30多个国家和地区的港口建立频繁的贸易往来。2014年,京唐港区货物吞吐量达2.15亿吨,同比增长7%,在短短五年内突破了2亿吨,稳定了煤炭、钢铁、矿石等支柱货源运输。2014年,京唐港区集装箱吞吐量为86.5万标箱,同比增长51%,在港区的带动下,唐山港实现连续三年高位增长,稳居河北省港口群集装箱吞吐量首位。

曹妃甸港区是以服务曹妃甸循环经济示范区和大宗散货转运为主的大型综合性港区,为邻港冶金、石化、能源、装备制造、建材等大型重化工业服务;利用深水岸线资源优势,发展大宗原材料转运功能,并承担"北煤南运"的重要任务。曹妃甸港区自然条件优越,具有得天独厚的深水优势,是环渤海沿岸中仅有的一个不需要开挖港池和航道便可建设30万～70万吨级深水泊位的天然深槽良港,并且长年不冻不淤。港区毗邻京津冀城市群,距京唐港区33海里,距秦皇岛港92海里,距天津港仅38海里。高速公路上可与唐津、京沈、唐港纵横沟通至全国高速公路网,铁路上可与京秦、大秦、京山、通坨、迁曹线、张唐铁路相连,其中迁曹线是从大秦线上引出的一条支线,于2006年正式开通,形成第三条"北煤南运"货运通道,而张唐铁路为新建工程项目,是第四条能源大通道的一期工程,于2015年12月正式通车。

迁曹线及张唐铁路的建成，一方面大大提高了曹妃甸港区的货物吞吐量，另一方面势必对秦皇岛港和京唐港区产生一定的货物分流。

曹妃甸港区吞吐量增长速度保持强劲增长态势，值得一提的是，增速连续八年稳居全国首位。2010年货物吞吐量突破亿吨，达1.26亿吨。2013年，全年货物吞吐量达到2.4亿吨，突破2亿吨大关，其中主要货种统计为矿石1.13亿吨，同比增长14.9%；煤炭0.8亿吨，同比增长48.4%；钢材0.2亿吨，同比增长28.5%。截至2014年，在不到10年的发展中，港区货物吞吐量已经达到2.9亿吨，首次超越秦皇岛港，并跃居河北省榜首。港区由于自然条件及区位等优势，得到国家的重视和各界的投资建设，2011年被列入了"十二五"规划，2012年国家开发投资公司投资"曹妃甸港煤一期续建"项目，2015年华电集团投资"曹妃甸华电"项目，2016年内蒙古与河北港口投资"曹妃甸蒙冀"项目等。各界项目的投资，有利于促进曹妃甸港区的发展，提高吞吐量。

丰南港区规划建设地点位于丰南沿海工业区，东与曹妃甸新区相连，西与天津滨海新区相连，北距沿海高速公路15千米，交通便利、区位优越。根据《唐山港总体规划》，丰南港区在京唐港区和曹妃甸港区基础上兴建，形成以京唐港区和曹妃甸港区为核心，丰南港区为补充的"一港三区"战略格局。丰南港区于2009年谋划实施，于2016年11月5日正式开工。初步设计总投资31.8亿元，以服务丰南沿海工业区为主，同时服务于南堡开发区、芦汉经济技术开发区和唐山市区，建成后年吞吐量可达2050万吨，被列入国家"十二五"口岸发展规划、河北省沿海地区发展规划。作为唐山新建港区，其主要发展方向和基本功能是成为其他两个港区的重要补充，促进唐山港的发展，为冶金、装备制造等后方临港产业服务，未来发展成为区域综合运输服务的港区。

（3）唐山港2008—2017年数据

唐山港口岸通航以来，货物吞吐量以年增100万～150万吨的速度迅速提高。2001年吞吐量突破1000万吨，跨入国家千万吨港口行列，在全国沿海主要港口中居第23位，包括煤炭、矿石、原盐、粮食、化肥、水泥、设备、集装箱等十多大类、数十个货种，航线通达亚、欧、美等20多个国家和地区及国内90多个港口。2014年货物吞吐量首次突破5亿吨，居河北省第一，世界排名第五,成为全国最大的进口铁矿石接卸港、第二大煤炭能源输出港等。

唐山港2008—2017年港口货物吞吐量如图1-10所示。

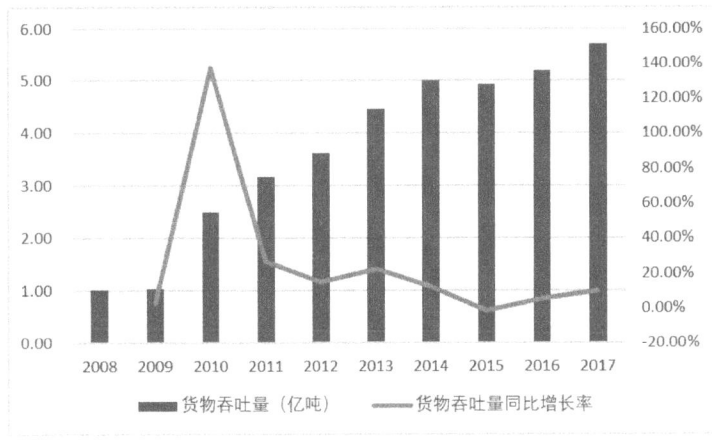

图1-10　2008—2017年唐山港货物年吞吐量及同比增长率

在集装箱方面,唐山港呈现出了连年增长的趋势,2014年唐山港集装箱吞吐量快速递增,是河北省首次突破100万标箱的港口,并且带动了腹地经济及临港产业加工的发展,促进了京津冀区域的经济发展。

唐山港2008—2017年港口集装箱吞吐量如图1-11所示。

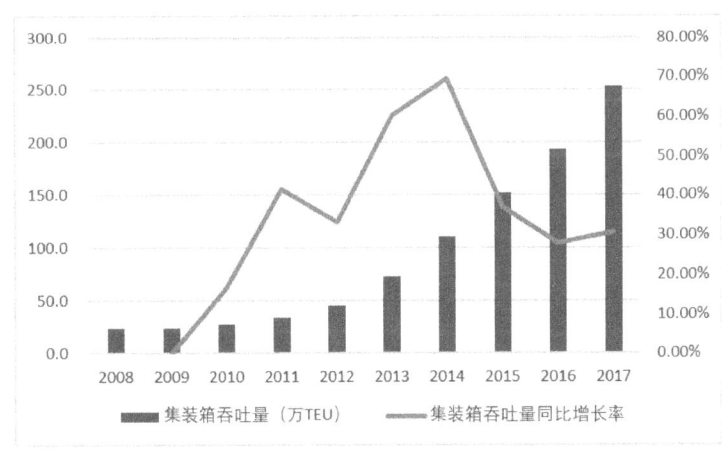

图1-11　2008—2017年唐山港集装箱年吞吐量及同比增长率

唐山港中曹妃甸港区利用深水岸线资源优势,发展大宗原材料转运功能,并承担"北煤南运"的重要任务。

唐山港2008—2017年港口煤炭吞吐量如图1-12所示。

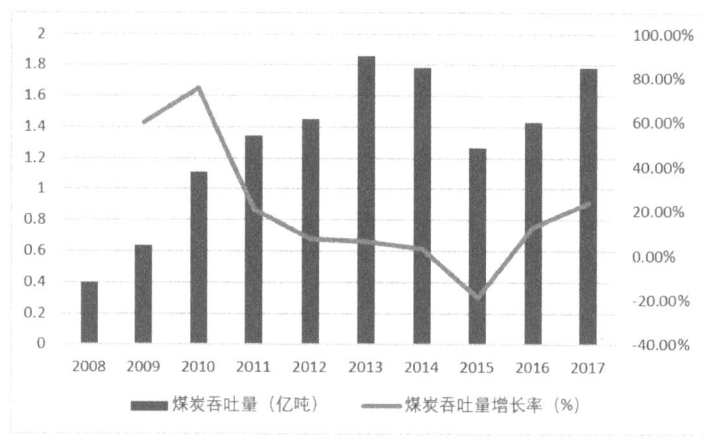

图1-12　2008—2017年唐山港煤炭年吞吐量及同比增长率

唐山港是我国津冀沿海的集装箱支线港,也是能源、原材料等大宗物资专业化运输系统的重要组成部分。唐山港的港口城市是唐山市,唐山市的支柱产业有煤炭、钢铁、电力、机械和化工等,唐山市是中国重要的原材料、能源和多种农副产品富集地区,也是沟通东北及华北的商品集散地和运输要道。

唐山港2008—2017年港口各类货物吞吐量及其增长率如表1-8所示。

表1-8　唐山港2008—2017年各类货物吞吐量及其增长率

年份	2008	2009	2010	2011	2012	2013	2014	2015	2016	2017
货物吞吐量（亿吨）	1.02	1.05	2.5	3.17	3.64	4.46	5.01	4.93	5.2	5.73
货物吞吐量增长率/%	—	2.94	138.1	26.8	14.82	22.33	12.1	-1.6	5.61	10.1
集装箱吞吐量/万TEU	24	24	27.67	34.1	45.4	72.8	110.9	152	193.6	253
集装箱吞吐量增长率/%	—	0	16.7	41.67	33.24	60.19	69.44	37	28	30.7
煤炭吞吐量/亿吨	0.4	0.64	1.11	1.34	1.45	1.86	1.78	1.27	1.43	1.78
煤炭吞吐量增长率/%	—	60	75.4	20.6	7.51	6.29	3.29	-19.1	13	24

由表1-8可知唐山港货物吞吐量在2010—2017年处于持续增长状态,2010年货物吞吐量同比增长138.1%,经济危机过后国内经济的快速发展拉动了货

物吞吐量的增长。唐山港集装箱吞吐量在2008—2017年呈持续上升趋势，2010年唐山港集装箱吞吐量为27.67万吨。2017年唐山港完成货物吞吐量5.73万吨，同比增长10.1%，暂居全国沿海港口第3位；进口矿石、油气吞吐量基本保持稳定，煤炭、油气、钢铁、集装箱吞吐量均实现了两位数增长，其中集装箱完成253万TEU，同比增长30.7%。唐山港位于唐山市，而唐山市GDP 2010—2017年在河北省一直居于首位，唐山市煤炭、钢铁等支柱产业为唐山港提供了丰富的货源。

1.3.1.5 黄骅港发展现状

（1）黄骅港发展历程

黄骅港始建于1984年，是河北省沿海的地区性重要港口，也是我国的主要能源输出港之一，位于河北省与山东省交界处、沧州市区以东约90千米的渤海之滨，其地理坐标为东经117°52′、北纬38°19′，陆上距黄骅市区约45千米，水上北距天津约60千米，东距龙口约149千米，汇集漳卫新河与宣惠河的大口河在此入海。黄骅港从1986年建成2个1千吨级码头泊位至2008年，共有生产性码头泊位14个，其中：煤炭泊位8个，通用杂货泊位5个，液体化工泊位2万吨级1个。截至2022年，建成泊位42个，万吨级以上泊位37个。其中综合港区泊位13个，散货港区泊位4个，煤炭港区泊位20个，河口港区泊位5个。黄万、沧港、朔黄、邯黄以及黄大等铁路直达黄骅港，处于渤海新区核心位置。港口的最大优势是具有广阔的经济腹地，是河北省冀中南及陕西、山西、内蒙古、山东、河南、甘肃、宁夏等陆路运输距离最短的出海口，比连云港近500千米，比天津港近50千米，是全国腹地优势最为凸显的港口之一。港口具有良好的基础设施，形成了煤炭产、运、销一体化经营模式，并且有广阔的临港发展空间优势，在京津冀协同发展战略机遇下，河北省政府支持港口未来拓展临港工业、综合运输、物流等现代港口功能，成为北方国际散货石化大港。

（2）黄骅港港区分布

黄骅港由煤炭港区、综合港区、散货港区和河口港区四大港区组成，2015年黄骅港设计年通过能力为1.82亿吨。其中，综合港区和散货港区以散杂货、集装箱和成品油、液体化工品、原油运输为主，是黄骅港综合性特征的重要支撑，国务院批准了综合港区的扩大开放，拓展了黄骅港的口岸功能，对河北省腹地经济最具拉动作用的东南部出海通道就此打开；煤炭港区建有现代化、专业化的大型煤炭装船码头，是我国"北煤南运"第二大通道的重要入海口。经过近30年的发展，黄骅港成为亚欧大陆桥新通道，目前已形成运输煤炭、杂货、铁矿石、车辆滚装、集装箱、原油等货种的综合性大港。

（3）黄骅港2008—2017年数据

黄骅港于2011年货物吞吐量突破亿吨，从此跻身全国亿吨大港行列。2014年货物吞吐量达1.8亿吨，同比增长2.6%。值得一提的是，黄骅港在2016年1月份的货物吞吐量达1965万吨，同比增长81%，增长率跃居河北省第一，其中煤炭1507万吨，矿石359万吨，其他货类100万吨，分别占货物总量的76.7%、18.2%及5.1%。

黄骅港2008—2017年港口货物吞吐量如图1-13所示。

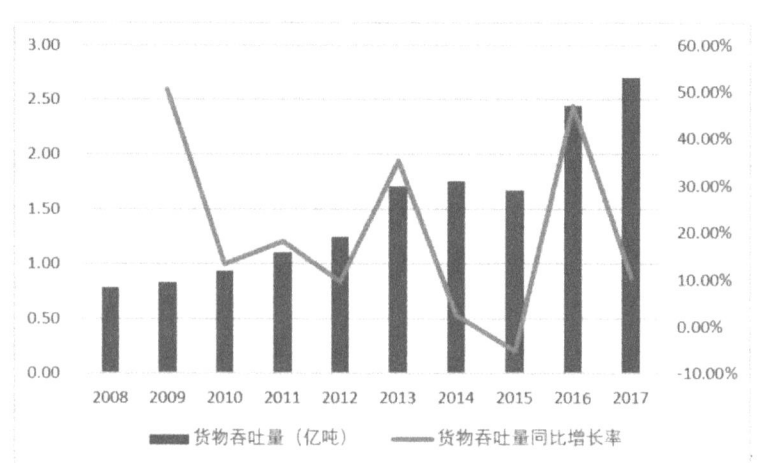

图1-13　2008—2017年黄骅港货物年吞吐量及同比增长率

尤为引人注意的是，黄骅港2011年集装箱吞吐量达31.4万标箱，同比增长36.3%。煤炭港区经过10余年发展，目前年吞吐量已经稳居1亿吨以上。

黄骅港2008—2017年港口集装箱和煤炭年吞吐量分别如图1-14和1-15所示。

图1-14　2008—2017年黄骅港集装箱年吞吐量及同比增长率

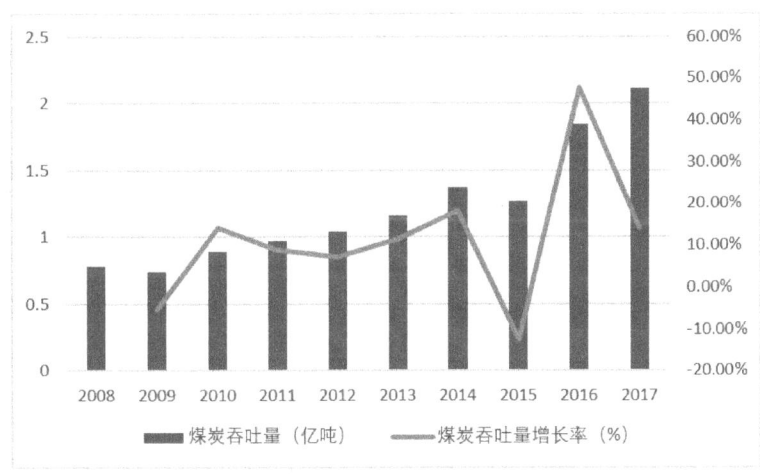

图1-15　2008—2017年黄骅港煤炭年吞吐量及同比增长率

黄骅港起步较晚，2001年建成并投产，港口运行第一年吞吐量就超过了1000万吨，迅速进入了国内大港的行列，而且在很短的时间内就成为我国输煤大港。

黄骅港各类货物吞吐量及其增长率如表1-9所示。

表1-9 黄骅港2008—2017年各类货物吞吐量及其增长率

年份	2008	2009	2010	2011	2012	2013	2014	2015	2016	2017
货物吞吐量/亿吨	0.79	0.83	0.94	1.11	1.25	1.71	1.76	1.67	2.45	2.7
货物吞吐量增长率/%	—	50.6	13.23	18.09	9.6	35.42	2.62	-5.11	46.9	10.4
集装箱吞吐量/万TEU	—	0.26	0.12	—	10.2	23	31.4	50.2	60.2	65.4
集装箱吞吐量增长率/%	—	—	-53.85	—	—	125.5	36.5	59.9	19.9	8.7
煤炭吞吐量/亿吨	0.78	0.74	0.89	0.97	1.04	1.16	1.37	1.27	1.84	2.11
煤炭吞吐量增长率/%	—	-5.13	14.1	8.99	7.22	11.54	18.1	-12.4	47.77	14.1

由表1-9可知黄骅港货物吞吐量在2015年同比增长-5.11%，出现负增长现象。在2016年同比增长46.9%，黄骅港起步较晚但吞吐能力增长较快。2017年黄骅港货物吞吐量达到2.7亿吨，超过秦皇岛港2017年的吞吐量。在2013年黄骅港的固定资产投资达到了99亿元，黄骅港的生产性泊位数由2010年的20个增加到2017年的39个，大规模的固定资产投资使黄骅港的基础设施不断完善，提高了黄骅港的吞吐效率和吞吐能力。黄骅港集装箱吞吐量在2010出现负增长，在2012—2017年一直呈持续增长趋势，在2017年达到6500万吨。黄骅港煤炭吞吐量在2015年出现下降，为1.27亿吨，在2016年黄骅港吞吐量有了较大提升。

1.3.2 津冀港口群整体发展分析

津冀港口群作为环渤海地区的重要港口群之一，是以天津港为核心，秦皇岛港、唐山港（京唐港区和曹妃甸港区）和黄骅港为主要支线港的港口集群，它承担着为京津冀现代化都市圈和华北及西北腹地全面参与经济全球化服务的重要作用。

天津港作为我国北方功能完备的综合性大港，是天津最大的比较优势和战略资源。天津港的目标定位为：现代化国际深水大港，我国北方最大的散

第1章 绪论

货主干港,面向东北亚、辐射中西亚的国际集装箱枢纽港,国际物流和资源配置的枢纽港,中国北方国际航运中心和国际物流中心。2014年,天津港货物吞吐量突破5.4亿吨,集装箱吞吐量突破1430万标箱,其中天津本地货物占15%,来自腹地内陆的货物占到85%,集装箱货源的80%都来自京津冀地区。在无水港项目建设方面,天津港已在华北、东北、西北等地的12个省市建立了25个无水港,其中在北京、河北两地的无水港达到了10个,是无水港布局最密集的区域。

河北沿海港口包括秦皇岛港、唐山港、黄骅港3个港口,其目标定位为:完善港口功能,优化港口结构,促进港口与产业、城市、腹地互动发展,加快形成布局合理、功能完备、辐射力强的现代化综合性港口群。近年来,河北省港口建设突飞猛进,港口生产快速增长。截至2014年,河北全省港口生产性泊位达到183个,秦皇岛港、唐山港、黄骅港均跻身亿吨大港行列,港口通过能力和吞吐量双双突破9亿吨,唐山、秦皇岛两大港口进入全国沿海港口前十名,其中唐山港2014年货物吞吐量突破5亿吨,在全国沿海港口的排名跃升至第四位。

津冀港口群以天津北方国际航运中心和秦皇岛港为主,包括唐山、黄骅等港口,主要服务于京津、华北及其西向延伸的部分地区。就京津冀地区特别是天津、河北两地而言,港口是其重要的战略资源和优势所在,因此港口间的合作共赢必将成为加强区域经济合作、实现区域经济一体化、促进区域经济发展的重要手段。

2014年京津冀一体化的提出,使津冀港口群成为政府和学者们关注和研究的热点问题,也为港口群发展迎来了难得的历史机遇。京津冀协同发展上升为重大国家战略后,三地由竞争走向合作,由争夺资源走向共享资源,京津冀实现通关一体化、渤海津冀港口投资发展有限公司成立、三地海铁联运班列开通、三地无水港项目的密集布局等合作发展举措,不仅降低了三地的物流成本,而且带动了临港产业和港口物流业等相关产业的转型升级。2014年8月7日,天津港集团与河北港口集团各出资10亿元,注册渤海津冀港口投资发展有限公司,有力推动了津冀港口的合作,有望打破同质竞争,实现优势互补。

2015年4月30日,中央政治局会议审议通过了《京津冀协同发展规划纲要》，强力推动未来京津冀的协同发展，表明国家对京津冀区域经济的发展给予了高度重视。近年来，京津冀区域经济发展迅速，并成为该地区以及全国经济新的着力点，在京津冀协同发展背景下，港口打破竞争，实现合作共赢正逢其时。2015年8月18日，京津冀交通一体化领导小组会议指出了一些制约交通一体化的难点问题，并强调要重点做好六方面工作，其中之一就是加强区域港口资源整合和综合利用。另外，我国"一带一路"国家倡议的实施，以及中澳、中韩自贸区实质性协议的签订，都为津冀港口群内由竞争走向竞合提供了历史机遇。在京津冀协同一体发展背景下，津冀港口群应借助"一带一路"倡议实施，以天津自贸区设立为契机，大力推进集疏运体系建设，在港口的生产建设过程中建立优势互补、错位发展的产业发展格局，建设具有不同产业梯度及多种产业功能的沿海经济带，形成津冀之间布局合理、协调发展的区域港口新格局，共同推动京津冀及环渤海地区经济发展。

1.3.2.1 港口群的整体发展概述

以天津港和秦皇岛港为主的津冀沿海港口群连接华北及西北部分省区（见图1-16），以京津冀都市圈和滨海新区为依托，成为京、津和华北地区，京包、京秦、神黄铁路沿线地区的外贸物资、能源物资和原材料运输的主要口岸以及经济社会发展的重要窗口。

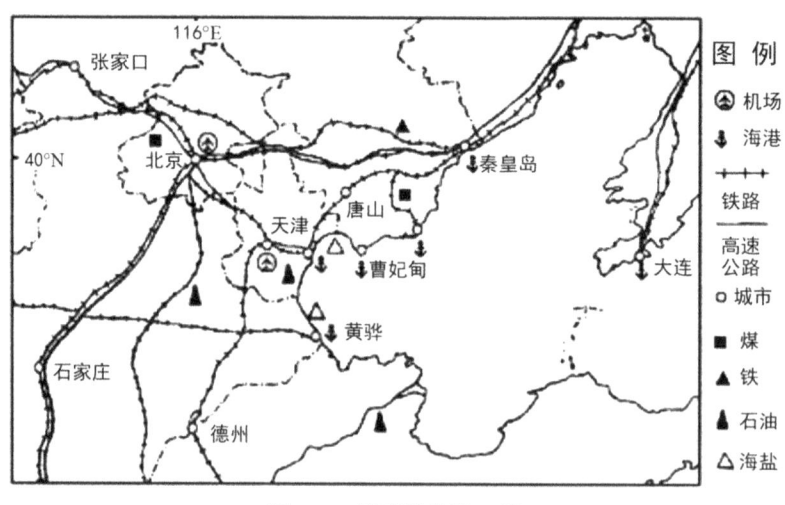

图1-16 津冀沿海港口群

京津冀区域港口主要包括天津港、唐山港、秦皇岛港和黄骅港，这4个港口2011年货物吞吐量均超过亿吨，详见表1-10。而集装箱吞吐量作为衡量港口发展程度的一个重要指标，在2011年京津冀区域的港口中只有天津港达到了1158.76万TEU，其他3个港口集装箱吞吐量均小于100万TEU。

表1-10　2011年京津冀区域主要港口货物吞吐量表

单位：亿吨

天津港	唐山港	秦皇岛港	黄骅港
4.53	3.13	2.88	1.13

港口作为发展外向型经济的主要支撑，是辐射和带动区域发展的前沿枢纽，其战略意义日益凸显，国家十分重视港口建设及项目投资。近年津冀各港口都有一定的建设，其中曹妃甸港区发展最为突出，2017年津冀港口建设基本发展情况如表1-11所示。

表1-11　2017年津冀港口建设基本情况

港口名称	生产用码头长度/千米	生产用泊位/个	万吨级生产用泊位/个	设计吞吐能力/亿吨
天津港	36.78	145	120	5.61
秦皇岛港	15.93	72	44	2.35
黄骅港	9.59	39	33	2.45
京唐港区	10.19	40	37	1.74
曹妃甸港区	19.85	71	71	4.10
合计	92.34	367	305	16.25

注：数据来源于《中国交通运输统计年鉴》《河北经济年鉴》

2015年津冀港口群各港口年设计通过能力如表1-12所示。

表1-12　津冀港口群各港口年设计通过能力

港口名称	天津港	秦皇岛港	唐山港	黄骅港
年设计通过能力/亿吨	3.82	2.37	4.22	1.82

津冀港口群在货物吞吐量方面增长迅速，截至2014年，津冀港口群的货物吞吐量占我国货物吞吐总量的15%，带动了京津冀区域、华北等地的经济发展。在2014年全球港口货物吞吐量排名中，天津港和秦皇岛港分别排名第4和第13；唐山港近几年发展最为迅速，从第8名跃居为第5；黄骅港2014年货

物吞吐量达1.78亿吨，成功挤进世界前20名。

2008—2017年津冀港口群货物吞吐量如图1-17所示。

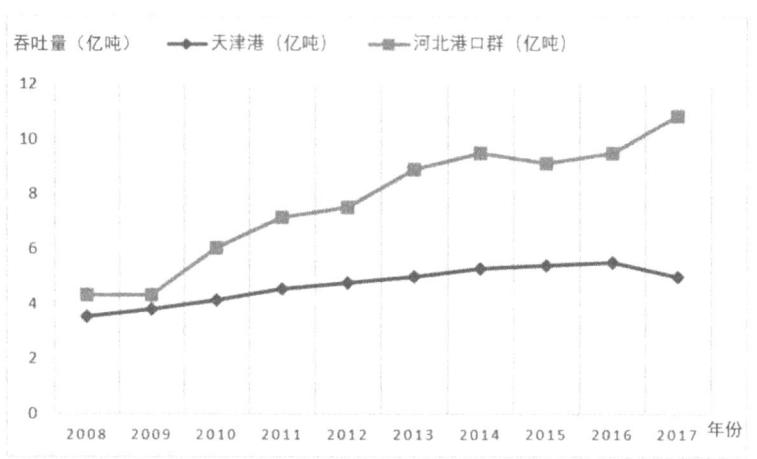

图1-17　2008—2017年津冀港口群货物吞吐量

注：数据来源于《中国交通运输统计年鉴》《河北经济年鉴》

煤炭在津冀港口群货物吞吐量中比重最大，竞争也最为激烈，天津港、秦皇岛港、唐山港及黄骅港均发展煤炭业务。天津港的四大支柱产业之一便是煤炭，是目前我国第一大焦炭出口港，秦皇岛港为世界最大的煤炭能源输出港，黄骅港是西煤东运第二大通道的唯一出海口，唐山港尤其是曹妃甸港区对煤炭码头投资力度加大，设计能力达3.5亿吨。2009—2014年间，秦皇岛港煤炭年吞吐量在津冀港口煤炭总吞吐量中比重最高，均在2亿吨以上，但是比重逐年下降。相比之下，唐山港煤炭年吞吐量却呈现出突飞猛进的增长态势，这对秦皇岛港有不小的冲击。

2008—2017年津冀港口煤炭吞吐量具体情况如图1-18所示。

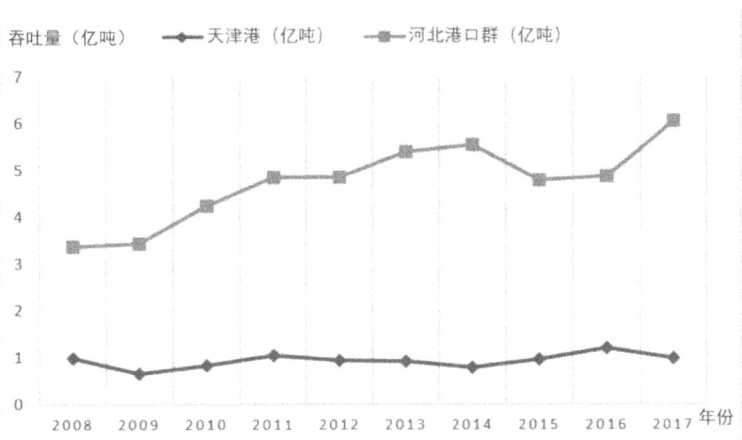

图1-18 2008—2017年津冀港口群煤炭吞吐量

注：数据来源于《中国交通运输统计年鉴》《河北经济年鉴》

在集装箱方面，目前形成了以天津港为集装箱主干线，其他港口为喂给港的布局。2015年天津港集装箱吞吐量为1411万标准箱，居世界第10，占津冀港口群集装箱总量的85%。河北港口集装箱在近几年也有了一定的发展，主要为内贸运输。2015年，河北港口集装箱总量突破200万TEU，其中唐山港完成146万TEU，位居全国第20，秦皇岛港和黄骅港分别完成50.08和50.2标准箱。

2008—2017年津冀港口群集装箱吞吐量如图1-19所示。

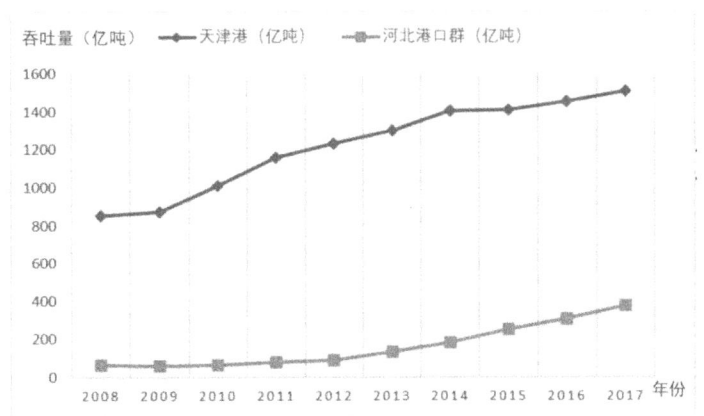

图1-19 2008-2017年津冀港口群集装箱吞吐量

注：数据来源于《中国交通运输统计年鉴》《河北经济年鉴》

1.3.2.2 津冀港口群协同发展问题分析

对京津冀区域港口来说，在快速发展的同时，也存在一些问题，归纳如下。

（1）京津冀区域港口腹地交叉重叠

港口腹地对港口的重要性不言而喻，腹地经济越发达，对外经济联系越频繁，对港口的服务需求也越大，从而推动港口规模扩大和结构演进。而京津冀区域的4个主要港口，地理位置相近，港口运输货物种类相似，其经济腹地重叠交叉现象严重，且直接腹地主要为港口城市本身，这必将导致港口之间对货源、船公司等港口物流发展要素的同质化竞争。例如，在集装箱业务上，河北港口群近几年逐步拓展了集装箱业务并加大了投资力度，未来将与天津港形成竞争关系；在煤炭业务上，津冀五大港口均有煤炭运输并各自为战；在铁矿石方面，曹妃甸港已超过了天津港，而天津港也正在积极投资铁矿石码头。

（2）行政分割严重，各自为政现象严重，港口规划不科学

京津冀区域在整个环渤海地区中，行政分割最为复杂，涉及3个省级政府。各地方政府根据各自区域经济发展的情况对所属港口进行发展规划，相互之间缺乏协调，使得港口建设同质化情况较为严重，导致京津冀区域港口之间的竞争加剧，行政区域内相关支持政策的隐形竞争和摩擦等，严重阻碍了津冀港口群健康有序发展。京津冀依然是3个独立的行政区，当自身利益与区域利益发生矛盾时，三方政府往往考虑更多的是自身利益，各港口为增加各自的利益与规模经济效益，加大对基础设施建设的投资，导致港口基础设施重复建设现象严重。除此之外，津冀港口没有统一的发展规划，港口定位模糊，港口岸线难以高效利用，导致港口资源浪费、港口需求下滑等问题。津冀港口群内如何实现从竞争走向竞合，是各港口以及政府关注的重大问题。

与珠江三角洲、长江三角洲相比，京津冀地区国有经济占的比重较大，体制转换慢，市场主体不活跃，市场体系不健全，地区之间长期实行条块分割、行业垄断和地方保护主义，加之与物流业相关的某些垄断行业的改革滞后，政企不分，行政性垄断经营依然严重，妨碍了区域乃至全国统一公平的物流市场环境的建立，对物流资源的整合和一体化运作形成体

制性障碍。近年来，京唐港的兴建以及曹妃甸港区的扩建使得天津港的功能难以充分发挥，而黄骅港发展战略的转变使得黄骅港从单纯的煤炭运输港向综合性港口发展，这造成了天津港、秦皇岛港、唐山港和黄骅港在多领域的正面竞争。

（3）货源增长与港口发展不协调

港口由于前期大规模的投资建设，现已建成有较大吞吐能力的码头泊位。而由于2008年金融危机的影响以及我国劳动力成本不断提升和扩大内需政策的实施，使得港口腹地货源的增长没有达到预期，导致港口货源不足。同时，因为港口之间缺乏统一协调，更进一步加剧了港口之间的激烈竞争。

（4）区域内物流标准化建设和信息系统平台建设不完善

物流标准化是物流发展的基础，也是实现物流系统高效、经济的前提。对于京津冀地区来说，物流标准化还存在许多问题，严重制约了区域物流一体化的发展。这些问题主要表现为两个方面：一是基本设备没有统一的规范，如集装箱、托盘、卡车、仓库货架等设备标准间缺乏有效的衔接；同时，物流包装标准与物流设施标准间也存在缺口，严重影响了货物在运输、仓储、搬运过程中的机械化、自动化水平的提高及协调运作。二是物流信息标准化建设工作亟待加强，许多部门和单位都在建设自己的信息数据库，但由于技术方面的原因，这些信息、数据库只是一个个信息"孤岛"；同时，整个京津冀地区物流领域还没有公共数据接口的行业和国家编码标准，造成了实际运作过程中互不兼容、数据无法自由交换和共享的窘态，严重影响了货运效率，也不能充分体现出信息的价值所在。

区域物流信息平台的建设是发展区域物流一体化的核心和关键。纵观京津冀地区，虽然有不少企业建立了物流信息系统，有的地方还建立了公共物流信息平台，但由于大部分物流企业都是由传统的货代、船代、仓储和运输企业演变而来，物流信息化水平相对较低，以及缺乏统一协调沟通，致使物流信息系统和公共物流信息平台标准不一，难以实现物流信息互联互通和物流资源的有效配置。而物流企业要提供一体化的物流服务，其开发的物流信息系统要涉及与供应链上所有环节的信息系统的数据接口问题，加之物流业务的运作涉及与众多部门的沟通和协调，如银行、税务、保险、海关、检验检疫、交通、交管、外贸等政府职能部门，而目前这些部门的信息无法共享，每个部门都是从各自的利益出发考虑问题，甚至各自出台的政策常有冲突和矛盾的地方，造成办公效率低下。这不仅严重制约了区域物流企业的发展壮大，而且也妨碍了区域物流一体化的发展。

（5）发展区域物流业的基础产业尚待协调

多年来，京津冀之间各自为战，城市发展目标相似，在产业政策上追求大而全，均强调"一个都不能少"，相互之间争资源、争项目、争投资等过度竞争和封闭竞争严重，导致重复建设、产业结构趋同等问题。如北京、天津的主导产业均集中于机械、石化、纺织、食品等部门。京津冀地区的港口建设最为典型，很多港口盲目扩建，在河北、天津漫长的海岸线上，从北到南依次分布着秦皇岛港、京唐港、天津港、黄骅港四大港口。虽然目前这几个港口都"吃不饱"，但各自仍在不断加大投资扩建力度，许多重复建设带来了大量的经济损失和浪费。这种缺乏有效沟通与协调、缺少区域间分工协作的投资建设，不仅造成整个区域的资源无效配置和经济发展水平相对落后，而且阻碍了区域之间物资和商品的流动，制约了整个区域物流一体化的发展。

（6）快速便捷的区域间城际交通体系尚待加强

京津冀地区对区域间城际交通线路和网络建设重视不够，不能充分满足城际客货运输迅速、便利、安全、经济的需要，许多重要交通枢纽之间交通联系仍然不便。一方面，该地区内道路交通设施发达，但发展并不均衡。区域内路网呈以北京为中心的放射型结构特点，这种结构不仅导致与北京无关的客货流量都要经过北京交通枢纽或在此中转，造成枢纽能力紧张，对北京市区内部城市交通产生很大压力；而且运距增加，造成运输成本增加，在一定程度上限制了北京周边城市之间的相互协作和发展。另一方面，该地区尽管有诸如天津港、秦皇岛港、京唐港、黄骅港在内的北方重要港口，但各港口独自经营，竞争大于合作。京津冀地区还拥有首都机场、天津滨海国际机场及石家庄机场等大型机场，但是，由于在经营体制、航线设置、经济发展水平、交通联系便捷程度等方面存在差异，天津机场、石家庄机场运量一直不足，而首都机场能力持续饱和，正拟建设第二机场。还有诸如冀中与冀东城市之间、首都机场与天津之间、天津机场与北京之间缺乏直通线路的问题；大城市之间交通联系方式单一，客货运输缺乏可供替代的选择与必要的竞争等问题。总之，京津冀区域内的对外交通基础设施在全国占有重要地位，但设施规模和发展水平不均。各省市在交通设施项目上存在盲目竞争、重复建设、片面追求"大而全"的问题，难以形成区域整体竞争的合力。

1.3.2.3 京津冀一体化下港口群的发展研究

自1982年首次提出"首都圈"，经过40多年，从"京津冀经济一体化"到"京津冀都市圈"，再升级到现在在国家重大战略层面的"京津冀协同发展"，京津冀一体化再度成为政府及学者们关注及研究的焦点。2011年3月，国家在"十二五"规划纲要中明确提出"打造首都经济圈"。2014年京津冀一体化提出，2015年4月30日中央政治局会议审议通过了《京津冀协同发展规划纲要》，京津冀协同发展上升为国家战略。2015年9月，《环渤海地区合作发展纲要》获得国务院批复，伴随着"一带一路"倡议的实施，给津冀港口群的合作发展带来了难得的机遇。以上充分说明了我国对于促进京津冀区域经济的协同发展给予了很大重视。

河北省政府为促进京津冀协同发展，对港口进行了相应规划，包括明确功能定位和发展目标、促进临港产业发展、提高服务水平及港城协调发展等，进一步发挥港口对促进经济发展的引领和支撑作用。2014年7月29日，秦皇岛港150航道改扩建工程获得省发改委核准，于2016年1月开工，该工程与西港搬迁改造中的新港区建设同步实施，标志着秦皇岛西港搬迁工作有了重大进展。2014年7月31日，北京和河北省政府签署了《共同打造曹妃甸协同发展示范区框架协议》，有利于曹妃甸现代产业的发展。2014年8月6日，京津两地签署了《贯彻落实京津冀协同发展重大国家战略推进实施重点工作协议》，提出京津协同发展三十条措施。2014年8月7日，天津港集团与河北港口集团各出资10亿元，注册渤海津冀港口投资发展有限公司，打破行政壁垒，并以资本为纽带，强化市场机制，推动津冀港口经济在信息、物流、人才方面的交流，有力推动了津冀港口的合作。2014年8月15日，黄骅港的20万吨级航道二期工程获得天津海事局核发的《水上水下施工作业许可证》，于2018年3月16日已完成全部的施工，铁矿石吞吐能力增至6000万吨。2014年12月12日，天津自由贸易试验区获得了国家批准，成为北方第一个自贸区。2016年4月7日，秦皇岛港表示拟于天津港共同建立公司，并会把天津港临近的黄骅港口的集装箱项目注入该公司中，达成以资金为纽带的港口合作。2016年，构建天津自贸区服务京津冀协同发展顶层设计，制定了八项措施，实施京津冀海关区域通关一体化改革，平均每批货物通关时间节省0.5天，每标准箱减少成本120元，整体通关物流成本节约近30%，将提高通关效率75%。这不仅有利于天津港发展自由贸易、国际法治、金融创新等，也有利于河北省港口的发展。同年，鉴于曹妃甸和天津自贸区的相似及互补性，天津和河北省共同研究曹妃甸作为天津自贸试验区的延伸区。

与此同时，许多学者也对京津冀区域经济一体化问题进行了大量研究。刘晓春和白婕认为京津冀两市一省的割裂是与长三角、珠三角经济拉开差距的根源，并提出促进区域经济一体化进程的对策。崔冬初和宋之杰对京津冀区域经济一体化问题进行了研究，认为存在各自为政、基础条件建设匮乏、恶性竞争等问题，并提出解决对策。

在京津冀协同发展的背景下，津冀两地无论从政府层面还是港口企业层面都进行了积极的规划及项目的投资发展，并有一些合作成效，但是目前竞争大于合作，还未真正形成合作中有序竞争的局面。在京津冀协同发展战略、一带一路倡议背景下，需要中央政府、地方政府、港口集团、各港口企业等各方努力，寻求适合津冀两地港口合作发展模式，达到真正意义上的竞合，以提高津冀港口群的综合竞争力。

第2章　津冀港口群内竞争合作研究

经济全球化和航运联盟趋势要求港口之间要建立合作竞争关系，而加强港口之间的合作是防止过度竞争的有效手段和必然选择。从港口群角度出发，研究港口群竞合以及协同问题，已经是港口行业的热点问题。

对京津冀地区特别是天津、河北两地而言，港口是其重要的战略资源和优势所在。津冀港口群实现合作共赢，可以促进京津冀的协同发展，并对区域经济发展起到重要推动作用。自2014年京津冀一体化提出，到2015年上升为京津冀协同发展国家战略，以及我国"一带一路"倡议的实施，中澳、中韩自贸区实质性协议的签订，都为津冀港口群内各港口由竞争走向竞合提供了难得的机遇。在此背景下，港口打破竞争、实现合作共赢正逢其时。

本章以津冀港口群为研究对象，从纵向港口与地方政府、横向港口集群两个角度出发，构建港口竞争合作博弈模型，探讨地方政府合作管理与投资港口，以及在港口地理位置、服务水平等方面存在差异的情况下港口群内如何实现由竞争走向竞合，最终达到为津冀港口群内竞合提供理论支撑和策略指导的目的。

2.1 港口群内竞争合作概述

竞争具有排他性、对抗性，以自身利益最大化为目标，甚至不惜牺牲他人的利益获取成功。合理的竞争可以提高生产率、促进经济的发展及社会的进步，而不良竞争会造成资源的浪费、个体及整体利益的损害。在人类科技的进步及经济的快速发展下，逐渐出现了多种竞争手段，随之出现了一些问题，对各个经济主体乃至整个行业造成了不良影响。在此种经济环境下，出现了合作竞争关系,即合作与竞争同时存在,例如竞争对手之间在吸引顾客等方面同样存在合作的可能,而表面合作的企业之间可能在利益分配上存在竞争关系。企业之间在某种程度上以合作竞争关系代替以往的对抗性竞争,可以实现经营目标并达到双赢的效果。因此,各企业认识到恶性对抗竞争带来的不良后果,并试图采取合作竞争战略,在合作与竞争双重关系中获益。如此一来,竞争正由单纯的对抗性竞争逐渐过渡到更高层次的竞争态势——合作竞争。

合作竞争的核心思想是参与者之间是合作、竞争双重关系,采取合作策略并不代表竞争的消失,竞合是一种高层次竞争态势。合作竞争的本质表现为两个方面:一是竞合的互动影响,合作与竞争并不是互不联系、难以相容、各自独立的,而是具有复杂的互动作用,任何参与主体的合作竞争行为,均会影响到其他参与方的行为,致使竞争中存在依赖性合作,而合作中又促进竞争的互动作用;二是竞合的相互转化,企业的合作与竞争行为在一定条件下存在互相转化的可能。值得注意的是,在竞合策略中,各参与主体要有双赢的观念,在考虑自身利益的同时,也要考虑对方的利益。在互利互惠的基础上,使各参与主体均获取利益,是竞合策略成功实施的基本前提。另外要把握好合作与竞争二者之间的平衡,过度竞争必然损害整体利益,降低凝聚力;过度合作导致参与主体对合作形成依赖心理,搭便车,缺乏一定的创造力。因此,必须在合作与竞争中加以权衡和平衡,保持必要的张力。注意以上两点,有助于促进双赢,获取比单纯竞争或合作更高的利益。

2.1.1 港口群内竞争合作概念

目前港口竞争,已经从港口之间的竞争上升为港口群之间的竞争,在同一港口群中各个港口相互影响与制约,为提高各港口乃至整个港口群的竞争力,港口群内合作竞争策略尤为重要。港口群内合作竞争,是指在港口群内港口之间或港口价值链上下游企业之间,一改以往的对抗性竞争,使合作与竞争两种行为同时存在并灵活运用,参与方在竞合关系中收益达到双赢。港口群内采取合作竞争策略,一方面,适当的竞争能够刺激港口或上下游企业的创新,有利于提高技术水平、扩大市场份额;另一方面,各参与主体采取合作策略同样能够促进技术的研发及应用,提高企业服务水平,打造品牌效应，从而赢得市场份额。

不可否认，采取竞争策略能够促进企业经营的积极性、创造力、产品质量等，可促进整个行业的发展，但是恶性竞争只会两败俱伤。港口行业也是如此，港口企业之间为了赢得市场份额、提高吞吐量及利润水平，纷纷展开竞争，甚至愈演愈烈，虽然短期之内可能行之有效，但长期下去容易导致港口服务质量、技术水平等降低，从而降低整个港口群的竞争力水平。港口行业逐渐意识到对抗性竞争的后果，故从长远发展考虑，部分港口企业转变竞争观念，打破港口之间的恶性竞争，采取合作中竞争的方式，以充分发挥合作与竞争的优势，实现双赢，促进港口整体的发展，提高整体竞争力。合作与竞争同时存在、有机融合、共同作用，是港口未来发展的必然趋势。

2.1.2 港口群内竞争合作相关因素

港口群内各港口由于相对来说距离较接近，并且具有相同或重叠的经济腹地，难免存在着合作竞争的关系。通过分析，笔者认为影响港口群内竞合关系的主要因素可分为5个方面，即宏观环境、区位条件、基础设施、服务水平和投资规模，具体如图2-1所示。

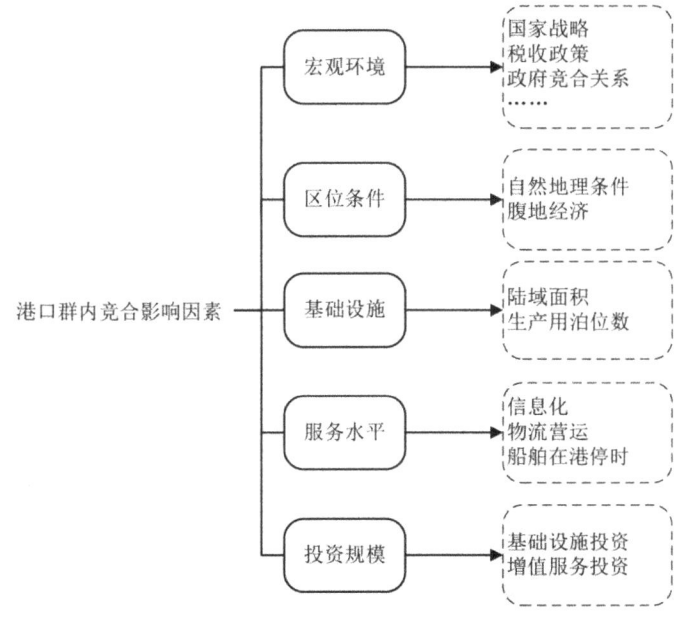

图2-1 港口群内竞合关系影响因素

（1）宏观环境，如京津冀协同发展战略、"一带一路"倡议等，给港口发展带来难得机遇。另外地方政府的竞合关系在很大程度上影响了港口的发展，因为不同行政体制在一定程度上阻碍了港口之间的合作。

（2）区位条件，包括地理位置、自然条件、腹地经济等，良好的区位条件可以有效地提高港口吞吐量、开拓发展空间。

（3）基础设施，代表一个港口发展的基本情况，包括陆域面积、生产用泊位数等。

（4）服务水平，港口服务水平的高低决定于信息化程度、装卸效率、船舶在港时间以及物流营运能力，而目前"互联网+"、云计算等新兴技术可以极大程度地提高港口的服务水平，提高港口品牌效应，增强竞争力。

（5）投资规模，港口的投资包括两个方面：一是港口基础设施投资，如提高吞吐量；二是增值服务投资，如提高服务水平、服务价格，打造品牌效应。

2.2 津冀港口群内部竞合关系分析

港口企业竞争主要体现为争夺腹地货源、争夺中转货物以及对投资的竞争。港口之间的竞争可以提高港口的生产效率、巩固船东的地位、使船舶经营货主获得直接经济效益；但无序的竞争只会削弱港口的垄断地位，从而造成港口盈利率下降、社会资源浪费、货物的不合理运输、对海岸线和河岸线的破坏以及对环境的破坏。

本章以共享腹地港口群为研究对象，从其竞合问题出发，分析共享腹地港口群所面临的竞争，寻求港口如何展开合作及合作的切入点，实现有序竞争合作。本节通过对港口竞争关系的分析，找出竞争重点，从而分析出其协同要考虑的要素，主要为价格协同、货源协同以及服务协同，进而分析港口群内港口采取竞争、合作等不同策略对各个港口以及整个港口群收益的影响。

2.2.1 津冀港口群竞合外部环境分析

2.2.1.1 环渤海三大港口群的竞争

环渤海地区分布着60多个港口，是世界最为密集的港口群之一。由于港口群密集、整体缺乏统一规划与管理、当今经济形势下滑等因素，环渤海区域内的港口竞争日益激烈并复杂化;而津冀、辽宁、山东三大港口群的竞争主要表现为三大枢纽港之间的竞争。

天津、大连及青岛港都争相建设国际航运中心,并重点发展集装箱业务以提高自身的竞争力。三大港口区位相近,实力相当。2014年青岛港集装箱吞吐量达1662.44万TEU,同比增长7.1%;天津港集装箱吞吐量为1405万TEU,同比增长7.98%;大连港集装箱吞吐量达1012.76万TEU,同比增长1.12%,全国排名分别为第四、第六、第七。在3个港口中,青岛港的集装箱运输发展最快,软硬件配套设施日益完善并且集装箱吞吐量大;天津港地处京津冀地区,在京津冀协同发展国家战略支持下,凭借天津自由贸易试验区优势,其港口竞争力不容小觑;相比其他两个港口,大连港的集装箱吞吐量最少,但随着"振兴东北老工业基地"等战略的实施,大连港未来发展潜力巨大。由于定位目标的相同以及腹地交叉,进一步加剧了三大枢纽港之间的竞争。这种无序竞争导致港口设施重复建设、货种同质竞争、资源浪费等,不但损害了环渤海地区这三大枢纽港的发展,还影响了以三大枢纽港为核心的子港口群的经济利益,进而削弱了环渤海港口群综合竞争力,这种恶性竞争最终将会阻碍整个港口群的长期发展。

2.2.1.2 津冀港口群与东北亚港口的竞争

东北亚港口中具有代表性的是韩国釜山港、光阳港等,日本的东京港、横滨港和大阪港等。目前韩国规划投资港口,并以建立东北亚核心国际物流中心为目标;日本则谋求建立"超级中心港口",确立并巩固区域物流中心地位。这些举措,对津冀港口群以及整个环渤海港口群造成了一定的竞争威胁。在构成环渤海港口竞争威胁的国际港口中,韩国的釜山港最具有代表性。截至2019年,作为韩国大型港口的釜山港,是东北亚第一大集装箱港、世界上第三大中转港和跻身全球前十的集装箱大港。釜山港货物吞吐量占韩国全国总量近45%,集装箱吞吐量约80%。釜山港极大程度上依靠中转量来提高该港的集装箱运输量,以提高港口竞争力并巩固东北亚国际航运中心的地位,促进韩国社会和经济的发展。在一段时期内,釜山港的发展给环渤海港口造成了一定的威胁,以天津港为核心的津冀港口群成为釜山港的支线港和喂给港。

近年来,我国对港口的发展越来越重视,为建设和发展我国港口出台了许多措施及政策,包括港口的税收、投资等优惠政策。随着环渤海各港口纷纷通过投资建设、引进新设备、完善软硬设施等方式提高自身竞争力,这对釜山港也造成了一定的竞争威胁。但是从另一方面来看,环渤海各港口仍然是以自身的利益为最大化,从港口孤立角度看似自身实力不断增强,但从系统角度却造成了重复建设、资源浪费等问题,仍然处于竞争大于合作的局面。环渤海港口群包括以天津港为核心的津冀港口群,各港口各自为战,造成的恶性竞争削弱了环渤海港口群一致对外的竞争力,使货源流向以釜山港为代表的韩国及日本港口,这是不争的事实,也是一个值得关注的问题。

2.2.2 津冀港口群内部环境分析

近年来,津冀港口之间形成了竞争大于合作的局面,恶性竞争日益凸显,是目前亟待解决的难点问题,也是实现京津冀一体化需要考虑的重点问题。港口作为津冀两地重要的战略资源,是两地博弈的焦点之争。

津冀港口群内部环境分析如图2-2所示。

在地方政府层面,各地方政府各自为政,出于对各自政绩的考量,主观合作意愿不强,并且过多干预港口企业,使得市场机制不能充分发挥作用,严重阻碍了津冀港口群健康有序发展。在港口方面,津冀港口分布密集,腹地经济和产业结构趋同,导致津冀港口群的竞争越演越烈,最为突出的两个问题:一是追求规模效应及提高吞吐量,造成重复建设,势必会导致港口一些资源的闲置和浪费;二是港口腹地重叠,难免会有货物的相似性,引发同质化竞争。除此之外,津冀港口目前没有统一的发展规划及科学分工,港口定位模糊,港口间合作成效低,港口岸线难以高效利用,导致港口资源浪费、港口需求下滑等问题。

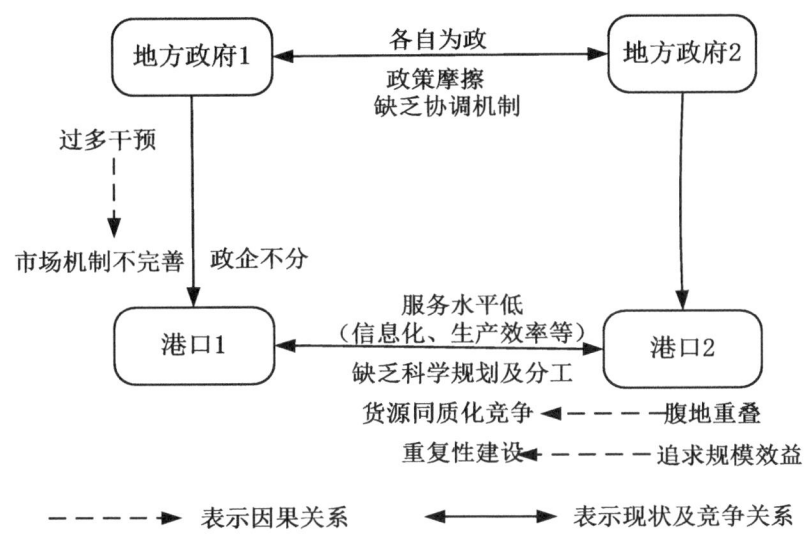

图2-2 津冀港口群内部环境分析

2.2.3 津冀港口群竞合面临的问题

2.2.3.1 港口重复性建设

津冀地区港口分布密集,其中天津港和唐山的曹妃甸港区之间的距离仅38海里。各港口均是亿吨大港,尤其唐山港货物吞吐量增长迅速,目前河北省港口总吞吐量已经超过天津港,对其形成了很大的竞争威胁。虽然国家政府对津冀两地各港口都有明确的功能定位,但是津冀地区港口地理位置邻近,再加上各地方政府出于政绩的考量而各自为政,港口企业追求自身利益的最大化,导致港口出现自我封闭的规划建设和重复性建设现象。例如,天津港虽然定位于国际航运中心,主营业务为集装箱和外贸,但是港口为提高自身利润、吸引货源扩大市场份额,在规划中选择建设深水航道及铁矿石、煤炭码头,扩建南港港区,这无疑与邻近港口曹妃甸港区和黄骅港形成了重复性建设。在煤炭项目建设方面,由于煤炭运输利润的持续可观,各港口依然积极地建设煤炭软硬设施,2012年河北港口集团投资建设曹妃甸煤二期,设计能力达5000万吨;2012年神华集团、天津港投资建设天津神华煤二期,设计能力达3500万吨;2013年神华集团投资建设黄骅港煤三期,设计能力达5000万吨;2015年河北港口集团投资建设黄骅港综合港区,设计能力达5000

万~10000万吨。这种追求规模效应及提高吞吐量所造成的重复建设，势必会导致港口一些资源的闲置和浪费。

2.2.3.2 港口同质化竞争激烈

津冀两地各港口均以京津冀晋蒙为主要经济腹地，但这些地区的货源支撑力有限，加上经济形势的下滑，进一步加剧了同质化竞争。津冀港口群同质化竞争关系如图2-3所示。

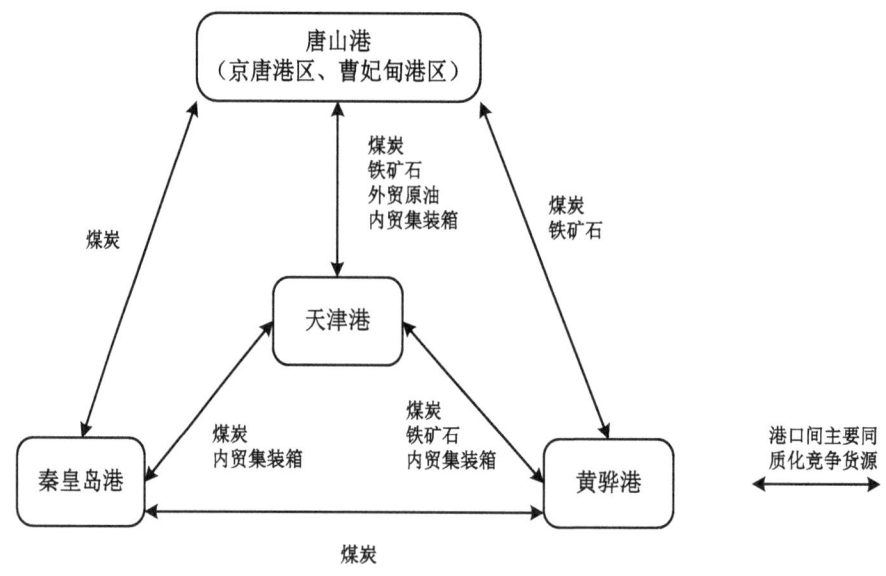

图2-3 津冀港口群同质化竞争关系图

从集装箱业务看，天津港依然是集装箱枢纽港，在很长一段时间内河北港口群是无法超越的，但是目前河北各港口均发展了集装箱业务，并积极投资扩建集装箱码头及设施，对天津港的内贸集装箱造成了一定的分流。此外，港口间出现"远合近攻"的现象，比如曹妃甸港、黄骅港与大连港展开集装箱外贸内支线业务的合作，这无疑会加剧天津和大连两大枢纽港的竞争。

从铁矿石运输看，主要表现为天津港、唐山港和黄骅港三者之间的竞争。唐山港和黄骅港建设较快，其中曹妃甸港区是天然的深水良港，自然条件十分利于发展铁矿石业务，可停靠20万吨及以上的矿石巨轮。据2020年的数据显示，天津港的铁矿石最大靠泊能力达40万吨级，但是相对于曹妃甸港区，天津港是人工港，泊位自然条件差，每年需要大量的清淤投入。曹妃甸港区近几年快速发展，成为天津港的直接竞争对手。

从煤炭运输看，自金融危机后，全球经济持续下滑，再加上国家提倡节能减排、呼吁环境保护，以及澳大利亚、印尼等国进口煤凭借质量好、硫低、价格便宜等优势冲击国内市场，使各个港口对不断萎缩的煤炭市场展开激烈的竞争，煤炭同质化竞争将会愈演愈烈。天津港的下水煤炭来源与秦皇岛港基本相同，公路运输距离较秦皇岛港短、运输成本低，这使得天津港在津冀港口群的煤炭运输中保持一定的规模。河北港口煤炭竞争最为激烈，煤炭总量占津冀港口群80%左右。2014年秦皇岛港煤炭吞吐量为2.4亿吨，占河北省港口群煤炭总吞吐量的38%，比2009年下滑了12%；2014年黄骅港煤炭吞吐量达1.43亿吨，比重达22%，比2009年增加了3%；2014年唐山港煤炭吞吐量达1.76亿吨，比重为28%，比2009年增长了13%。这充分说明了唐山港的快速发展，对其他两港尤其是秦皇岛港的煤炭运输产生了巨大的冲击。另外，大秦线是秦皇岛港的主要煤炭铁路运输路线，而随着曹妃甸港区迁曹线的建成（从大秦线直接引建到曹妃甸区一条铁路支线），直接造成了秦皇岛港煤炭的分流。黄骅港码头基础设施好，并且近几年朔黄线运力不断上升，同样对秦皇岛港煤炭下水量造成了影响。

2.2.3.3 港口低水平竞争现象普遍

津冀港口群与长三角、珠三角等发达地区港口群相比，整体服务水平偏低，尤其是河北港口只能满足基本的生产服务，装卸费为主要利润来源。港口群没有统一合理的规划，并且受不同行政机构的管辖，由于利益分配和行政主权问题，难以展开港口间的合作，并呈现出价格战等低水平竞争现象且越演越烈，造成港口的内耗，严重阻碍了津冀港口群健康有序发展。

津冀港口群整体服务水平偏低，不利于港口间合作。比如在信息化建设方面，目前仍集中在基础信息平台建设初始阶段，物联网、云计算、EDI等信息技术在部分港口中还处于起步和学习阶段，港口物流信息标准化体系建设不完善，信息服务水平落后于长三角、珠三角等港口群，达不到信息的有效共享，从而成为合作的技术障碍，不利于津冀港口群发展。未来各港口应该从低水平竞争转向高水平竞争，包括服务质量、生产效率、信息化水平等，并维持一种健康的竞合关系。

2.2.3.4 强政府弱市场,缺乏政策利益引导

京津冀地区不同于长三角和珠三角地区,其国有经济比例大,政府过多干预港口企业,政企不分、职权重叠,导致市场机制不能充分发挥,这严重影响了港口的发展。港口作为重要的战略资源,其发展将带动临港产业、交通、区域的贸易往来的发展,并提高当地就业率,各地方政府出于对政绩的考量,追求自身利益最大化,过多干预港口企业。如今港口企业间的竞争,已上升为地方政府之间的竞争。

关于津冀港口群合作发展,各地方政府及港口企业都有一定的倾向,但更多的是给出了规划和港口协同发展支持性意见,尚未形成有效的港口合作政策。例如政府曾试图借助云计算、物联网等前沿技术,促进曹妃甸港区和天津港之间的合作,以达到错位发展、优势互补的目的,但最终因没有切实有效的措施,未形成合作的利益共享机制等,没有实现合作。从政府方面看,一方面需要宏观指导;另一方面需要出台一些相关支持政策,比如税收、投资等方面,形成政策积极引导各港口展开积极有效合作的局面。

2.2.3.5 缺乏协调机制,政府合作成效低

地方政府在选择竞争和合作策略时,由于缺乏协调机制,未达成信息共享而处于囚徒困境难题。假设将地方政府作为局中人,且均为理性的,即以利益最大化为原则。A、B、C、D为不同策略组合下的地方政府收益,设A>B>C>D,博弈矩阵如表2-1所示。

表2-1 地方政府甲、乙博弈矩阵

	甲合作	甲竞争
乙合作	B,B	D,A
乙竞争	A,D	C,C

很容易看出,地方政府博弈双方由于缺乏协调机制,没有充分沟通,选择的竞争策略是使个体收益最佳,而非整体收益最佳,陷入囚徒困境的非零和博弈。各地方政府出于对地方贸易的保护,同时为了提高本港口的战略资源地位,常常会有港口相关支持政策的隐形竞争和摩擦。地方政府间合作成效低,严重阻碍了不同行政构架下的港口间的合作,进而限制了区域经济的发展。事实上港口企业之间的合作、地方政府之间的合作是处于不同层面的,而有效地促进港口企业之间的合作,需要构建信息共享平台,以政府合

第 2 章 津冀港口群内竞争合作研究

作主导为先,推进市场机制的完善,并以资本为纽带展开合作。

在分析了国内外知名港口群内港口竞争合作模式后,发现各个港口群对于港口竞争合作所做出的努力以及对于合作的理解是不同的,可以归纳为以下几个方面。

(1) 协调港口的规划建设以及经营:制定具有法律约束力的价格条款限制港口间的价格战;协调港口的规划建设蓝图,确立港口之间的角色分工,防止重复建设导致资源浪费。

(2) 港口之间公共基础设施的建设:如建设可连接港口之间的桥梁、铁路等基础设施,目的是可以更紧密地联系港口,为整合港口资源打好基础。

(3) 建立共同的信息系统平台:建立共同EDI平台,从而实现信息共享,目的是能够辅助港口资源整合的实现,一旦有港口拥堵,可以将船只疏散到其他闲置港口,不仅充分利用资源,同时提高了港口作业效率。

(4) 技术交流以及资金支持:为港口之间的规划建设提供技术交流的平台;开设专门研究港口群问题的项目,为港口群整体规划提供指导;为港口的建设提供资金支持,解决港口发展的资金问题。

(5) 采取共同的环境保护措施:制定共同的环境保护条例,施行统一的环境保护标准,从而保护港口群共同的水域资源。

(6) 规划港口群集疏运体系:将公路铁路网络的建设同港口群规划建设相协调,提升港口群整体的集疏运能力,提高服务质量。

(7) 将港口群规划同区域经济相联系:有两种思路,一是建设同港口群发展相联系的经济产业,从而形成区港联动;二是将港口群的建设同现有区域经济产业相联系,确定港口的角色定位,实现错位发展。

上述7点内容是港口群内港口竞争合作由微观至宏观的逐步发展,竞争合作内容越是宏观,则越体现港口群内港口竞争合作的紧密性和成熟性,也可以成为港口群内港口合作程度的判断标准。港口群内港口过度竞争势必会导致港口群整体衰落,如日本东京港、横滨港、大阪港,因此,港口建设必须分层次,实现总体建设与协同发展。若干研究表明,必须弱化港口群内港口之间的竞争,做到优势互补、合理分工,从而提高效率,协同发展,共同谋利,实现共赢。

2.3 津冀港口与地方政府博弈

津冀港口群竞合面临的问题主要是政府各自为政、过多干预港口，并且在行政区域内存在相关政策的竞争。政府层面的港口资源之争，严重阻碍津冀港口群的发展。因此本节从港口群纵向角度切入，构建港口与地方政府两阶段博弈模型，分析港口群内竞合问题。

2.3.1 两阶段博弈模型问题描述及假设

2.3.1.1 问题描述

京津冀地区国有经济比重大，政府对港口企业的干预较多，导致市场机制不完善，并且各地方政府具有彼此独立的利益诉求，缺乏沟通，甚至在行政区域内存在相关政策的竞争。无论政府层面还是港口间的不良竞争，均会降低整个港口群的竞争力，严重阻碍津冀港口群健康有序发展。

港口作为区域内重要产业，必然得到各地方政府政策及资金支持。政府对港口的投资包括两个方面，一是对港口基础设施投资，以提高港口吞吐量。然而津冀港口群重复建设严重，继续盲目投资的话，只会使港口运力过剩、资源闲置。二是对港口增值服务投资，以提高服务水平。面对云计算、物联网以及国家提倡的"互联网+"等信息技术，港口群的竞争不仅局限在价格等方面，而且应该向信息化、效率等高水平方向发展，增值服务的投资有利于港口的发展。

本节从港口群纵向角度切入研究，考虑到在京津冀协同发展战略下各地方政府对于港口管理有合作的倾向，构建港口与政府两阶段模型，如图2-4所示。在模型中各地方政府首先选择港口服务水平投资博弈策略，然后港口依据所属地方政府的策略来选择服务价格策略。具体分为两种情况：一种是两个地方政府竞争，其政府所管理的港口竞争；另一种是两地方政府合作，其政府所管理的港口竞争。

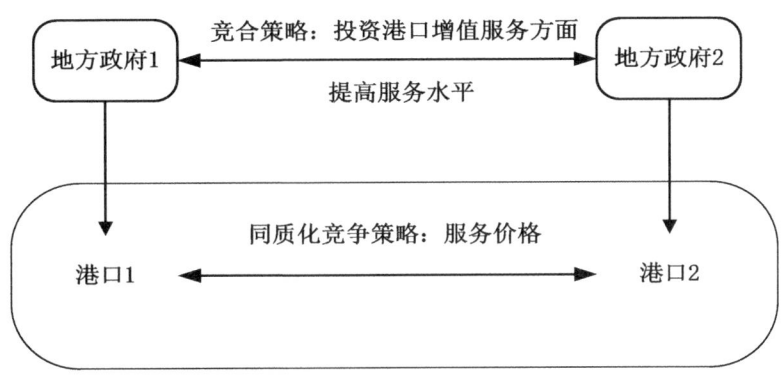

图2-4 两阶段博弈模型图

2.3.1.2 问题假设

本节假设地方政府和港口均为完全理性的,即在作博弈决策时以利润最大化为原则。构建如图2-5所示的两阶段博弈决策过程,其中P_i为港口i的服务价格;S_i为港口i的服务水平,由地方政府进行港口增值服务投资决定,包括信息系统、物流系统、服务质量等方面。我们设定C_i为港口i的单位服务成本;Q_i为港口i的市场需求份额;n_i为港口i的价格对本港口需求份额的影响系数,θ_i为临港的价格对港口i的需求份额的影响系数,β_i为港口i的服务水平对本港需求份额的影响系数,γ_i为临港的服务水平对港口i的需求份额的影响系数,n_i、θ_i、β_i及γ_i均为常数。考虑港口的需求份额受本港价格及服务水平的影响大于临港价格及服务水平的影响,因此假设$n_i > \theta_i$,$\beta_i > \gamma_i$;A_i表示港口i的初始吞吐量;λ_i为港口i的市场需求份额对本港地方政府利润的影响系数,μ_i为临港市场需求份额对港口i所属地方政府利润的影响系数,其中λ_i和μ_i均为常数,同样$\lambda_i > \mu_i$;k为地方政府投资服务水平的成本系数;π_i为港口i的利润;R_i为港口i所属地方政府的利润。博弈模型采用逆向归纳法求解,先求第二阶段港口服务价格博弈均衡解,再推导第一阶段服务水平的博弈均衡解。

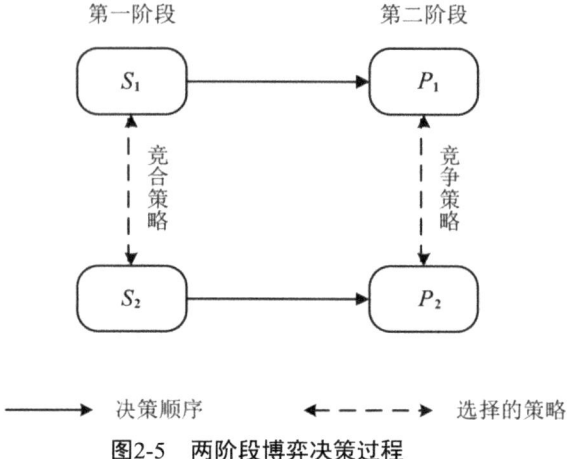

图2-5 两阶段博弈决策过程

2.3.2 两阶段博弈模型构建及求解

2.3.2.1 模型建立

港口市场需求份额不仅受到本港服务价格、服务水平影响，也受到临港服务价格、服务水平的影响。并且当本港服务价格降低、服务水平提高，临港服务价格提高、服务水平降低，港口的市场需求份额将增加。因此定义港口的市场需求份额函数如下：

$$\begin{cases} Q_1 = A_1 - n_1 p_1 + \theta_1 p_2 + \beta_1 S_1 - \gamma_1 S_2 \\ Q_2 = A_2 - n_2 p_2 + \theta_2 p_1 + \beta_2 S_2 - \gamma_2 S_1 \end{cases} \quad (2\text{-}1)$$

两个港口的利润函数：

$$\begin{cases} \pi_1 = (p_1 - C_1)Q_1 = (p_1 - C_1)(A_1 - n_1 p_1 + \theta_1 p_2 + \beta_1 S_1 - \gamma_1 S_2) \\ \pi_2 = (p_2 - C_2)Q_2 = (p_2 - C_2)(A_2 - n_2 p_2 + \theta_2 p_1 + \beta_2 S_2 - \gamma_2 S_1) \end{cases} \quad (2\text{-}2)$$

地方政府利润受本港和临港吞吐量的影响，临港吞吐量的提升同样可以为本港城市带来一定的收益，比如促进就业、提高税收、促进相关物流产业运营等。因此，地方政府利润函数如下表示：

$$\begin{cases} R_1 = \lambda_1 Q_1 + \mu_1 Q_2 - k S_1^2 \\ R_2 = \lambda_2 Q_2 + \mu_2 Q_1 - k S_2^2 \end{cases} \quad (2\text{-}3)$$

2.3.2.2 模型求解

（1）政府与港口分别以自身利益最大化为原则，其中地方政府采取竞策略投资港口，港口依据政府策略结果采取相应的价格竞争策略。采用逆向归纳法求解，先求第二阶段港口服务价格博弈均衡解。

不难证明 $\dfrac{\partial^2 \pi_i}{\partial p_i^2} < 0$，($i=1,2$)，即港口存在利润最大值。令 $\dfrac{\partial \pi_1}{\partial p_1} = 0$，$\dfrac{\partial \pi_2}{\partial p_2} = 0$，联立求解得两个港口服务价格的博弈均衡解：

$$\begin{cases} p_1 = \dfrac{2n_2(A_1 + \beta_1 S_1 - \gamma_1 S_2 + n_1 C_1) + \theta_1(A_2 + \beta_2 S_2 - \gamma_2 S_1 + n_2 C_2)}{4n_1 n_2 - \theta_1 \theta_2} \\ p_2 = \dfrac{2n_1(A_2 + \beta_2 S_2 - \gamma_2 S_1 + n_2 C_2) + \theta_2(A_1 + \beta_1 S_1 - \gamma_1 S_2 + n_1 C_1)}{4n_1 n_2 - \theta_1 \theta_2} \end{cases} \quad (2\text{-}4)$$

两个港口的市场需求份额分别为：

$$\begin{cases} Q_1 = n_1 \left[\dfrac{2n_2(A_1 + \beta_1 S_1 - \gamma_1 S_2 + n_1 C_1) + \theta_1(A_2 + \beta_2 S_2 - \gamma_2 S_1 + n_2 C_2)}{4n_1 n_2 - \theta_1 \theta_2} - C_1 \right] \\ Q_2 = n_2 \left[\dfrac{2n_1(A_2 + \beta_2 S_2 - \gamma_2 S_1 + n_2 C_2) + \theta_2(A_1 + \beta_1 S_1 - \gamma_1 S_2 + n_1 C_1)}{4n_1 n_2 - \theta_1 \theta_2} - C_2 \right] \end{cases} \quad (2\text{-}5)$$

两个港口的利润分别为：

$$\begin{cases} \pi_1 = n_1 \left[\dfrac{2n_2(A_1 + \beta_1 S_1 - \gamma_1 S_2 + n_1 C_1) + \theta_1(A_2 + \beta_2 S_2 - \gamma_2 S_1 + n_2 C_2)}{4n_1 n_2 - \theta_1 \theta_2} - C_1 \right]^2 \\ \pi_2 = n_2 \left[\dfrac{2n_1(A_2 + \beta_2 S_2 - \gamma_2 S_1 + n_2 C_2) + \theta_2(A_1 + \beta_1 S_1 - \gamma_1 S_2 + n_1 C_1)}{4n_1 n_2 - \theta_1 \theta_2} - C_2 \right]^2 \end{cases} \quad (2\text{-}6)$$

然后求第一阶段的均衡解，将公式（2-5）带入公式（2-3）中，并令 $\dfrac{\partial R_1}{\partial S_1} = 0$，$\dfrac{\partial R_2}{\partial S_2} = 0$，联立求解得港口服务水平的博弈均衡解如下：

$$\begin{cases} S_1 = \dfrac{\lambda_1 n_1 (2n_2 \beta_1 - \theta_1 \gamma_2) + \mu_1 n_2 (\theta_2 \beta_1 - 2n_1 \gamma_2)}{2k(4n_1 n_2 - \theta_1 \theta_2)} \\ S_2 = \dfrac{\lambda_2 n_2 (2n_1 \beta_2 - \theta_2 \gamma_1) + \mu_2 n_1 (\theta_1 \beta_2 - 2n_2 \gamma_1)}{2k(4n_1 n_2 - \theta_1 \theta_2)} \end{cases} \quad (2\text{-}7)$$

（2）地方政府采取合作策略，即以两个政府总利润最大化为目标，而港口采取竞争策略，仍以自身利润最大化为原则。地方政府利润之和如下表示：

$$R_{12} = R_1 + R_2 = (\lambda_1 + \mu_2)Q_1 + (\lambda_2 + \mu_1)Q_2 - kS_1^2 - kS_2^2 \quad (2\text{-}8)$$

将公式（2-5）带入公式（2-8）中，并令 $\dfrac{\partial R_{12}}{\partial S_1} = 0$，$\dfrac{\partial R_{12}}{\partial S_2} = 0$，联立求解得港口服务水平的合作博弈的均衡解：

$$\begin{cases} S_1^* = \dfrac{n_1(\lambda_1+\mu_2)(2n_2\beta_1-\theta_1\gamma_2)+n_2(\lambda_2+\mu_1)(\theta_2\beta_1-2n_1\gamma_2)}{2k(4n_1n_2-\theta_1\theta_2)} \\[6pt] S_2^* = \dfrac{n_2(\lambda_2+\mu_1)(2n_1\beta_2-\theta_2\gamma_1)+n_1(\lambda_1+\mu_2)(\theta_1\beta_2-2n_2\gamma_1)}{2k(4n_1n_2-\theta_1\theta_2)} \end{cases} \quad (2\text{-}9)$$

2.3.3 模型理论结果分析

命题1：当满足 $n_i\mu_j(2n_j\beta_i-\theta_i\gamma_j)+n_j\lambda_j(\theta_j\beta_i-2n_i\gamma_j) > 0$ 时，$S_i^* > S_i$，$i, j \in \{1,2\}$，$i \neq j$，即地方政府采取合作策略下的港口服务水平比竞争策略下的港口服务水平高。

证明：

求地方政府合作前后的港口服务水平的差值，即公式（2-9）减去公式（2-7），整理如下式：

$$\Delta S_i = S_i^* - S_i = \dfrac{n_i\mu_j(2n_j\beta_i-\theta_i\gamma_j)+n_j\lambda_j(\theta_j\beta_i-2n_i\gamma_j)}{2k(4n_in_j-\theta_i\theta_j)}, \quad (i, j \in \{1,2\}, i \neq j)$$

$$(2\text{-}10)$$

从公式（2-10）不难证明命题1，也清楚地知道并非所有地方政府进行合作投资均能提高港口服务水平。进一步分析，可以看出 β_i 越大、γ_j 越小，ΔS_i 越大，即港口的服务水平对本港的市场需求份额影响力越大，对临港的市场需求份额影响力越小，即服务水平处于弱势的港口在地方政府采取合作策略时，更有利于提高服务水平。

命题2：港口 i 的服务价格、利润与本港的服务水平呈正相关，而与临港的服务水平的正负相关性，主要取决于 β_i、θ_i、n_j 及 γ_j 影响系数的大小关系。

证明：

针对公式（2-4）和（2-6），令 $i, j \in \{1,2\}$, $i \neq j$，对港口 i 的服务价格和利润变形整理成如下：

$$p_i = \frac{(2n_j\beta_i - \theta_i\gamma_j)S_i + (\theta_i\beta_j - 2n_j\gamma_i)S_j + n_j(A_i + n_iC_i) + m_i(A_j + n_jC_j)}{4n_in_j - \theta_i\theta_j} \quad (2\text{-}11)$$

$$\pi_i = n_i\left[\frac{(2n_j\beta_i - \theta_i\gamma_j)S_i + (\theta_i\beta_j - 2n_j\gamma_i)S_j + n_j(A_i + n_iC_i) + m_i(A_j + n_jC_j)}{4n_in_j - \theta_i\theta_j} - C_i\right]^2$$
$$= n_i(p_i - C_i)^2 \quad (2\text{-}12)$$

由于 $p_i > C_i$，表明港口的利润函数图像具有单调性，并且已知 $n > \theta$，$\beta > \gamma$，因此 $(n_j\beta_i - \theta_i\gamma_j)/(4n_in_j - \theta_i\theta_j) > 0$，说明港口 i 的利润及服务价格随着本港服务水平的提高而增加。而对于临港的服务水平来说，当 $\theta_i\beta_j > 2n_j\gamma_i$ 时，港口 i 的利润及服务价格为临港服务水平的增函数，当满足 $\theta_i\beta_j < 2n_j\gamma_i$ 时，港口 i 的利润及服务价格与临港服务水平呈负相关。

进一步分析，由 $\beta_j > \gamma_i$，知 $\beta_j/\gamma_i > 1$，那么假设服务价格的影响系数 n_j 和 θ_i、服务水平影响系数 β_j 为固定值，当 $1 < \beta_j/\gamma_i < 2n_j/\theta_i$ 时，π_i 及 p_i 为 S_j 的减函数。也就是说当临港的服务水平对本港的市场需求份额影响力较大时，那么临港提高相应的服务水平会降低本港市场需求份额，这时本港应该选择提高自身服务水平的策略以赢得客户，进而提高利润。也就是说，当某个港口服务水平提高时，在某种程度上会影响到临港的市场份额、价格以及利润，从而刺激临港相应提高服务水平，整体呈现出向高服务水平发展的趋势。

综上，地方政府合作后是否会带来更高的服务水平、港口的利润，价格与服务水平的是否呈正相关等，均是由一定条件决定的，也就是说合作之后的结果取决于港口群本身发展的特点。下节将通过津冀港口群实证分析地方政府竞合前后对地方政府利润、港口利润、价格及市场需求份额的具体影响。

2.3.4 津冀港口群与地方政府博弈分析

津冀地区国有经济比重大，政府对港口的控制能力较强，天津市政府管辖天津港，河北省政府管辖的港口有秦皇岛港、唐山港及黄骅港。天津港及河北港口分布于不同行政区内，并且地方政府出于对贸易的保护而合作意愿不强,在一定程度上严重阻碍了两地港口的发展。目前,津冀港口群形成了天津港为集装箱主线、河北其他港口为支线的布局。近几年河北省港口集装箱业务发展迅速,均加大了软硬设施的建设,对天津港的内贸集装箱造成了一定的分流。

本节以天津港和河北省港口群内贸集装箱为例,分析港口与地方政府两阶段模型。把河北省港口群看成一个整体,并令天津港为港口1,河北省港口群为港口2。在集装箱方面,天津港整体实力高于河北省港口群,其服务水平及价格对河北省港口群的影响力较大。鉴于此,可作出合理的假设,在 $n > \theta$、$\beta > \gamma$、$\lambda > \mu$ 前提下,令 $\theta_2 > \theta_1$、$\gamma_2 > \gamma_1$、$\mu_2 > \mu_1$、$C_1 > C_2$。

2.3.4.1 相关数据

采用2015年数据代表集装箱初始吞吐量,天津港年集装箱吞吐量为1411万TEU,河北港口群年集装箱总吞吐量为246万TEU,即 $A_1 = 1411$,$A_2 = 246$。港口的装卸费在其收入中占比很大,因此假设 p_i($i=1,2$)为内贸集装箱装卸包干费,天津港装载一般货物的内贸20英尺集装箱装卸包干费为350元/箱,河北港口平均为300元/箱,先假定 $p_1 = 350$,$p_2 = 300$,另外天津港的服务水平高于河北港口,故先假定 $S_1 = 0.8$,$S_2 = 0.4$。根据假定条件,计算出 n_1、n_2、θ_1、θ_2、γ_1、γ_2、β_1、β_2 参数的取值范围。

根据公式(2-1),港口的市场需求份额只受本港价格的影响,不受临港价格影响时,此时满足条件:$Q_i = A_i - n_i p_i \geq 0$,$i = 1,2$,因此得 $0 \leq n_1 \leq A_1/p_1$,$0 \leq n_2 \leq A_2/p_2$,故 $n_1 \in [0,4]$,$n_2 \in [0,0.8]$。

同时,在极端情况下,港口的市场需求份额在价格影响下完全转移到了临港,此时满足条件:$A_1 \geq \theta_2 p_2$,$A_2 \geq \theta_1 p_2$,故 $\theta_1 \in [0,0.8]$,$\theta_2 \in [0,4]$。

同理可知 $A_1 - \gamma_1 S_2 \geq 0$,$A_2 - \gamma_2 S_1 \geq 0$,$A_1 \geq \beta_2 S_2$,$A_2 \geq \beta_1 S_1$,故 $\gamma_1 \in [0,3527.5]$,$\gamma_2 \in [0,307.5]$,$\beta_1 \in [0,307.5]$,$\beta_2 \in [0,3527.5]$。

根据以上取值范围及假设,数据模拟赋值如表2-2所示。

表2-2 模型各参数及取值

参数	取值	参数	取值
n_1	3	n_2	0.8
θ_1	0.3	θ_2	0.5
β_1	250	β_2	200

(续表)

参数	取值	参数	取值
γ_1	100	γ_2	150
A_1	1411	A_2	246
C_1	30	C_2	24
μ_1	2	μ_2	3
λ	4	k	300

2.3.4.2 结果分析

将表2-2数据带入两阶段博弈模型公式（2-1）～公式（2-9）中，结果见表2-3。

表2-3 两阶段博弈模型结果及对比

参数	地方政府合作—港口竞争	比较	同比增长	地方政府竞争—港口竞争
S_1	0.65	>	22.64%	0.53
S_2	0.61	>	24.49%	0.49
p_1	280.92	>	1.28%	277.38
p_2	267.18	>	1.29%	263.78
Q_1	752.76	>	1.43%	742.13
Q_2	194.54	>	1.41%	191.83
Q_{12}	947.30	>	1.43%	933.96
π_1	188882.20	>	2.88%	183586.20
π_2	47308.55	>	2.85%	45997.07
π_{12}	236190.75	>	2.88%	229583.27
R_1	3269.95	>	0.09%	3267.07
R_2	2927.30	>	0.20%	2921.58
R_{12}	6197.25	>	0.14%	6188.65

从表2-3可以看出，天津和河北政府通过合作投资建设、提高港口服务水平方面而提升了津冀港口群整体竞争实力。相比竞争策略，合作使港口及政府的利润均得到了提高，并且相应提高了港口服务水平、价格及市场份额。从同比增长看，服务水平处于弱势的河北省港口，其服务水平增长率更高，而利润增长率要

低一点。相对而言,河北省政府利润增长率高于天津政府。故港口企业更支持合作策略,不仅有利于提高河北省港口的服务水平,而且使得天津港获得更多的利润,达到双赢。从政府角度,河北省政府利润率更高,其合作的意愿更强。

下面从津冀港口群整体出发,分析合作前后总利润之差,关于 n_i、θ_i、β_i 及 γ_i ($i=1,2$) 影响系数的灵敏度。令 $\Delta\pi_{12}$ 为合作策略减去竞争策略情况下,天津港及河北省港口总利润之差,同理 ΔR_{12} 为两个地方政府在两个策略下的总利润之差。具体分析如图2-6~图2-13所示。

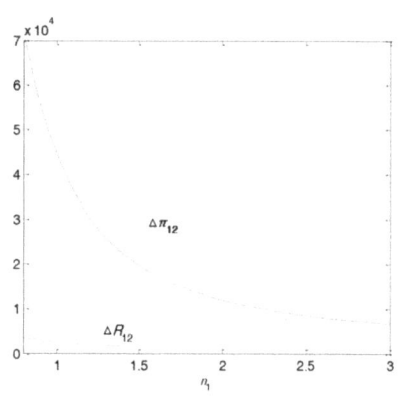

图2-6 $\Delta\pi_{12}$ 和 ΔR_{12} 关于 n_1 的函数图

图2-7 $\Delta\pi_{12}$ 和 ΔR_{12} 关于 n_2 的函数图

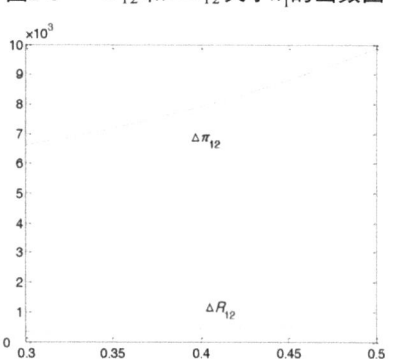

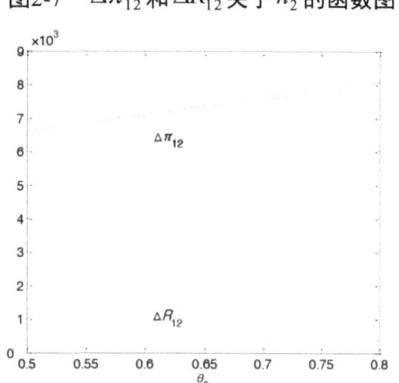

图2-8 $\Delta\pi_{12}$ 和 ΔR_{12} 关于 θ_1 的函数图

图2-9 $\Delta\pi_{12}$ 和 ΔR_{12} 关于 θ_2 的函数图

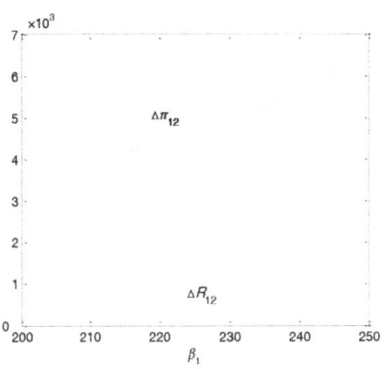
图2-10 $\Delta\pi_{12}$ 和 ΔR_{12} 关于 β_1 的函数图

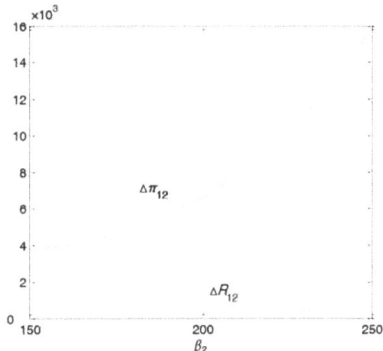
图2-11 $\Delta\pi_{12}$ 和 ΔR_{12} 关于 β_2 的函数图

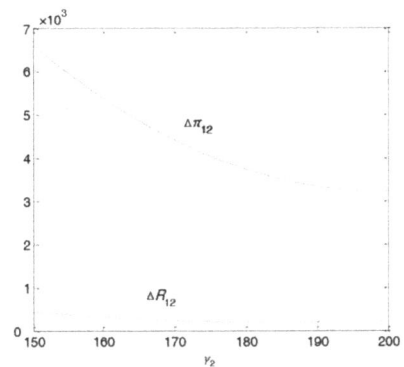
图2-12 $\Delta\pi_{12}$ 和 ΔR_{12} 关于 γ_1 的函数图

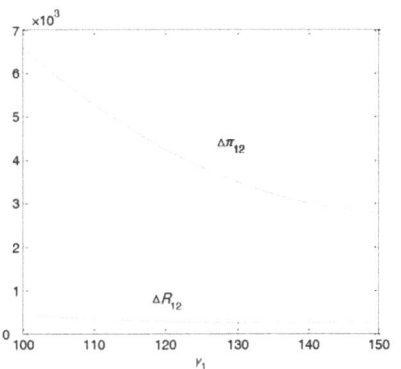
图2-13 $\Delta\pi_{12}$ 和 ΔR_{12} 关于 γ_2 的函数图

根据图2-6~图2-13的数值模拟结果，合作前后总利润之差，关于 n_i、θ_i、β_i 及 $\gamma_i (i=1,2)$ 影响系数的灵敏度分析如表2-4所示。

表2-4 影响系数灵敏度分析

论据	结论	启示
图2-6~图2-7	随着 n_i 逐渐增大，$\Delta\pi_{12}$ 与 ΔR_{12} 逐渐减小	当 n_i 较小，即港口 i 的价格对本港需求份额的影响系数越小，合作策略下，更有利于提高港口及地方政府的总利润，合作效果更佳
图2-8~图2-9	$\Delta\pi_{12}$ 与 ΔR_{12} 均为 θ_i 的增函数	港口的需求份额对临港价格变化越敏感，两地政府及所属港口在合作策略下将会得到更高的利润，合作策略越占优势
图2-10~图2-11	$\Delta\pi_{12}$ 与 ΔR_{12} 均为 β_i 的增函数	港口需求份额对本港服务水平越敏感，合作策略越有优势，越有利于提高整个港口群的利润水平
图2-12~图2-13	$\Delta\pi_{12}$ 与 ΔR_{12} 均为 γ_i 的减函数	当港口需求份额受临港服务水平的影响系数越小时，两地更趋向于合作策略，整个港口群将获得更高的利润

通过分析可清晰地看到，价格及服务水平影响系数对两阶段博弈竞合利润水平产生一定的影响，当 n_i、γ_i 较小或者 θ_i、β_i 较大时，有利于提高整个港口群的利润水平，合作策略越有优势。政府及港口管理者可根据价格及服务水平影响系数采取一定的措施，或者双方协调，制定合作策略以达到共赢效果，从而提高整体利润水平，促进津冀港口群的发展。

2.4 津冀港口群内部多港口博弈

分析津冀港口群竞合面临的问题发现，港口地理位置临近、腹地重叠，导致货源趋同性，同质化竞争愈演愈烈，并且整体服务水平低，更多呈现的是价格战等低水平竞争。港口恶性竞争严重阻碍津冀港口群的发展。因此本节从港口群横向角度切入，构建多港口博弈模型，分析港口群内竞合问题。

2.4.1 多港口博弈模型问题描述及假设

本节依据津冀港口群自身特点，探讨地理位置邻近、货源腹地交叉重叠、服务水平差异的3个港口企业的竞争合作问题。在区域内，港口企业为争夺腹地货源同质化竞争激烈，通常采取降低价格或提高服务水平的策略赢得市场份额和利润。针对空间及服务水平差异构建3个港口企业的博弈模型，主要有以下几个假设。

假设1：假设3个港口企业和发货人均为完全理性的，即港口企业在做博弈决策时以利润最大化为原则，发货人以效用最大化为原则。

假设2：假设3个港口企业分布在 x 轴 $[0,1]$ 上，分别位于 x 轴的 a_1、a_2、a_3 上，且位置不重叠，并设 $0 \leqslant a_1 < a_2 < a_3 \leqslant 1$。

假设3：假设3个港口共享腹地为 $(0,0)$、$(1,0)$、$(0,1)$、$(1,1)$ 所构成的矩形中，发货人均匀地分布在该区域内，如图2-14所示。

第 2 章 津冀港口群内竞争合作研究

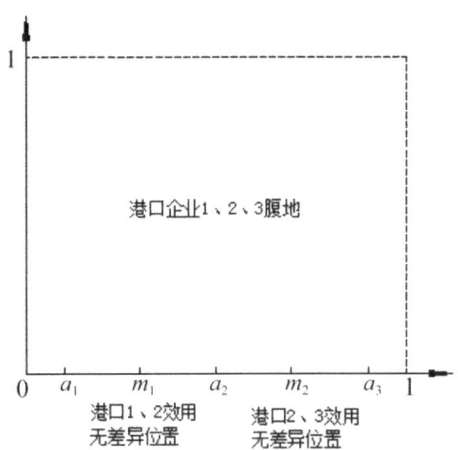

图2-14 共享腹地港口企业分布图

相关参数及释义如下：

P_i：港口i的服务价格，$i=1,2,3$；

t：单位陆上运输成本，运输成本是发货人到港口陆上距离的线性函数；

S_i：港口i的服务水平，$i=1,2,3$；

$F(S_i)$：港口i的成本，令$f(S_i)=\omega S_i^2/2$，ω为成本因子，$i=1,2,3$；

Q_i：港口i的市场需求份额，$i=1,2,3$；

U_i：发货人在港口i的效用，$i=1,2,3$；

m_1：发货人选择港口1和2效用无差异横坐标；

m_2：发货人选择港口2和3效用无差异横坐标；

π_i：港口i的利润，$i=1,2,3$。

2.4.2 多港口博弈模型构建及求解

2.4.2.1 模型构建

发货人的效用包括港口服务费、港口服务水平以及发货人到港口的陆上运费，其中费用越低，港口的服务水平越高，发货人的效用越大。设存在两个横坐标m_1和m_2，使得发货人横坐标在$(0,m_1)$范围时，选择港口企业1；在(m_1,m_2)范围时，选择港口企业2；在$(m_2,1)$范围时，选择港口企业3。这里，m_1、m_2满足：

$$\begin{cases} m_1 = \dfrac{p_2 - p_1}{2t} + \dfrac{a_1 + a_2}{2} + \dfrac{S_1 - S_2}{2t} \\ m_2 = \dfrac{p_3 - p_2}{2t} + \dfrac{a_2 + a_3}{2} + \dfrac{S_2 - S_3}{2t} \end{cases} \quad (2\text{-}13)$$

港口企业的市场需求份额分别为：

$$\begin{cases} Q_1 = \int_0^1 \int_0^{m1} \mathrm{d}x\mathrm{d}y = m_1 = \dfrac{p_2 - p_1}{2t} + \dfrac{a_1 + a_2}{2} + \dfrac{S_1 - S_2}{2t} \\ Q_2 = \int_0^1 \int_{m1}^{m2} \mathrm{d}x\mathrm{d}y = m_2 - m_1 = \dfrac{p_3 - 2p_2 + p_1}{2t} + \dfrac{a_3 - a_1}{2} + \dfrac{2S_2 - S_1 - S_3}{2t} \\ Q_3 = \int_0^1 \int_{m2}^{1} \mathrm{d}x\mathrm{d}y = 1 - m_2 = \dfrac{p_2 - p_3}{2t} + \dfrac{2 - a_2 - a_3}{2} + \dfrac{S_3 - S_2}{2t} \end{cases} \quad (2\text{-}14)$$

港口企业的利润分别为：

$$\begin{cases} \pi_1 = p_1 Q_1 - \dfrac{\omega S_1^2}{2} = p_1(\dfrac{p_2 - p_1}{2t} + \dfrac{a_1 + a_2}{2} + \dfrac{S_1 - S_2}{2t}) - \dfrac{\omega S_1^2}{2} \\ \pi_2 = p_2 Q_2 - \dfrac{\omega S_2^2}{2} = p_2(\dfrac{p_3 - 2p_2 + p_1}{2t} + \dfrac{a_3 - a_1}{2} + \dfrac{2S_2 - S_1 - S_3}{2t}) - \dfrac{\omega S_2^2}{2} \\ \pi_3 = p_3 Q_3 - \dfrac{\omega S_3^2}{2} = p_3(\dfrac{p_2 - p_3}{2t} + \dfrac{2 - a_2 - a_3}{2} + \dfrac{S_3 - S_2}{2t}) - \dfrac{\omega S_3^2}{2} \end{cases}$$

$$(2\text{-}15)$$

2.4.2.2 模型求解

（1）竞争博弈策略

3个港口企业为理性经济人，均采取竞争策略，即以自身利润最大化为原则。不难证明 $\dfrac{\partial^2 \pi_i}{\partial p_i^2} < 0$，($i$=1,2,3) 即存在利润最大值。令 $\dfrac{\partial \pi_1}{\partial p_1} = 0$，$\dfrac{\partial \pi_2}{\partial p_2} = 0$，$\dfrac{\partial \pi_3}{\partial p_3} = 0$，联立求解得3个港口企业服务价格的博弈均衡解：

$$P_1^* = \dfrac{(2 + 5a_1 + 6a_2 + a_3)t + 5S_1 - 4S_2 - S_3}{12} \quad (2\text{-}16)$$

$$P_2^* = \dfrac{(2 - a_1 + a_3)t + 2S_2 - S_1 - S_3}{6} \quad (2\text{-}17)$$

$$p_3^* = \dfrac{(14 - a_1 - 6a_2 - 5a_3)t + 5S_3 - S_1 - 4S_2}{12} \quad (2\text{-}18)$$

从公式（2-16）易知，令 a_1 为常数，则 a_2 和 a_3 越大，即港口企业2、3越远离港口企业1，p_1^* 越高。从公式（2-17）知，a_1 越小，a_3 越大，即港口企业1、3越远离港口企业2，p_2^* 越高。同理公式（2-18）也如此。即港口企业越分散，其各自的服务定价越高，越倾向于垄断性，而港口企业越密集，各港口为赢得市场越倾向于采用低价策略。价格战，如果适度竞争将有利于港口发展，而过度竞争反而会阻碍港口的发展。

将公式（2-16）~公式（2-18）分别带入公式（2-14）中得出3个港口企业市场需求份额：

$$\begin{cases} Q_1^* = \dfrac{2+5a_1+6a_2+a_3}{24} + \dfrac{5S_1-4S_2-S_3}{24t} \\ Q_2^* = \dfrac{2-a_1+a_3}{6} + \dfrac{2S_2-S_1-S_3}{6t} \\ Q_3^* = \dfrac{14-a_1-6a_2-5a_3}{24} + \dfrac{5S_3-S_1-4S_2}{24t} \end{cases} \quad (2\text{-}19)$$

将公式（2-16）~公式（2-18）分别带入公式（2-15）中得出3个港口企业利润：

$$\pi_1^* = \frac{[(2+5a_1+6a_2+a_3)t+(5S_1-4S_2-S_3)]^2}{288t} - \frac{\omega S_1^2}{2} \quad (2\text{-}20)$$

$$\pi_2^* = \frac{[(2-a_1+a_3)t+(2S_2-S_1-S_3)]^2}{36t} - \frac{\omega S_2^2}{2} \quad (2\text{-}21)$$

$$\pi_3^* = \frac{[(14-a_1-6a_2-5a_3)t+(5S_3-S_1-4S_2)]^2}{288t} - \frac{\omega S_3^2}{2} \quad (2\text{-}22)$$

（2）合作竞争博弈策略

假设港口企业1、2采取合作博弈策略，进行统一定价，令 $p_1 = p_2$，并以两个港口企业总利润最大化为目标，而港口企业3采取竞争策略，以自身利润最大化为目标。

港口企业1、2的市场需求份额总和为：

$$Q_{12} = \int_0^1 \int_0^{m_2} dxdy = m_2 = \frac{p_3-p_2}{2t} + \frac{a_2+a_3}{2} + \frac{S_2-S_3}{2t} \quad (2\text{-}23)$$

港口企业3的市场需求份额为：

$$Q_3 = 1 - Q_{12} = \frac{P_2-P_3}{2t} + \frac{2-a_2-a_3}{2} + \frac{S_3-S_2}{2t} \quad (2\text{-}24)$$

港口企业1、2的总利润，港口企业3的利润函数分别为：

$$\pi_{12} = p_2 Q_{12} - \frac{\omega S_1^2}{2} - \frac{\omega S_2^2}{2} = p_2(\frac{p_3 - p_2}{2t} + \frac{a_2 + a_3}{2} + \frac{S_2 - S_3}{2t}) - \frac{\omega S_1^2}{2} - \frac{\omega S_2^2}{2}$$
（2-25）

$$\pi_3 = p_3 Q_3 - \frac{\omega S_3^2}{2} = p_3(\frac{p_2 - p_3}{2t} + \frac{2 - a_2 + a_3}{2} + \frac{S_3 - S_2}{2t}) - \frac{\omega S_3^2}{2} \quad (2\text{-}26)$$

不难证明利润函数对服务价格的二阶导均小于零，即存在利润最大值。因此令 $\frac{\partial \pi_{12}}{\partial p_2} = 0$，$\frac{\partial \pi_3}{\partial p_3} = 0$，联立求解得服务价格博弈均衡解为：

$$\begin{cases} p_2^{**} = \frac{(2 + a_2 + a_3)t}{3} + \frac{S_2 - S_3}{3} \\ p_3^{**} = \frac{(4 - a_2 - a_3)t}{3} + \frac{S_3 - S_2}{3} \end{cases}$$
（2-27）

将公式（2-27）带入公式（2-23）、（2-24）中得出港口企业市场需求份额分别为：

$$\begin{cases} Q_{12}^{**} = \frac{2 + a_2 + a_3}{6} + \frac{S_2 - S_3}{6t} \\ Q_3^{**} = \frac{4 - a_2 - a_3}{6} + \frac{S_3 - S_2}{6t} \end{cases}$$
（2-28）

将公式（2-27）带入公式（2-25）、（2-26）中得出港口企业利润分别为：

$$\begin{cases} \pi_{12}^{**} = \frac{[(2 + a_2 + a_3)t + (S_2 - S_3)]^2}{18t} - \frac{\omega S_1^2}{2} - \frac{\omega S_2^2}{2} \\ \pi_3^{**} = \frac{[(4 - a_2 - a_3)t + (S_3 - S_2)]^2}{18t} - \frac{\omega S_3^2}{2} \end{cases}$$
（2-29）

2.4.3 模型理论结果分析

2.4.3.1 服务水平相同

命题3：两个港口企业采取合作博弈策略，在均衡的条件下，有助于提高共享腹地港口群的利润水平。

证明：

令 $\Delta \pi_{12}^{**}$ 为合作前后港口企业1和2的总利润之差，如下式：

$$\Delta \pi_{12}^{**} = \pi_{12}^{**} - \pi_1^* - \pi_2^*$$

$$= \frac{16(2+a_2+a_3)^2 - (2+5a_1+6a_2+a_3)^2 - 8(2-a_1+a_3)^2}{288}t$$

$$= \frac{8+12a_1+6a_1a_3+28(a_3-a_1^2)+(7a_3^2-5a_1^2)}{288}t +$$

$$\frac{20a_2(a_3-a_2)+40a_2(1-a_1)+20(1-a_1a_2)}{288}t \qquad (2\text{-}30)$$

由 $0 < a_1 < a_2 < a_3 < 1$，得 $a_3 - a_1^2$，$7a_3^2 - 5a_1^2$，$a_3 - a_2$，$1-a_1$，$1-a_1a_2$ 均大于0，因此合作策略下港口企业1、2的总利润大于竞争策略下港口1、2的利润之和。下面证明在港口企业1、2合作情况下，港口企业3的利润比3个港口企业竞争情况下利润高。

$$\Delta \pi_3^{**} = \pi_3^{**} - \pi_3^*$$

$$= \frac{12(a_3-a_1a_2)+28(a_1-a_2a_3)+10(a_2-a_1a_3)}{288}t +$$

$$\frac{30a_2+60-20a_2^2-9a_3^2-a_1^2}{288}t \qquad (2\text{-}31)$$

由 $0 < a_1 < a_2 < a_3 < 1$，易证 $\pi_3^{**} > \pi_3^*$。下面通过绘图，直观明了地观察合作前后3个港口总利润的变化。令 $\pi_{123}^* = \pi_1^* + \pi_2^* + \pi_3^*$，$\pi_{123}^{**} = \pi_{12}^{**} + \pi_3^{**}$，考虑（1）当 $a_1=0$，$a_3=1$ 时，即港口企业1、3在两端时；（2）当 $a_1=0$，$a_3=0.5$，即港口企业1、3均在腹地的左半侧时；（3）当 $a_1=0.5$，$a_3=1$，即港口企业1、3均在腹地的右半侧时，π_{123}^* 和 π_{123}^{**} 随 a_2 的变化情况。

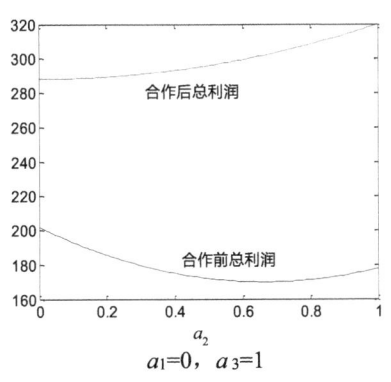
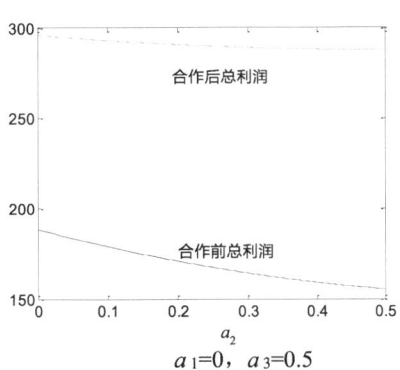

图2-15 π_{123}^* 和 π_{123}^{**} 关于 a_2 的函数图　　图2-16 π_{123}^* 和 π_{123}^{**} 关于 a_2 的函数图

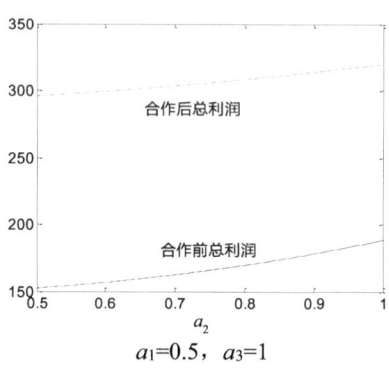

图2-17 π_{123}^* 和 π_{123}^{**} 关于 a_2 的函数图

如图2-15至图2-17所示,合作后3个港口企业总利润有所提高,并且竞争条件下利润之和的最大值也小于合作条件下的最小值。该命题说明:两个港口企业采取合作博弈策略,不仅可以提高两个港口企业的利润水平,也提高了非合作港口企业的利润水平,进而提高了整个港口群的利润水平。并且数值模拟绘图表明,整个港口群的利润水平相比在竞争条件下得到了显著的提高。那么港口企业打破无序竞争,采取合作策略,将有利于共享腹地港口群的整体发展。

命题4:港口企业1、2合作前后的总利润之差是两港口企业距离的增函数,也是港口企业2、3距离的增函数,并且总利润之差对港口企业2、3距离的增加更为敏感。

证明:令 $a_2 = a_1 + b$,$a_3 = a_1 + b + c$,并将其带入公式(2-30)中,分别对 b 和 c 求一阶导得:

$$\frac{\partial \Delta \pi_{12}^{**}}{\partial b} = \frac{68 + 14b + 34c - 40a_1}{288} t > 0 \qquad (2\text{-}32)$$

$$\frac{\partial \Delta \pi_{12}^{**}}{\partial c} = \frac{40a_1 + 34b + 14c + 28}{288} t > 0 \qquad (2\text{-}33)$$

令 $\dfrac{c}{b} = k$,并将其带入式(2-30)中,对 k 求一阶导得:

$$\frac{\partial \Delta \pi_{12}^{**}}{\partial k} = \frac{40a_1 b + 34b^2 + 14b^2 k + 28b}{288} t > 0 \qquad (2\text{-}34)$$

下面通过数值模拟,取特殊值 $a_1=0$,绘出港口企业1、2合作前后的总利润之差$\Delta \pi_{12}^{**}$，关于港口企业1、2距离b和港口企业2、3距离c的函数图如图2-18所示。

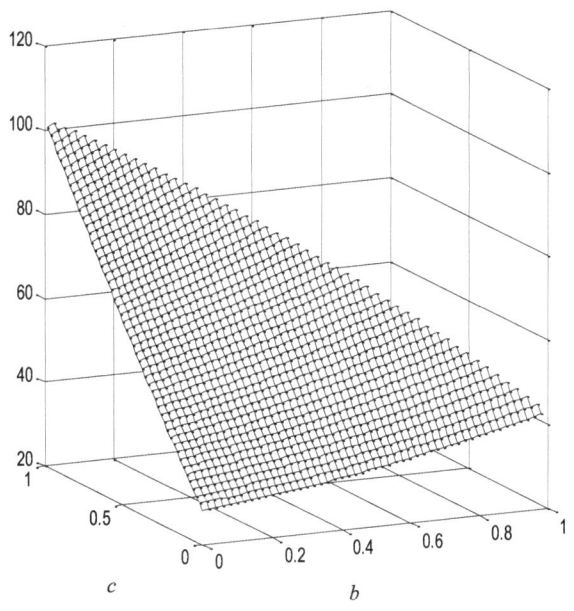

图2-18 $a_1=0$时，$\Delta \pi_{12}^{**}$关于b、c的函数图

通过公式（2-32）～公式（2-34）及图2-18表明，当把c看作常数时，即港口企业2、3位置固定不动，$\Delta \pi_{12}^{**}$随着b的增加而增加，也就是说港口企业1、2之间的距离越远，合作后的总利润较竞争情形下提升的空间越大。同样把b看作常数时，即港口企业1、2位置固定不动，$\Delta \pi_{12}^{**}$随着c的增加而增加。

从公式（2-34）知$\Delta \pi_{12}^{**}$为k的增函数，$\Delta \pi_{12}^{**}$对c的增加较为敏感，从图2-18更易看出这一点。从实践角度解释，仅从港口企业的位置考虑，港口企业1、2之间的距离与港口企业2、3的距离差距越小（$b<c$），那么港口企业2与1的竞争程度相比港口企业2与3的竞争程度越高，即港口企业1、2采取合作策略，利润提升的空间更大。

2.4.3.2 服务水平不同

命题5：港口企业的服务价格和市场需求份额，与本港口企业的服务水平正相关，与其他两个港口企业的服务水平负相关。

证明：

竞争博弈策略下，公式（2-16）~公式（2-19）以及合作竞争博弈策略下，公式（2-27）~公式（2-28），均表明命题5的正确性。即港口企业的服务水平提升，那么本港口企业有资本提升服务价格，并且能够赢得更多的市场份额，但是其他港口企业的服务水平提高，会对本港口企业的服务价格和市场需求份额呈负影响。在某种程度上讲，港口之间的服务水平有相互促进的作用。

命题6：港口企业的利润受本港口企业的服务水平影响，但是具体影响与所有港口的位置、单位陆上运输成本以及成本因子有关；港口企业的利润是其他港口企业服务水平的减函数。

证明：

以公式（2-20）举例证明，港口企业1的利润函数对本港口服务水平求一阶导得：

$$\frac{\partial \pi_1^*}{\partial S_1} = \frac{5[(2+5a_1+6a_2+a_3)t+(5S_1-4S_2-S_3)]}{144t} - \omega S_1 \quad (2\text{-}35)$$

从公式（2-35）可知，S_1 的变化对 π_1^* 的增减有影响，但是具体的影响与港口位置、单位陆上运输成本以及成本因子有关。下面求港口企业1的利润函数对港口企业2服务水平的一阶导和二阶导得：

$$\frac{\partial \pi_1^*}{\partial S_2} = \frac{-8[(2+5a_1+6a_1+a_3)t+(5S_1-4S_2-S_3)]}{288t} \quad (2\text{-}36)$$

$$\frac{\partial^2 \pi_1^*}{\partial S_2^2} = \frac{1}{9t} > 0 \quad (2\text{-}37)$$

由公式（2-37）知 π_1^* 随着 S_2 的增加，先减后增。并且可由公式（2-36）得出港口企业1利润的最小值、增区间以及减区间。

当 $\frac{-8[(2+5a_1+6a_2+a_3)t+(5S_1-4S_2-S_3)]}{288t}=0$ 时，由公式（2-16）知 $p_1=0$，π_1^* 为最小值；当 $\frac{-8[(2+5a_1+6a_2+a_3)t+(5S_1-4S_2-S_3)]}{288t}>0$ 时，即 $p_1<0$，此情况不合理，舍去；当 $\frac{-8[(2+5a_1+6a_2+a_3)t+(5S_1-4S_2-S_3)]}{288t}<0$

时，即 $p_1>0$，π_1^* 随着 S_2 的增加而减少。

综上，港口企业1的利润是关于港口企业2的服务水平的减函数，π_1^* 关于 S_2 的函数变化曲线图如图2-19所示：

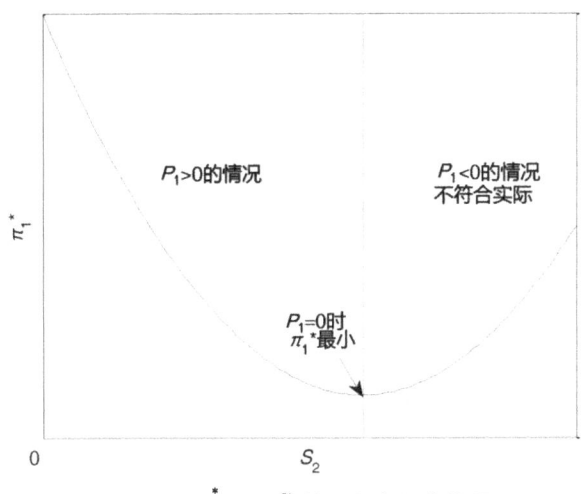

图2-19 π_1^* 关于 S_2 的函数变化曲线图

该命题说明了，当其他港口服务水平提升时，本港口为提升服务价格和市场需求份额，也会相应提升服务水平，但是同时也会增加港口成本，进而影响港口利润，所以不能盲目追随，应结合港口位置、单位陆上运输成本和成本因子，适当地提高港口服务水平。

2.4.4 津冀港口群博弈分析

津冀港口群同质化竞争中，煤炭最为激烈，尤其是河北港口。秦皇岛港煤炭为主营业务，是津冀港口群中的煤炭龙头港。新兴的曹妃甸港区，因天然的港口自然条件，吸引了国家及各企业投资，并随着迁曹线的建成，其吞吐量迅速增长，成为秦皇岛港有力的竞争对手。2015年黄骅港对外开放并且准池线投产，使得"准池—朔黄线"煤炭运力不断上升，严重冲击了其他津冀港口。另外天津港凭借其公路集疏运系统便捷、运费较铁路低的优势，在津冀港口群煤炭运输中仍占据一定地位。津冀各港口是北方煤炭输出港主力军，随着煤炭市场不断萎缩，未来港口之间的同质化竞争将愈演愈烈。本节通过对比分析，选取竞争激烈的秦皇岛港、曹妃甸港区及黄骅港来进行多港口博弈分析。

2.4.4.1 相关数据

（1）港口地理位置数据

表2-5　津冀港口间距离　　　　　　　　　　　　　单位：千米

	天津港	秦皇岛港	京唐港区	曹妃甸港区	黄骅港
天津港	—	228.2	158.3	106.1	124.0
秦皇岛港	228.2	—	131.3	188.3	335.9
京唐港区	158.3	131.3	—	68.3	266.0
曹妃甸港区	106.1	188.3	68.3	—	213.0
黄骅港	124.0	335.9	266.0	213.0	—

注：数据来源于《中国地图》

令秦皇岛港、曹妃甸港及黄骅港分别为港口企业1、2、3。为简化计算，令腹地为津冀区域，根据表2-5中3个港口间的距离数据，按比例计算可得$a_1=0$，$a_2=0.47$，$a_3=1$。

（2）港口服务水平数据

一个港口的服务水平涉及港口信息化程度、基础设施、物流作业及服务能力等指标，需要定量与定性分析，实际中将通过专家打分得出港口的综合服务水平。在本节中，为了简化计算，更直观体现服务水平在多港口竞合博弈中的影响，选取最具影响力的少数指标，运用评价方法，获取3个港口服务水平排名及得分。评价方法中，层次分析法、模糊综合评价均带有一定的主观性，因子及主成分分析对样本的需求量大，而TOPSIS评价方法对样本量无要求，并且熵权法赋予权重，可以更加客观地反映各项指标的重要程度。故本节基于熵权TOPSIS评价方法，取得港口服务水平数据。

①港口服务评价指标

表2-6　港口服务水平评价指标

指标	指标说明	指标趋向
船舶平均在港停时X_1	船舶在港艘时/船舶在港艘次数	−
船舶平均在泊作业时间X_2	船舶停泊总艘作业时/船舶停泊艘次数	−
货损货差率X_3	装卸（或运输）货损货差量/装卸（或运输）总货物量	−
港口装卸效率X_4	装卸煤炭吨数/船舶装卸作业总艘时数	+

②港口服务水平各项指标调研原始数据

表2-7 港口原始数据

	X_1/小时	X_2/小时	X_3	X_4/（吨/艘时）
秦皇岛港	19.1	17.5	0.0024	3000
曹妃甸港区	20.2	17.0	0.0035	3020
黄骅港	20.5	17.8	0.0026	2990

注：数据来源于港口调研

③熵权TOPSIS评价步骤及运算结果

构建m个港口、n项指标的评价矩阵$\boldsymbol{A}=(x_{ij})_{m\times n}$，$(i=1,2,\cdots,m;j=1,2,\cdots,n)$，并对指标值标准化，处理公式如下：

正向指标
$$y_{ij}=\frac{x_{ij}-x_{\min(i)}}{x_{\max(i)}-x_{\min(i)}} \tag{2-38}$$

逆向指标
$$y_{ij}=\frac{x_{\max(i)}-x_{ij}}{x_{\max(i)}-x_{\min(i)}} \tag{2-39}$$

由此得到标准化评价矩阵$\boldsymbol{B}=(y_{ij})_{m\times n}$，$(i=1,2,\cdots,m;j=1,2,\cdots,n)$。

熵权法确定指标权重，第j项指标熵值用e_j表示，计算公式如下：

$$e_j=-\frac{1}{\ln m}\sum_{i=1}^{m}y_{ij}\ln y_{ij},\quad(0\leqslant e_j\leqslant 1) \tag{2-40}$$

第j项指标熵权公式：

$$W_j=(1-e_j)/\sum_{j=1}^{n}(1-e_j) \tag{2-41}$$

构建指标加权矩阵：

$$\boldsymbol{D}=\begin{pmatrix} d_{11} & d_{12} & \cdots & d_{1n} \\ d_{21} & d_{22} & \cdots & d_{2n} \\ \vdots & \vdots & & \vdots \\ d_{m1} & d_{m2} & \cdots & d_{mn} \end{pmatrix}=\begin{pmatrix} wy_{11} & wy_{12} & \cdots & wy_{1n} \\ wy_{21} & wy_{22} & \cdots & wy_{2n} \\ \vdots & \vdots & & \vdots \\ wy_{m1} & wy_{m2} & \cdots & wy_{mn} \end{pmatrix} \tag{2-42}$$

确定正理想解V^+和负理想解V^-，公式如下：

$$V^+ = \left\{(\max_{1\leqslant i\leqslant m} d_{ij} / j \in J_1), (\min_{1\leqslant i\leqslant m} d_{ij} / j \in J_2) / i = 1, 2, \cdots, m\right\} \quad (2\text{-}43)$$
$$= \{v_1^+, v_2^+, \cdots, v_n^+\}$$

$$V^- = \left\{(\max_{1\leqslant i\leqslant m} d_{ij} / j \in J_1), (\min_{1\leqslant i\leqslant m} d_{ij} / j \in J_2) / i = 1, 2, \cdots, m\right\} \quad (2\text{-}44)$$
$$= \{v_1^-, v_2^-, \cdots, v_n^-\}$$

J_1 代表效益型指标集合，指标值越大，评价越高；J_2 代表成本型指标集合，指标值越小，评价越高。

计算各被测对象与正负理想解的距离：

$$D_i^+ = \sqrt{\sum_{j=1}^n (d_{ij} - v_j^+)^2} \quad (i = 1, 2, \cdots, m) \quad (2\text{-}45)$$

$$D_i^- = \sqrt{\sum_{j=1}^n (d_{ij} - v_j^-)^2} \quad (i = 1, 2, \cdots, m) \quad (2\text{-}46)$$

分别计算各被测对象与最优值得接近度：

$$C_i = \frac{D_i^-}{D_i^+ + D_i^-} \quad (i = 1, 2, \cdots, m) \quad (2\text{-}47)$$

其中 $0 \leqslant C_i \leqslant 1$，$C_i$ 越大表示被评对象越优。最终将以 C_i 值对被评对象排序，评价3个港口服务水平的优劣。

港口服务水平各项指标调研原始数据带入公式（2-38）～公式（2-46），计算出港口熵值、熵权、正理想解及负理想解。

表2-8 熵值、熵权及正负理想解

指标	熵值	熵权	正理想解	负理想解
船舶平均在港停时 X_1	0.300	0.243	0.243	0
船舶平均在泊作业时间 X_2	0.335	0.231	0.231	0
货损货差率 X_3	0.148	0.295	0.295	0
港口装卸效率 X_4	0.333	0.231	0.231	0

通过公式（2-45）～公式（2-47），计算出各港口服务水平与正负理想解的距离以及相对接近度，并进行排名，最终得出港口服务水平评价结果。

表2-9 港口服务水平评价结果

港口	正距离	负距离	相对接近度	排名
秦皇岛港	0.212	0.399	0.654	1
曹妃甸港区	0.352	0.331	0.484	2
黄骅港	0.410	0.242	0.371	3

（3）其他数据

秦皇岛港、曹妃甸港区及黄骅港的煤炭业务均以铁路为主要交通方式。根据《铁路货物运价规则》，关于煤炭运价的计算公式：铁路煤炭单位运费=发到基价+（运行基价+电气化附加费+铁路建设费用+新路新价均摊运费）×运价里程。对港口调研得到其煤炭发到基价为7.9元/吨千米，其他费用为0.2元/吨千米。为计算简化，令 t=0.2元/吨千米。为保证港口企业利润不小于零，本节假定服务水平成本因子 ω=0.01。

综上可得多港口博弈模型各参数取值，如表2-10所示。

表2-10 模型各参数及取值

参数	a_1	a_2	a_3	S_1	S_2	S_3	t	ω
取值	0	0.47	1	0.65	0.48	0.37	0.2	0.01

2.4.4.2 结果分析

（1）服务水平相同

令 $S_i = S_j$，$(i, j=1,2,3)$，将表2-10其他数据带入公式（2-13）～公式（2-29）中，可得竞争博弈及合作竞争博弈策略下3个港口企业的服务价格、市场需求份额、利润。其结果对比分析如表2-11所示。

表2-11 服务水平相同时多港口博弈模型结果及对比

参数	港口竞争	比较	参数	港口竞合
p_1^*	0.097	—	—	—
p_2^*	0.100	<	p_2^{**}	0.231
p_3^*	0.103	<	p_3^{**}	0.169
Q_1^*	0.243	—	—	—
Q_2^*	0.500	—	—	—
Q_{12}^*	0.743	>	Q_{12}^{**}	0.578

(续表)

参数	港口竞争	比较	参数	港口竞合
Q_3^*	0.258	<	Q_3^{**}	0.422
π_1^*	0.019	—	—	—
π_2^*	0.045	—	—	—
π_{12}^*	0.064	<	π_{12}^{**}	0.124
π_3^*	0.022	<	π_3^{**}	0.066
π_{123}^*	0.086	<	π_{123}^{**}	0.190

（2）服务水平不同

将表2-10数据带入公式（2-13）～公式（2-29）中，可得竞争博弈及合作竞争博弈策略下3个港口企业的服务价格、市场需求份额、利润。其结果对比分析如表2-12所示。

表2-12 服务水平差异下多港口博弈模型结果及对比

参数	港口竞争	比较	参数	港口竞合
p_1^*	0.177	—	—	—
p_2^*	0.090	<	p_2^{**}	0.268
p_3^*	0.043	<	p_3^{**}	0.132
Q_1^*	0.443	—	—	—
Q_2^*	0.450	—	—	—
Q_{12}^*	0.893	>	Q_{12}^{**}	0.670
Q_3^*	0.108	<	Q_3^{**}	0.330
π_1^*	0.076	—	—	—
π_2^*	0.039	—	—	—
π_{12}^*	0.115	<	π_{12}^{**}	0.176
π_3^*	0.004	<	π_3^{**}	0.043
π_{123}^*	0.119	<	π_{123}^{**}	0.219

从表2-11和表2-12均可清晰地看出，在港口企业服务水平相同及具有差异的情况下，部分港口采取合作博弈策略后，其市场需求份额虽然比竞争策略下有所下降，但是两个港口的服务价格及总利润均得到了很大程度地提高，

并且相应地提高了非合作港口的服务价格、市场需求份额及利润,进而提升了3个港口的总利润水平。

同时也可以看出,在服务水平不同时,3个港口企业可以依据服务水平的差异来制定价格策略。在合作竞争博弈策略下,服务水平差异与相同两种情况下比较,两个具有较高服务水平的港口企业进行合作,合作港口企业的价格、市场份额及利润都得到了显著提高,虽然非合作港口的价格、市场份额及利润有所下降,但从整体而言,3个港口企业的总利润却得到了提高。

以上表明秦皇岛港与曹妃甸港区采取统一定价合作策略是一种共赢的结果,并且在服务水平差异下,合作效果更突出。不仅有益于合作港口的发展,也提高了竞争策略下的黄骅港的利润,同时提高了津冀港口群的整体竞争力,有利于港口群整体发展。由此可见,港口的地理位置及服务水平的差异等影响其利润。由于港口的地理位置是固定的,因此,可以通过调整服务水平来改变其利润。

第3章　津冀港口群利益分配研究

本章对货源企业、港口企业和船公司构成的港口供应链进行研究。采用混合分配模式对信息共享环境下港口供应链的总利益进行分配，具体工作如下：首先，介绍了港口供应链、云环境、利益分配以及合作博弈的概念和相关的基础知识，分析了港口供应链利益分配的目的、原则、特点、影响因素和利益分配模式。其次，在充分研究相关理论的基础上，建立了传统港口供应链利益分配模型，分析其不足，提出信息共享环境下港口供应链的特点和利益分析，简要分析了信息共享环境下港口供应链利益分配过程。再次，建立信息共享环境下港口供应链利益分配模型，结合传统港口供应链的利益分配值，以及利益分配的影响因素，对港口供应链多得的利益进行二次分配，得到合理的利益分配值。最后，通过算例分析，论证企业在信息系统投入的取值范围和信息共享环境下减少风险的比率确定时各企业利益分配的满意值，并验证了信息共享环境下港口供应链利益分配模型的优越性。

3.1 港口群利益分配概述

3.1.1 利益分配的内涵

利益分配是指所有成员企业在合作过程中分享和分配所得的总收入或总利润。利益分配问题是由合作产生的，没有合作就不会有利益分配的问题。利益分配是合作需要考虑的关键问题，合理的利益分配机制对合作关系的持续稳定和发展起着促进性的作用，分配利益不合理，则可能会导致合作的解体。合作可以使总体利益增加，但对利益进行分配时，又有可能使合作成员产生冲突，进而导致合作的低效率。只要利益能够合理分配，就可以避免利益冲突的发生，保证合作的顺利进行。因此，在合作开始前，就要对利益分配的相关问题制定协议，使各方认同。

合理的利益分配方式首先应该满足以下公式。

对于n个局中人来说，存在的n维向量是$\mathbf{X}=(x_1, x_2, \cdots, x_n)$，应满足两个条件：

（1）$\sum_{i=1}^{n} X_i = V(N)$；

（2）$X_i \geqslant V(i)$，$i=1,2,\cdots,n$。

其中，X_i表示成员企业i分配所得的利益，$V(N)$表示n个局中人合作中所得的总利益，$V(i)$表示第i个局中人不与其他人合作时产生的利益。条件（1）表示n个局中人分配所得的利益相加之和与合作过程中的总利益相等，满足集体合理性原则；条件（2）表示局中人i在合作时得到的利益不小于不合作时获得的利益，满足个体合理性原则。只有满足这两个基本原则，才能保证各合作者利益分配更合理。

3.1.2 港口群利益分配的目的和原则

随着物流服务业的迅速发展，供应链的生命周期越来越不确定，物流服务类型在不同港口之间逐渐相似，每个货源企业对港口运输企业的选择变多，如果港口群缺乏有效的利益分配协调机制和完善的利益分配保障机制，很容易导致港口群的不稳定，使供应链中各企业之间建立长久的战略联盟关系难度增大。因此，为了提高港口供应链的总体利益，促进其长期稳定发展，建立一个公平合理的港口群的利益分配方案是必要的。

利益是港口群各企业形成合作的基础，港口群各企业进行合作的目的是分配供应链的总体利益，同时可以促进自身利益的增加。合理的利益分配方案能使港口供应链更好地发展，不合理的利益分配方案有可能导致港口群各企业合作关系的破裂。因此，港口供应链在对利益进行分配时，要遵守以下几个原则。

（1）公平合理分配原则

由于港口群各企业的任务、职责和目的都有所不同，各企业对设施设备、技术水平、资源、人力等投入的成本也有很大不同。在对港口供应链的利益进行分配时，要求满足"利益与投入相匹配"，对投入成本多的企业给予相应的利益补偿，否则，利益受损方会因利益与投入不对称而退出供应链。这里的投入成本是指有效的投入成本，是对港口群利益的提高有益的成本，而供应链中企业投入的无效成本不应该包含在内。一般情况下，供应链中各企业投入越多，承担的经营风险也较大，对港口群利益进行分配时，要充分考虑各企业的风险因素，满足"利益共享，风险共担"的思想，这里的风险不仅指经营风险，还应包括外界环境变化风险、各企业物流运作风险、合作风险等。对于承担较大风险的企业，应补偿更多的利益，这样各企业才愿意接受风险，保证港口供应链的稳定发展。

（2）科学分配原则

港口供应链在进行利益分配时，要使用科学的方法，不能仅凭主观经验，必要时要使用定性和定量相结合的方法进行利益的分配，在考虑影响利益分配的各种因素时要合理而全面。只有这样的利益分配方案才更具有说服力，能够让港口群各企业信服。

（3）全员参与决策原则

港口供应链在制定利益分配方案时，不是由一个或某几个合作企业商量决定的，而是遵循全员参与、民主决策的原则，各成员企业通过协商谈判达成共识。在协商过程中，核心企业起着重要作用，要组织协商流程，引导其他企业发表自己的意见，建立合理有效的利益分配方案。港口供应链的各企业通过谈判可以为自己争取到更多的利益，发表各自的建议，根据这些建议，全体成员企业再次进行协商讨论，直到确定最终令全员满意的利益分配方案。

（4）信息透明原则

信息沟通问题通常是引起港口供应链中各企业产生矛盾的主要原因，为了减少因信息沟通产生的矛盾，港口供应链中核心企业在利益分配的过程中要及时让各成员企业了解利益的分配方法、利益计算过程以及与利益相关方面的各类信息，使港口供应链中各企业充分了解利益分配方案的整个流程，提高信息的透明度，增强各企业的信任度，保障港口供应链的稳定。

（5）个体利益和集体利益相协调的原则

在进行港口群利益分配时，要同时考虑到个体利益和集体利益两个方面。因为只有保障了集体利益最大化,才能使各成员企业分配到最大利益。当个体利益和集体利益相冲突时,首先要考虑保障集体利益。在进行利益分配时,可以对相关的个体进行利益补偿,以保证他们的利益至少与未加入港口供应链时的最低利益相当或比原来的利益要大,使成员企业实现共赢。

3.1.3 港口群利益分配的特点

港口群属于服务类型的供应链,是通过对各节点企业提供的各种物流服务(装卸、运输、存储、搬运等)集中管理来增加价值的,不存在制造业供应链中的原料供应商、制造商、分销商和零售商等企业,在对各节点企业进行利益分配时与制造型供应链既有相同点也有不同点。港口供应链的利益分配过程有如下特点。

(1)港口群利益分配主要依据各成员对服务类型进行定价的方式体现

陆地上运输企业将货源企业的产品运输到港口企业,港口通过装卸搬运、存储、流通加工等服务,将产品转运到船舶上,船公司将产品运输到目的地,最后经过各类物流服务运输给货主企业。在这个过程中,货源企业向陆地运输业、港口企业、船公司交纳运输、搬运装卸等服务费,船公司向港口企业交纳停泊、引航、拖轮、船舶港务费等服务费。在我国,这些服务费的价格是经由国家发改委和交通运输部共同制定的,一般分为政府定价、政府指导和市场调节等三种形式。

(2)港口群利益分配受到的影响方面众多,比较复杂

在对港口供应链进行利益分配时,除了要考虑投入、风险、效率等与制造业供应链相同的影响因素外,在风险方面尤其要考虑自然环境变化带来的风险。由于港口供应链涉及海上航行,它的外界条件复杂而且变化无常,海洋气候的千变万化对船舶运输的安全、货物运输质量以及船舶到达日期等都会产生很大的影响,因此要考虑自然环境可能带来的风险因素,而这些因素有时是不可预测的,具有一定的复杂性。

3.1.4 港口供应链利益分配的影响因素

港口供应链中,影响利益分配的因素是多方面的,针对本章的研究问题以及港口供应链的特点主要介绍以下几点。

（1）投入成本因素

港口供应链中，投入成本是影响其利益分配的一个重要因素。一般情况下，企业投入成本越多，承担的资金风险越高，因此在进行利益分配时应得到更多的分配比例，要遵守"利益与投入相匹配"的思想。否则，企业会为保证自己的利益而减少投入成本。当每个成员企业都减少投入时，就会降低整个港口供应链的服务水平。港口供应链的投入成本包括原材料、设施设备、人力资源、技术能力等对港口供应链利益的提高有益的成本，不应考虑对促进港口供应链利益增加无关的投入成本因素，避免有些企业产生投机行为，人为抬高自身的成本投入。

（2）风险因素

港口供应链可以给各成员企业增加利益，同时也带来很多风险。港口供应链是一个非常复杂的动态系统，在整个物流流通过程中，包括运输、存储、装卸、搬运、信息处理等多个环节，其间还存在物流、资金流、信息流等。在港口供应链中，各节点企业都是独立经营的个体，在经营方式、战略目标、技术水平、企业文化和管理方法等方面差异较大，这些差异和复杂性导致了风险的产生。这些风险主要包括市场风险、经济风险、政策和法律风险、自然环境变化风险、运作流程风险、成员合作和解散风险等。在供应链各企业运营过程中，由于各成员企业所担当的责任和职能不同，因此承受风险的种类和大小也不相同，成员企业所受风险越大，获得的利益补偿应越多，否则，成员企业为避免风险产生的损失而不愿承担风险，这将会使供应链失去市场机遇，导致供应链的效益下降。

（3）运作效率因素

港口供应链的主要任务是经过一系列业务流程，在规定的时间内将准确的商品运送到确定的地点，从而满足客户的需求。能否在规定的时间内及时或提前完成运输任务，提高物料的运输效率，是港口群需要解决的基本问题。若港口供应链的成员企业在物流作业某一环节上出现时间拖延的现象，将会降低整个物流服务的运输效率，降低顾客的满意度，甚至导致整个物流项目的失败，不利于整个供应链利益的提高。因此，在分配港口群总利益时，应将效率因素考虑在内，效率高的企业获得更多的利益分配，效率低的企业获得较低的利益分配，从而激励各成员企业及时完成工作任务，使顾客更满意，促进港口供应链的长期发展。同时，由于港口供应链的特殊性，受自然环境影响较大，海洋气候不稳定，容易造成船舶滞港，船舶运输时间容易延期，因此外界自然环境的影响不应考虑在内，只考虑运作流程方面的效率。

3.1.5 港口群利益分配的模式

在对港口群中各成员企业的利益进行分配时，利益分配模式的选择直接关系到各成员企业的个体利益，对于每个成员企业都是很重要的，常见的利益分配模式有以下三种。

（1）固定报酬模式

固定报酬模式是指港口群各企业经过事先协商，经核心企业对其他成员承担的任务和职责进行考量，支付给合作企业固定的利益，这种支付可以是一次性支付完成也可以分多次进行支付，核心企业得到总利益剩余的其他部分，同时也承受着所有风险。这种分配模式与市场交易的模式相似，较少存在于港口供应链中。

（2）分享模式

分享模式是指联盟中的核心企业和其他成员企业，根据协商规定，按一定的分配比例从港口群总利益中分配得到相应的利益。这种分配模式符合利益共享、风险共担的思想，经常会出现在港口群利益分配过程中。

（3）混合分配模式

混合分配模式是由固定报酬模式和分享模式相结合的一种分配模式，其他成员企业既可以从核心企业中获得固定的报酬，也可以按一定的分配比例从港口群总利益中分配到相应的报酬。在进行利益分配时，选择什么分配模式还需考虑市场时机、企业盈利能力、企业的规模、企业的发展战略和对待风险的态度等因素，需要经过最终协商确定。在港口供应链中，混合分配模式是最常用的一种利益分配模式。一般情况下，固定报酬模式和分享模式可以看作是混合分配模式在极端情况下的模式。本节采用混合分配模式对信息协同环境下港口群利益进行分配，使研究内容更贴近实际。

3.2 共享腹地港口群供应链利益分配研究

共享腹地港口群中各港口地理位置临近、腹地重叠,导致货源趋同性,同质化竞争愈演愈烈,并且整体服务水平低,更多呈现的是价格战等低水平竞争。港口恶性竞争严重阻碍共享腹地港口群的发展。因此本节基于共享腹地港口群竞争特点,建立多港口博弈模型,分析共享腹地港口群协同问题。

3.2.1 共享腹地港口群供应链利益分析

在港口供应链利益分配模型的相关理论文献中,大部分的资金流与物流的流向是正好相反的,实际上资金流向并不总是逆向流动的。本节根据港口供应链资金流的实际流向,建立共享腹地港口群供应链的利益分配模型,对其存在的不足进行分析,将信息共享引入到共享腹地港口群供应链中,促进共享腹地港口群供应链各节点企业及整体利益的提高。

3.2.1.1 信息共享环境下港口供应链的特点

(1) 信息充分共享

信息共享环境下港口供应链的出现弥补了传统港口供应链的不足,为实现港口供应链信息充分共享提供了技术支持。信息服务提供商通过低成本租用的方式向港口供应链各成员企业提供数据信息存储、处理以及计算等服务功能,使港口供应链各成员企业在实现信息共享的同时,减少了企业在信息系统方面的投入,节约了供应链的总投入成本。在信息共享环境下,港口供应链各节点企业实现了信息资源的共享,共享港口供应链各成员企业之间的业务流程规划、库存情况、采购信息以及相关的协调信息,从而使港口供应链各企业能够在信息共享的基础上协同工作,有利于港口供应链的长期稳定发展。

(2) 风险降低

港口供应链涉及海上航行,自然环境复杂且变化较快,海洋气候的变化多端对海上船舶运输的安全和货物质量情况产生很大的影响,为港口供应链各节点企业带来很多风险。在信息共享环境下,港口供应链各节点企业可以对货物的运输情况进行实时跟踪,了解供应链整个运作流程,可以对环境变化及突发事件及时进行了解并处理,降低了运行风险,减少了因环境的突变造成不可挽回损失的概率。港口供应链各节点企业的核心技术和企业管理文化不尽相同,各企业在管理方式和运营情况上有很大差异,如果企业之间信任度低,在相互协作过程中可能会出现一些在管理和组织方面的冲突,这些冲突如果处理不当,不利于组织管理,最终可能影响整个港口供应链的运营情况。信息共享环境下的港口供应链,可以使信息在各企业中更透明,有利于企业之间相互信任,降低港口供应链整体的合作风险。

（3）利益得到提高

港口供应链在信息共享环境下是以先进的信息技术为基础的,能够使港口供应链在运营过程中更灵活、柔性、开放,在管理上更深入、多变,同时更具创新性。在信息共享环境下可以充分利用资源,使港口供应链的运营更加灵活和开放,提高了运行效率。各成员企业愿意参与到信息共享环境下的供应链中,根本原因是能够获得更多的利润。各企业对成本和收益进行权衡,当收益比传统供应链更多时才会参与到信息共享环境中,信息共享环境的出现会改变各企业的成本分担情况和利益分配机制,使各成员企业对分配到的利益更满意。

在信息共享环境下,港口供应链的各企业之间可以快速传递信息,按需支付服务费用,提高了港口供应链对市场的响应速度和运行效率,降低了运行成本,顾客的满意度得到提高,港口供应链的货物运输数量增大,在市场需求无限大时,可以降低产品价格,从而提高整个港口供应链的利益。图3-1为信息共享环境下的港口供应链结构图。

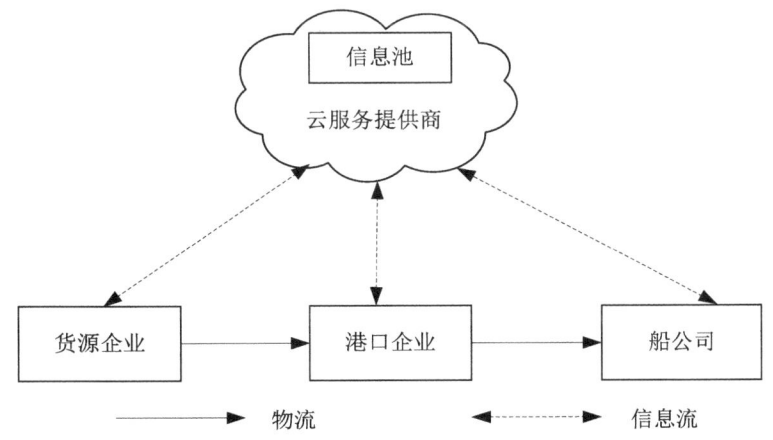

图3-1　信息共享环境下的港口供应链结构图

3.2.1.2 信息共享环境下港口供应链利益分析

信息共享是由互联网的发展带来的一种新的服务方式，它通过网络虚拟技术建立数据中心，客户可以获得数据存储、处理以及科学计算等服务，通常情况下可以租用或免费使用这种服务。供应链各企业在信息共享环境下获得的资源或服务，具有按需分配、扩展性能较高、方便易得、价格较低等特点，这些特点在促进供应链总利益的提高中提供了特殊的价值。

（1）按需付费

在信息共享环境下，供应链各企业可以按照自身的需求得到软件、基础设施、数据存储等服务，并支付相应的服务费用。各企业通过信息平台可以低成本、高效率地使企业实现信息化，为供应链的成立提供了较高的信息基础设施保障，能够更快速、柔性地构建供应链。信息共享环境下的供应链企业可以将IT资源整合为各种服务，在企业内部和外部供应链各节点企业之间进行资源充分共享，从而提高企业资源的利用率以及整个供应链的运行效率。通过云平台，供应链各节点企业可以实现信息流、物流、资金流快速准确地传达，每一个节点企业都能够根据自身需求获得相应的服务，从而使得供应链上各节点企业协同运作更顺畅，使供应链企业获得的利益更多。同样，这些特点也适用于港口供应链中，港口供应链也可以在信息共享环境下使用这种服务来提升利益。

（2）信息化成本低

在港口供应链运作过程中，供应链各成员需要在一定程度上实现信息共享、风险共担，共同分享合作获得的利益。在传统港口供应链中，企业面对大量的相关信息，对人员和设备进行管理的投入很多，费用较高，导致港口供应链的总利润并不能达到最大。信息在企业内部及各企业之间进行逐级传递的过程中，很容易出现信息失真、延迟、遗漏的现象。针对这些信息管理方面的不足，可将信息共享环境引入到港口供应链中，信息共享环境的主要特点是统一管理并调用网络中存在的大量计算资源，形成一个计算资源池，提供这些服务资源的网络称作"云"，这种信息服务是由第三方提供的，港口供应链各成员企业可以根据第三方提供的这些服务，按照自己的需求购买来达到自身目的。港口供应链中各成员企业也可以通过使用其提供的市场信息来规划企业对产品的生产量或销售量。在信息共享环境下，港口供应链使用的信息服务费用与原港口供应链中数据信息管理成本相比大大减少,港口供应链各成员企业不需要额外购买硬件设施,也不用对相关的软件进行安装,对信息技术人员的投入也可以大大减少。企业根据自己的需求通过云端支付少量服务费,租用相关的管理软件,这种方法使企业既避免了大量的资金投入风险,又降低了设备的折旧成本和系统的维护成本,港口供应链的运行效率得到了提高,从而增加了港口供应链的整体利益。同时,也避免了传统港口供应链的相关信息在传递过程中产生的各种问题。

(3)运行效率提高

信息共享环境下,港口供应链在协调过程中产生的大量数据信息,在处理效率上得到了提高,数据信息的搜集和整合形成了高附加值的企业知识,这些知识可以帮助管理者进行决策。同时,在云平台上,人员的沟通效率得到提高,供应链各企业流程信息相对透明化,港口供应链各节点企业可以在自己的核心业务上投入更多的时间和精力,从而提高了顾客的满意度。这些都有利于港口供应链各企业运行效率的提高,增加了业务量,提高了港口供应链的总利润。

在信息共享环境下,港口供应链产生了更多的商业模式,为各企业提供按需即时的资源服务,对商业模式和管理模式来说本身就是一种创新,因为企业需要的只是使产品或服务功能满足的效用,而不是产品的本身。总之,信息共享环境有利于港口供应链降低成本和增加效益。

3.2.1.3 信息共享环境下港口供应链利益分配分析

参与信息共享环境的港口供应链的合作伙伴大都来自不同类型企业和部门,它们有着不同的经营方式和目标,这使得信息共享环境下港口供应链的关系变得复杂。为了保证供应链的稳定发展,需要一种合理的协调机制特别是利益分配机制,来约束供应链各企业的行为,保证供应链各节点企业的利益,使供应链各成员采用与供应链总体利益相一致的策略,提高供应链的整体利益。在信息共享环境下,港口供应链进行利益分配时,各节点企业协同合作,根据共享的信息,可以全面快速找到利益分配影响因素方面的信息,进而求得各成员企业的利益分配因子,使利益分配系数更科学合理、更具有说服力。

在对信息共享环境下港口供应链增加的利益进行分配时,首先要考虑信息共享环境下港口供应链较传统港口供应链利益增加的原因，进而对利益进行分配。

一方面，在信息共享环境下，港口供应链各成员企业在信息系统方面的投入减少，单位产品所需的信息服务费要比传统港口供应链下单位产品所需的信息系统的投入要小很多，这种比例的减少可以作为对分配利益有影响的因素。

另一方面，在信息共享环境下，港口供应链各成员企业信息共享，信息的透明化使各成员企业相互信任，促进企业之间的相互合作，减少了合作风险的发生。信息的共享使各成员企业可以对物流的具体运行过程进行实时跟踪，避免了突发事件的产生，减少了运行风险，同时使运行过程更加顺利，提升了运行效率。

因此，本节将信息共享环境可以促使港口供应链减少投入、降低风险和提高效率等方面，作为影响港口供应链利益分配的影响因素，这些影响因素决定了各成员企业分配因子的大小，决定了各成员企业得到利益的多少。港口供应链各企业为了在总利益中分得更多的利益，就会积极地参与到信息共享环境中来，在信息共享环境中协同合作，促进整个港口供应链利益的提高，总利益的提高又会使得各企业分配到更多的利益，这一过程是一个循环上升的过程，促进了港口供应链的长远发展。本节根据对信息共享环境下的港口供应链的利益分析及传统港口供应链利益分配的模型，采用混合分配模式对信息共享环境下港口供应链的总利益进行分配。现给出简要的分配过程：

（1）运用Shapley值法对传统港口供应链利益进行第一次分配，得到各企业利益分配的初始值，这个值可以看作是信息共享环境下港口供应链各企业的固定报酬。

（2）求得信息共享环境下港口供应链的总利益，经计算得出信息共享环境下与非信息共享环境下港口供应链总利益之差。

（3）对相较非信息共享环境下多得的利益进行二次分配，分配比例根据影响因素求得分配修正系数进行确定，进而得出信息共享环境下港口供应链合作成员所分配的利益。

这种分配可保证各成员的利益不少于未参加信息共享环境时得到的利益，提高各企业参加信息共享环境的积极性，增加港口供应链的总利益及各成员企业所分配的利益。这种分配方法既符合利益分配的个体合理性和集体合理性原则，同时又考虑了对各企业利益分配有影响的因素，使利益分配更合理。

3.2.2 信息共享环境下港口供应链利益分配模型

3.2.2.1 问题描述与假设

共享腹地港口群中上下游企业由于信息共享带来的便利，可以对整个流程进行实时跟踪，随时了解各节点的运作情况。各节点企业可以提前制定作业计划，对企业的各种资源进行安排，同时对突发事件能够及时发现并处理，在保证质量的同时可以提高运行效率。共享使得港口群上下游企业在相同的时间内能够运输更多货物，增加了港口的吞吐量，降低了港口供应链风险发生的概率，使顾客更满意，为整个港口供应链赢得口碑。

以传统港口利益分配模型为基础，分析货源企业、港口企业和船公司构成的三级港口供应链在信息共享条件下的分配模型，因为信息的一致性，对问题进行简化，并作出如下假设：

假设1：3个成员企业共享港口信息，并且协同合作，通过共同协商和谈判来制定产品的服务费用，挖掘市场中的潜在利润，促进整个港口供应链利润最大化。

假设2：港口供应链各节点企业的总服务成本不变。

假设3：各节点企业的单位产品所需的信息共享费用为c_5，且$c_5 < c_4$。

假设4：在信息共享条件下，港口供应链的运输能力会有所增加，市场对货物需求无限大时，可以降低产品零售价格，零售价格为p'。

3.2.2.2 利益构成分析

港口供应链实现了信息充分共享，各成员企业信任度增加，为了保证实现利益最大化，各企业会选择协同合作，此时信息共享环境下港口供应链的总利润为：

$$\pi'_{123} = (p' - c_1 - c_2 - c_3 - 3c_5)(a - bp') \tag{3-1}$$

求一阶条件的最优解：

$$\frac{\partial \pi'_{123}}{\partial p'} = a - bp' - b(p' - c_1 - c_2 - c_3 - 3c_5)$$

由 $\dfrac{\partial \pi'_{123}}{\partial p'} = 0$ 得：

$$p' = \frac{a + b(c_1 + c_2 + c_3 + 3c_5)}{2b} \qquad (3\text{-}2)$$

$$Q' = \frac{a - b(c_1 + c_2 + c_3 + 3c_5)}{2} \qquad (3\text{-}3)$$

$$\pi'_{sc} = \pi'_{123} = \frac{[a - b(c_1 + c_2 + c_3 + 3c_5)]^2}{4b} \qquad (3\text{-}4)$$

c_1：货源企业的单位产品成本；

c_2：港口企业物流服务的单位成本；

c_3：船公司提供运输服务的单位成本；

c_4：单位产品所需的信息系统方面的成本投入；

c_5：各节点企业的单位产品所需的信息共享费用；

p'：产品的零售价格；

π'_{123}：信息共享环境下港口供应链的总利润；

Q'：市场需求量；

其中 a、b 为常数，且 $a>0$，$b>0$。

根据以上模型描述和假设，计算信息共享条件下港口供应链与传统港口供应链模型中产品零售价格、市场需求量和港口供应链的总利润，现对所得的结果进行两两比较，见表3-1。

表3-1 参数比较

参数	信息共享下的港口供应链	比较情况	传统港口供应链
产品零售价格	$\dfrac{a + b(c_1 + c_2 + c_3 + 3c_5)}{2b}$	<	$\dfrac{a + b(c_1 + c_2 + c_3 + 3c_4)}{2b}$
市场需求量	$\dfrac{a - b(c_1 + c_2 + c_3 + 3c_5)}{2}$	>	$\dfrac{a - b(c_1 + c_2 + c_3 + 3c_4)}{2}$
港口供应链总利润	$\dfrac{[a - b(c_1 + c_2 + c_3 + 3c_5)]^2}{4b}$	>	$\dfrac{[a - b(c_1 + c_2 + c_3 + 3c_4)]^2}{4b}$

分析表3-1可知，产品零售价格、市场需求量、港口供应链总利润的大小与各节点企业的物流服务费用无关，只与各节点企业的投入成本和信息共享

费相关。在港口供应链中各节点企业的总服务成本以及其他外界条件不变的情况下，信息共享条件下港口供应链的总利润比传统港口供应链的总利润大，这是因为在信息共享条件下，港口供应链在信息系统方面的投入减少了，同时促进了信息在港口供应链各企业间的有效传播和信息的透明化，有利于成员之间相互信任、加强合作，提高了港口供应链的运行效率。在信息共享条件下，港口供应链各成员企业协同运作，使得整个港口供应链的运输能力得到提高，在假设市场对货物需求无限大时，可以降低产品的零售价格，从而吸引更多顾客购买货源企业的产品，市场的需求量也随之增加，促进了港口供应链利益的提高。港口供应链总利益提高，使得各节点企业分配到更多的利益，因此信息共享条件下的港口供应链要优于传统港口供应链。

通过以上数据可知，单位产品所需的信息共享费只要小于单位产品所需的信息系统的投入，即 $c_5 < c_4$，就可以降低产品零售价格，增加市场的需求量，从而促进整个港口供应链利益的增长。事实上，由于信息共享的特点，港口供应链各成员企业单位产品所需的信息共享费用要远远小于企业对信息系统的投入，信息共享费用价格较低、按需支付等特点，使得一些中小规模的企业也能承担这些费用，因此信息共享环境下港口供应链的总利润实际要比传统港口供应链的总利润大很多，各节点企业为了使自身的利益得到提高，自然会考虑加入信息共享的队伍中。

3.2.2.3 利益分配模型建立

（1）模型设计

在对信息共享环境下港口供应链利益分配模型进行设计时，首先要清楚信息共享环境下的港口供应链与传统港口供应链相比，各节点企业和整个港口供应链利益变化的因素有哪些，然后根据这些因素的变化对信息共享环境下港口供应链的总利益进行分配。

本节通过应用混合报酬模式对信息共享环境下港口供应链的总利益进行分配。混合报酬模式下，各成员企业的收益分为两个部分：一部分是固定收益，即只要参与到信息共享环境中，港口供应链各节点企业就应该得到的收益，这部分收益是港口供应链各企业在服务开始之前经过协商签订的契约，这种契约关系规定了各成员企业所获得的最少收益，保证了各成员企业的个体利益。本节规定各成员企业的固定收益是供应链未参与到信息共享环境中时，由Shapley值法对传统港口供应链的总利益进行计算得到的利益。另一部分收益是比例收益，即各成员企业从总收益中获得的按照一定的分配比例计算得到的收益，这部分收益可以鼓励各成员企业为提升整个港口供应链的利益而努力，使各节点企业积极参与到港口供应链的运作过程中。本书主要计算的是比例收益，规定的比例收益是对各成员企业参与到信息共享环境中使港口供应链的利益增加的部分进行的分配，这部分收益是根据一定的比例系数进行分配的，分配的比例系数由促进港口供应链利益增加的影响因素决定。因此，本节主要根据信息共享环境对港口供应链的影响，计算各成员企业的比例收益。

信息共享环境下港口供应链与传统港口供应链的总利益之差为：

$$\Delta\pi = \pi'_{sc} - \pi^s_{sc} = \frac{[a-b(c_1+c_2+c_3+3c_5)]^2 - [a-b(c_1+c_2+c_3+3c_4)]^2}{4b} \quad (3-5)$$

港口供应链在进行利益分配时，为了鼓励各成员企业参与到信息共享环境中，促进港口供应链总利益的提高，要符合港口供应链利益分配的基本原则。各成员企业在信息共享环境下所分配到的利益不能低于非信息共享环境下所分配到的利益，若有成员企业获得低于非信息共享环境下的利益，则该成员企业便不会积极地参与到信息共享环境中，不能促进整个港口供应链利润的提高。一个理想的利益分配方式，应该是3个成员企业在信息共享环境下都可以得到比非信息共享环境下更多的利益，否则企业不会积极地参与到信息共享环境中。本节在保证港口供应链各成员基本利益不变的情况下，就信息共享环境下港口供应链增加的利益在各成员企业中进行分配，使得每个合作者在信息共享环境中获得的利益均能增加，从而实现多赢。

分析信息共享环境下影响港口供应链利益增加的因素，得到影响因素变化的幅度，引入利益分配因子，计算利益分配的比例系数，从而对信息共享环境下增加的港口供应链利益进行分配。

（2）影响因素确定

港口供应链的利益分配关系受多重因素的影响，在对相关方面研究的基础上，根据前人的研究成果，结合港口供应链在信息共享环境下的运行特点，考虑以下3个方面的影响因素。

①降低投入成本因素。投入成本的多少是影响成员企业利益分配的首要因素,本节讨论的投入成本因素是指能够增加港口供应链利益的相关原材料成本、人力资源成本、机器设备成本等因素,而流通过程中与企业的经营情况没有必要联系的或无效成本不应考虑在内,这样可以防止成员企业出现投机行为、谎报自己的成本投入。港口供应链的实际利益是指所得的总利益减去总成本投入,在总利益不变时,港口供应链的总成本越低,供应链实际得到的收利越高,各成员企业所分配的利益也越多。港口供应链各企业除了要满足"利益与投入相匹配"的原则以外,还要尽可能在保证服务质量的同时降低投入成本,对港口供应链降低投入成本贡献越大的企业,应该获得越多的利益。因此,港口供应链各节点企业会考虑应用先进的技术手段,尽量在保证总利益不变的同时,降低企业的投入成本,使港口供应链的总利益达到最大。信息共享环境为降低港口供应链的投入成本提供了可能。

在信息共享环境下,港口供应链各成员企业可以节省对信息系统基础设施和相关应用软件的前期投入、中期维护以及相关IT技术人员的投入成本,企业对在信息共享环境下各种网络应用云提供商提供的计算、存储、网络、软件等资源共享与服务按需使用、按实际付费,信息共享环境提供的资源价格低廉、使用方便、随取随用,同时能够满足港口供应链各企业充分共享信息资源,大大降低了企业对相关资源的投入。设c_{ij}是成员企业i在非信息共享环境下对相关资源的投入成本,c_{ij+1}是成员企业i在信息共享环境下对相关资源的投入成本,那么,成员企业i在信息共享环境下相比非信息共享环境成本降低的比率为:

$$A_i = \frac{c_{ij} - c_{ij+1}}{c_{ij}} \times 100\% \tag{3-6}$$

②减少风险因素。港口供应链各企业面对的风险是多样化的,各节点企业中有系统风险和非系统风险,在整个港口供应链中企业在合作过程中存在合作风险、信息和技术的传送风险、分配利益的风险、市场风险、自然环境变化风险等。有些风险是必然发生的,如果没有及时避免或将风险危害降到最低,一旦有的环节出现差错,其他环节有可能也会出现差错,最终导致供应链的运营情况出现问题,造成的损失是不能挽回的。有些风险是不可避免的,如自然环境风险,这些风险需要提前预测或及时发现,及时作出应对决

策，减少损失。在很多情况下，风险并不明显，同时不容易被发现和预测，有些风险隐藏在事物当中，人们往往只发现了事物的表面现象，没有发现潜在的风险。因此提前对可能发生的风险进行预测并预防，或在风险发生时及时作出反应并找到解决问题的方法是很有必要的。在港口供应链中，如果某些企业能够减少风险发生概率或在风险发生时及时作出应对方案，减少了港口供应链的利益损失，这些企业同样应分配更多的利益。信息共享环境下的港口供应链可以在风险产生之前或产生时提供给企业有用的信息，企业可以根据这些信息快速找到解决方法，从而降低风险造成的伤害，使供应链的运营情况正常。

例如，由于港口供应链的特殊性，易受天气影响，要想将货物及时准确地运送出去，使港口供应链各企业运作能够顺利完成任务，需要对各企业的工作流程进行实时跟踪。一旦某一环节出现错误，相关部门能够通过云共享的资源快速找到问题原因，并及时地找到处理问题的方法，避免重大错误发生的风险。同时，在信息共享环境下，各企业信息资源得到充分的共享，各成员企业之间能够协调合作、增加信任度，有利于建立长期稳定的港口供应链，减少企业的合作风险。对风险进行识别有很多种方法，包括故障树分析、风险问卷调查和德尔菲法等，这些方法通常只能定性分析，定量识别比较困难。设 S_{ij} 是成员企业 i 在非信息共享环境下承担的总风险，S_{ij+1} 是成员企业 i 在信息共享环境下承担的总风险，这里指的总风险包括环境风险、工作流程风险、合作风险等，那么，成员企业 i 在信息共享环境下相比非信息共享环境减少的风险比率为：

$$B_i = \frac{S_{ij} - S_{ij+1}}{S_{ij}} \times 100\% \tag{3-7}$$

③提高效率因素。港口供应链运营的目标是在规定的时间内，将一定数量的商品保质保量地运送到准确的地点，降低供应链的总成本。在越短的时间内完成规定的任务，顾客就会越满意，同时能够节省大量的时间成本，因此服务效率的高低是影响港口供应链发展的一个重要因素。服务效率提高，港口供应链的竞争力就会增强，从而增加供应链的总利益。因此，如何提高供应链各成员的运营效率，是现代港口供应链需要考虑的一个重要问题。港口供应链各企业，在服务质量不变的情况下，如果能够提高运营效率，缩短运营时间，提高

港口供应链的总利益,理应获得更多的利益分配。

港口供应链在信息共享环境下,各成员企业组织的各类信息资源能够在云平台中形成信息基础设施和相关服务形式多样的虚拟资源池,信息资源整合更高效,并可以为各节点企业提供统一的信息服务使用界面,使信息服务更动态智能,节省了对信息资源的处理时间。信息共享环境提供服务时,对登陆时间、地点和终端设备的类型都没有限制,对应用运行的具体位置也没有要求,各成员企业能够更快更好地访问云数据获得信息资源,从而顺利完成工作任务,提高供应链的运营效率。本书采用各成员企业在规定的时间内准时完成相同服务的次数来表示服务效率。设 T_{ij} 是成员企业 i 在非信息共享环境下准时完成服务的次数,T_{ij+1} 是成员企业 i 在信息共享环境下准时完成服务的次数,那么,成员企业 i 在信息共享环境下相比非信息共享环境提高效率的比率为:

$$R_i = \frac{T_{ij+1} - T_{ij}}{T_{ij}} \times 100\% \tag{3-8}$$

(3)分配因子确定

假设港口供应链中货源企业、港口企业和船公司获得利益的分配因子分别为 λ_1、λ_2 和 λ_3,其中 λ_1、λ_2 和 λ_3 均是大于等于零且小于等于1的实数,且有 $\lambda_1 + \lambda_2 + \lambda_3 = 1$,因此各节点企业在信息共享环境下港口供应链增加的利益中获配得到的利益分别为 $\Delta\pi_1 = \lambda_1 \Delta\pi$,$\Delta\pi_2 = \lambda_2 \Delta\pi$ 和 $\Delta\pi_3 = \lambda_3 \Delta\pi$。

根据公平合理性原则,可用公式 $\frac{V_i}{C_i} = \frac{V_j}{C_j}$ 求得各成员企业的利益。其中,V_i、V_j 分别表示企业 i 和企业 j 得到的关于各种资源回报的收益;C_i、C_j 分别表示企业 i 和企业 j 在取得收益之前对各种资源的投入。企业在评价自身分配的收益是否合理时,总是会就自己的投入与产出之比同其他企业进行比较,如果获得的投入与产出之比不小于其他企业,企业就会产生公平感,维持现状,促进供应链的稳定;反之,如果获得的投入与产出之比小于或从长远来看小于其他企业,企业就会产生不公平感,这不利于供应链的稳定,企业最终可能会退出供应链。

本节根据港口供应链在信息共享环境下的特点和利益分配的影响因素,

将上述公式进行改进，可用公式 $\dfrac{\lambda_i \Delta \pi}{A_i B_i R_i} = \dfrac{\lambda_j \Delta \pi}{A_j B_j R_j}$ 体现港口供应链的公平合理性原则，求得各成员企业的利益分配因子。其中 $\lambda_i \Delta \pi$、$\lambda_j \Delta \pi$ 分别指企业 i 和企业 j 在信息共享环境下港口供应链增加的利益中分配得到的利益，$A_i B_i R_i$、$A_j B_j R_j$ 分别表示企业 i 和企业 j 在信息共享环境下各影响因素的改变比率。

由 $\dfrac{\lambda_1 \Delta \pi}{A_1 B_1 R_1} = \dfrac{\lambda_2 \Delta \pi}{A_2 B_2 R_2} = \dfrac{\lambda_3 \Delta \pi}{A_3 B_3 R_3}$ 可得：

$$\lambda_1 : \lambda_2 : \lambda_3 = A_1 B_1 R_1 : A_2 B_2 R_2 : A_3 B_3 R_3 \tag{3-9}$$

经计算得：

$$\lambda_1 = \frac{A_1 B_1 R_1}{A_1 B_1 R_1 + A_2 B_2 R_2 + A_3 B_3 R_3}$$
$$\lambda_2 = \frac{A_2 B_2 R_2}{A_1 B_1 R_1 + A_2 B_2 R_2 + A_3 B_3 R_3} \tag{3-10}$$
$$\lambda_3 = \frac{A_3 B_3 R_3}{A_1 B_1 R_1 + A_2 B_2 R_2 + A_3 B_3 R_3}$$

上述公式满足 $\lambda_1 + \lambda_2 + \lambda_3 = 1$，且当 A_i 越大时，表明企业 i 在信息共享环境下降低的投入成本越多；当 B_i 越大时，表明企业 i 在信息共享环境下减少的风险越大；当 R_i 越大时，表明企业 i 在信息共享环境下提升的效率越高。这些因素在其他任意两个因素不变的情况下越大，企业 i 的分配因子越大，进而在港口供应链利益分配时获得的利益越多。

企业 i 在信息共享环境下增加的利益中获得的分配利益为：

$$\Delta \pi_i = \lambda_i \Delta \pi = \frac{A_i B_i R_i}{A_1 B_1 R_1 + A_2 B_2 R_2 + A_3 B_3 R_3} \Delta \pi，\quad i = 1,2,3。$$

港口供应链成员企业 i 在信息共享环境下分配的利益为：

$$\pi_i = X_i + \Delta \pi_i，\quad i = 1,2,3。$$

3.2.2.4 利益分配模型的可行性分析

在信息共享环境下，港口供应链对利益进行合理分配的目的是使各节点企业能够增加港口供应链的总利益。各节点企业在信息共享环境下所获得的分配利益不能比非信息共享环境下获得的分配利益小，或至少从长远来看可以增加节点企业的收益，否则企业会有不公平感从而不会积极加入信息共享队伍中，这不利于港口供应链的稳定，整个供应链的利益也不会达到最大。本节根据各节点企业增加港口供应链利益的增长幅度，采用一定的方法分配信息共享环境下相较传统港口供应链增加的总利益。利益分配的模型满足各节点企业获得增加的利益与影响总利益增加的各个因素相关，它们之间的影响程度成比例，这种方法既保证了利益分配的公平且合理，也使得利益分配方法更简便。

传统的港口供应链利益分配模型简单实用，满足了分配利益过程中的个体和集体合理性原则，但并没有考虑影响利益分配的一些因素，使算法偏离实际。信息共享环境下，各成员企业可以实现信息完全共享、信息更透明，在运行过程中各节点企业可以降低信息基础设施投入和维护等成本、减少运营风险、提高运行效率，最终促进港口供应链的总利益增加。在建立港口供应链利益分配模型时，将这些可以使供应链利益增加的影响因素考虑在内，应用数学模型等定量的方法，可以使利益分配模型更具科学性。

根据以上分析，信息共享环境下港口供应链的利益分配模型满足港口供应链利益分配的基本原则，各节点企业的利益都能够有所增加，模型建立具有合理性，有利于港口供应链的稳定，能够促进港口供应链的长远发展。因此，本节设计的利益分配模型是可行的。

3.2.3 信息共享环境下港口供应链利益分配算例分析

3.2.3.1 参数设计

根据信息共享环境的特点，港口供应链各成员企业单位产品所需的信息服务费用要远远小于各节点企业对信息系统的投入，因此本节只要满足 $c_5 < c_4$，就认为设定的情况是成立的。为了计算方便，本节假设 $c_4 = 3$，$c_5 = 1$，此时信息共享环境下港口供应链的总利益的取值为169。根据假设2可知，使用信息服务后，港口供应链各节点企业的总服务成本不变，可知港口供应链在非信息共享环境和信息共享环境下的相关资源投入成本为定值且不同，因此各成员企业在信息共享环境下成本的降低比率是固定的，同时各成员企业在非信息共享环境和信息共享环境下准时完成服务的次数为定值且不同，在信息共享环境下提高效率的比率也是固定的。假设各企业提高效率的比率分别为 $R_1 = 0.2$，$R_2 = 0.3$，$R_3 = 0.1$。根据"风险共担、利益共享"的

分配思想，适当的风险分担可以提高各成员企业的积极性，因此信息共享环境下港口供应链利益分配是否合理，主要由各企业分担风险的多少决定。由于各企业在信息共享环境下减少风险的比率是大于0小于1的数，为使计算便利，假设信息共享环境下减少风险的比率范围为[0.1,0.9]，本节的实验内容主要是找出各企业减少风险的比率，使得各企业对信息共享环境下分配的利益更满意。

3.2.3.2 模型的构建

通过对信息共享环境下港口供应链各节点企业的博弈分析，建立如图3-2所示的港口供应链利益分配的流图。

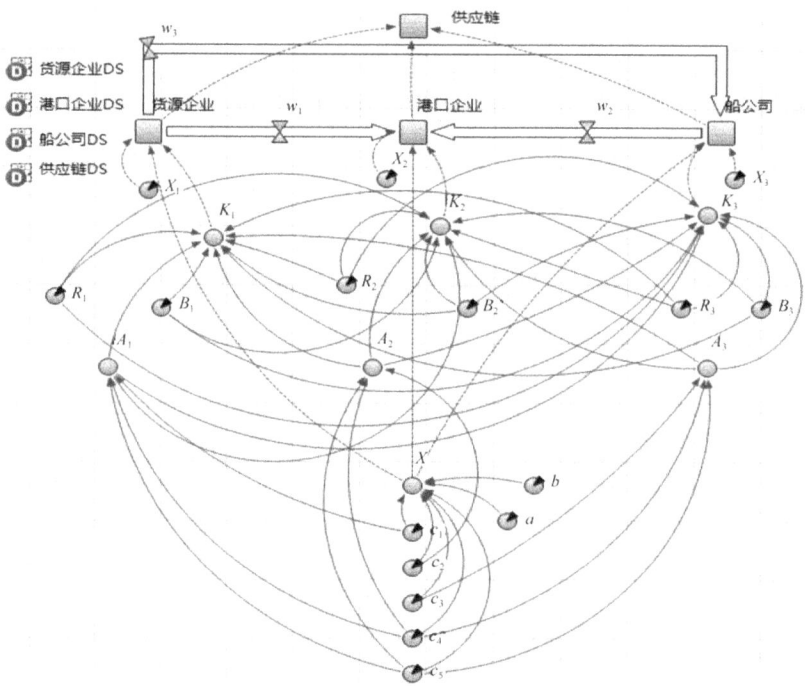

图3-2 信息共享环境下港口供应链利益分配流图

本模型中的变量释义为：X代表信息共享环境下港口供应链相比传统港口供应链增加的利益；A_1、A_2、A_3分别代表港口供应链中货源企业、港口企业以及船公司在信息共享环境下成本降低的比率，其中$A_i = \dfrac{c_i + c_4 - c_i - c_5}{c_i + c_4}$

$(i=1,2,3)$；R_1、R_2、R_3分别代表港口供应链中货源企业、港口企业以及船公司在信息共享环境下提高效率的比率；B_1、B_2、B_3分别代表港口供应链中货源企业、港口企业以及船公司在信息共享环境下减少风险的比率；K_1、K_2、K_3分别代表信息共享环境下港口供应链中货源企业、港口企业以及船公司所得利益的分配因子，其中 $K_i = \dfrac{A_i B_i R_i}{A_1 B_1 R_1 + A_2 B_2 R_2 + A_3 B_3 R_3}$ ($i=1,2,3$)。

3.2.3.3 模型仿真模拟及结果分析

通过AnyLogic软件建立了系统动力学模型，在既定的模型进行仿真前，对模型中的相关变量和常量赋值。由于各企业在信息共享环境下减少风险的比率范围为$[0.1,0.9]$，为了使各企业所分配得到的利益更合理，需要对参数设置不同的取值并讨论结果。

第一种情况：当$B_3=0.1$时，模型中的具体数值如图3-3所示。

参数	类型	值 最小	最大	步
a	固定	100		
b	固定	4		
c_1	固定	5		
c_2	固定	3		
c_3	固定	1		
c_4	固定	3		
c_5	固定	1		
X_1	固定	10.208		
X_2	固定	20.927		
X_3	固定	17.865		
R_1	固定	0.2		
R_2	固定	0.3		
R_3	固定	0.1		
B_1	范围	0.1	0.9	0.2
B_2	范围	0.1	0.9	0.2
B_3	固定	0.1		

图3-3　$B_3=0.1$时各参数设置

参数设置中B_1和B_2在$[0.1,0.9]$范围内变化，步长为0.2。根据图3-3的参数设置，对模型进行仿真，可得各成员企业所分配利益的仿真模拟分析，如图3-4所示。

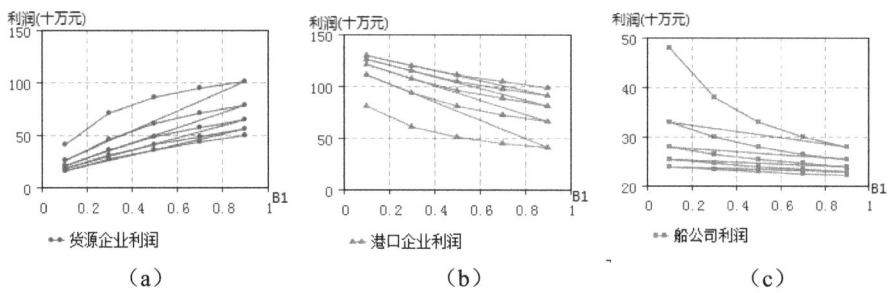

图3-4 $B_3 = 0.1$ 时各节点企业分配利益的仿真模拟分析

由上图整体可以看出，当 $B_3 = 0.1$ 时，货源企业的利润随着 B_1 的增大而增大，港口企业和船公司的利润随着 B_1 的增大而减小，当 B_1 固定时，各企业利润分别有5个不同取值，这是由于 B_2 的5个不同取值影响了各企业利润的大小。

为了使各节点分配利益更明显更具体，对上述仿真结果进一步作数值描述，如表3-2所示，利益单位为十万元。

表3-2 $B_3 = 0.1$ 时各节点企业的利益数值对比

B_2	B_1	货源企业	港口企业	船公司
0.1	0.1	40.208	80.927	47.865
	0.3	70.208	60.927	37.865
	0.5	85.208	50.927	32.865
	0.7	94.208	44.927	29.865
	0.9	100.208	40.927	27.865
0.3	0.1	25.208	110.927	32.865
	0.3	46.208	92.927	29.865
	0.5	60.208	80.927	27.865
	0.7	70.208	72.356	26.436
	0.9	77.708	65.927	25.365
0.5	0.1	20.208	120.927	27.865
	0.3	35.922	106.641	26.436
	0.5	47.708	95.927	25.365
	0.7	56.875	87.594	24.532
	0.9	64.208	80.927	23.865
0.7	0.1	17.708	125.927	25.365
	0.3	30.208	114.26	24.532
	0.5	40.208	104.927	23.865
	0.7	48.39	97.291	23.32
	0.9	55.208	90.927	22.865
0.9	0.1	16.208	128.927	23.965
	0.3	26.572	119.109	23.32
	0.5	35.208	110.927	22.865
	0.7	42.516	104.004	22.48
	0.9	48.779	98.07	22.151

第3章 津冀港口群利益分配研究

由表3-2可以清晰地看出，当 B_1 和 B_2 在 $[0.1,0.9]$ 变化时，各节点企业所分配的利润有相应的数值。在供应链中，港口企业身为核心企业在分配总利益时有一定的主导权，分配利益时占有优势，因此，港口在此时会分到最多的利益，其他企业的利益相对较少，这点在传统港口供应链中有体现。在信息共享环境中也应遵循这一原则，从而充分体现核心企业的优越性。信息共享环境下的港口供应链利益分配模型中要充分调动非核心企业的积极性，在保证核心企业获得更多利益的同时，也使得其他企业获得相对应的利益，才能促进港口供应链的稳定发展。传统港口供应链中各企业的利益之比约为 X_1：X_2：X_3=10.208：20.927：17.865，信息共享环境下的港口供应链中各节点企业的利益之比与传统港口供应链之比不能相差太大，否则有些企业会感觉不公，从而不利于供应链企业合作的稳定和港口供应链的发展。货源企业在产品研发、生产并销售过程中，投入成本最大，承担的风险也较大，在利益分配时应给予一定补偿。

根据以上分析以及数值对比可知，当 $B_3 = 0.1$ 时，B_1 和 B_2 取得最合适的数值可使各企业利益分配更合理。当 B_1 和 B_2 的取值组合为(0.1,0.1)时，各企业所得利益较为合理，港口供应链货源企业、港口企业以及船公司的利益的取值分别为40.208、80.927、47.865。由于数值在计算时会产生小数，在仿真时数值默认最多取3位小数，因此各企业利润相加得出的利润与总利润之间有误差，且这种误差是不能避免的，在合理的范围内，可以接受。

第二种情况：当 $B_3 = 0.3$ 时，根据参数设置对模型进行仿真，可得各成员企业所分配利益的仿真模拟分析，如图3-5所示。

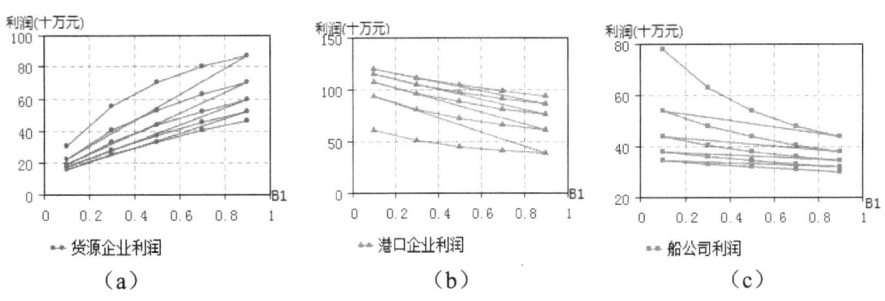

图3-5 $B_3 = 0.3$ 时各节点企业分配利益的仿真模拟分析

根据分析可以得到当 $B_3 = 0.3$ 时，B_1 和 B_2 取得最合适的数值可使各企业利益分配更合理。当B_1和B_2的取值组合为(0.5,0.3)，此时，各企业所得利益较为合理，港口供应链货源企业、港口企业以及船公司的利益的取值分别为53.065、72.356、43.579。

第三种情况：当B_3=0.5时，根据参数设置对模型进行仿真，可得各成员企业所分配利益的仿真模拟分析，如图3-6所示。

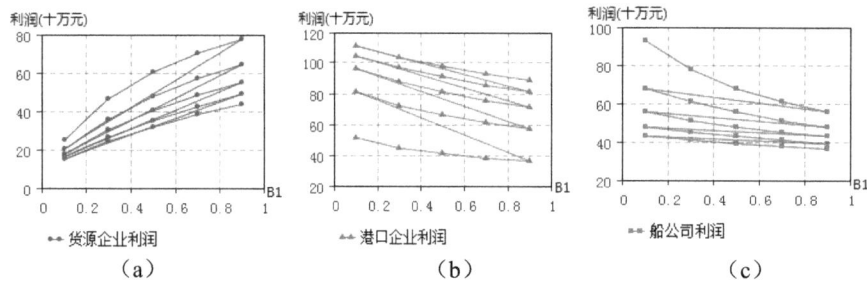

图3-6 $B_3 = 0.5$时各节点企业分配利益的仿真模拟分析

根据分析可以得到当B_3=0.5时，B_1和B_2取得最合适的数值，使各企业利益分配更合理。当B_1和B_2的取值组合为(0.5,0.3)和(0.9,0.5)时，各企业所得利益更合理，港口供应链货源企业、港口企业以及船公司的利益的取值分别为47.708、65.927、55.365和55.208、70.927、42.865。

第四种情况：当B_3=0.7时，根据参数设置对模型进行仿真，可得各成员企业所分配利益的仿真模拟分析，如图3-7所示。

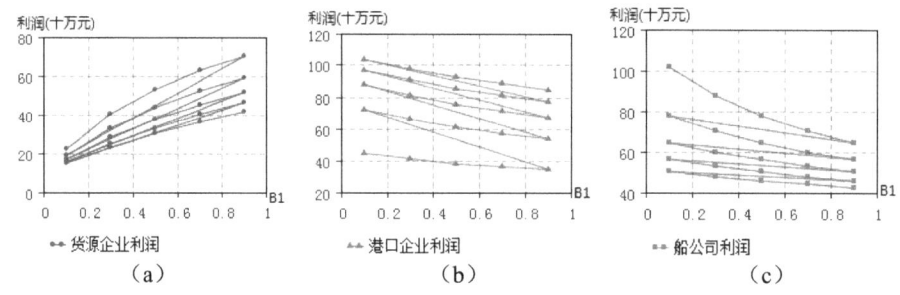

图3-7 $B_3 = 0.7$时各节点企业分配利益的仿真模拟分析

根据分析可以得到当B_3=0.7时，B_1和B_2取得最合适的数值可使各企业利益分配更合理。当B_1和B_2的取值组合为(0.9,0.5)和(0.9,0.7)时，各企业所得利益均可以作为各节点企业的利益分配，港口供应链货源企业、港口企业以及船公司的利益的取值组合分别为51.746、67.081、50.173和46.208、76.927、45.865。

第五种情况：当B_3=0.9时，根据参数设置对模型进行仿真，可得各成员企业所分配利益的仿真模拟分析，如图3-8所示。

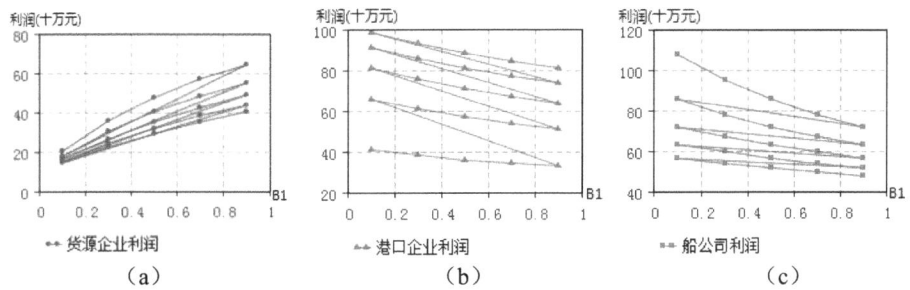

（a）　　　　　　　　　（b）　　　　　　　　　（c）

图3-8　$B_3=0.9$时各节点企业分配利益的仿真模拟分析

根据以上分析可知，当B_3=0.9时，B_1和B_2取得最合适的数值可使各企业利益分配更合理。当B_1和B_2的取值组合为(0.9,0.5)和(0.9,0.7)时，各企业所得利益更合理，港口供应链货源企业、港口企业以及船公司的利益的取值分别为48.779、63.784、56.436和43.958、73.427、51.615。

综上分析可以得到，当B_3取值分别为0.1、0.3、0.7、0.9时，可以得到各企业比较合理的利益分配组合，如表3-3所示。

表3-3　不同参数下各企业合理的利益　　　　　　　　　单位：十万元

(B_1,B_2,B_3)	货源企业	港口企业	船公司
(0.1,0.1,0.1)	40.208	80.927	47.865
(0.5,0.3,0.3)	53.065	72.356	43.579
(0.5,0.3,0.5)	47.708	65.927	55.365
(0.9,0.5,0.5)	55.208	70.927	42.865
(0.9,0.5,0.7)	51.746	67.081	50.173
(0.9,0.7,0.7)	46.208	76.927	45.865
(0.9,0.5,0.9)	48.779	63.784	56.436
(0.9,0.7,0.9)	43.958	73.427	51.615

由表3-3可知，以上组合均可以作为各企业的利益分配所得，具体的分配比例还要考虑信息共享环境对港口供应链和各节点企业风险的影响程度，同时还根据各节点企业承担风险的大小决定。

理想情况下，信息共享环境下的港口供应链中各企业降低风险的比率组合为(0.9,0.5,0.5)时最容易被各企业接受。此时，各节点企业利益均比传统港口供应链所分配的利益多很多，港口企业分配的利益最多，保证了核心企业具有的优越性，因此港口企业会参与到信息共享环境中。货源企业在这个组合中与其他组合相比得到的利益最多，因此货源企业会积极参与到信息共享环境中。船公司虽然与其他企业相比分配的利益最少，但相比于传统港口供应链能够获得更多的利益，船公司也会考虑加入信息共享环境。综合分析，信息共享环境下港口供应链各企业降低风险比率组合为（0.9,0.5,0.5）的利益分配，更容易被各节点企业所接受。

传统港口供应链的利益分配模型设定的各企业承担的风险大小是对等的，假设传统港口供应链的总风险为1单位，则各节点企业承担的风险均为$\frac{1}{3}$单位。当各企业减少风险比率组合为(0.9,0.5,0.5)时，根据公式$B_i = \frac{S_{ij} - S_{ij+1}}{S_{ij}}$可以求出信息共享环境下港口供应链各企业承担风险的大小。此时，各企业在信息共享环境下承担风险的组合为$\left(\frac{1}{30}, \frac{1}{6}, \frac{1}{6}\right)$，信息共享环境下港口供应链的总风险为$\frac{11}{30}$单位，与传统港口供应链相比风险降低很多，各企业承担的风险比例为1:5:5，此时各企业所分配的利益是最为理想的情况，且最容易被接受，港口供应链货源企业、港口企业以及船公司所分配的利益的取值大小分别为55.208、70.927、42.865。

3.2.4 信息共享环境和非信息共享环境下各企业分配利益比较分析

为了比较信息共享环境和非信息共享环境下港口供应链各企业所分配的利益，使对比结果更清晰，现将这两种不同环境下的模型进行仿真。本节以3.2节模型为基础，根据其假设$c_4 = 3$，$c_5 = 1$，此时信息共享环境下和非信息共享环境下港口供应链的总利益为定值，取值大小分别为169和49。参数设置中B_1、B_2、B_3在$[0.1, 0.9]$范围内变化，步长为0.2。根据参数设置对模型进行仿真，可得的货源企业、港口企业和船公司在信息共享环境和非信息共享环境下所得利益的仿真模拟对比，如图3-10所示。

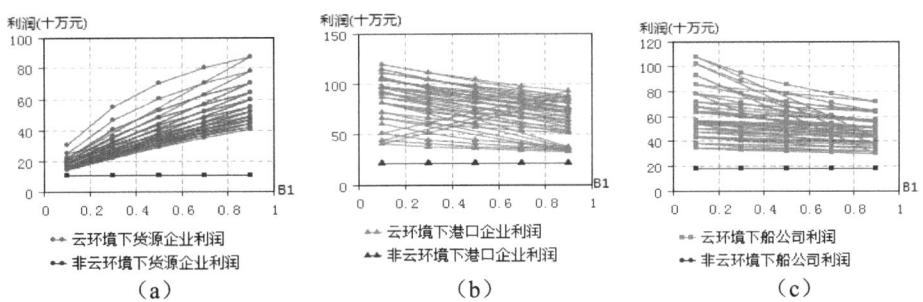

（a） （b） （c）

图3-10 信息共享环境和非信息共享环境下各企业分配利益的仿真模拟对比

由上图分析可知，由于非信息共享环境下港口供应链的利益分配模型没有考虑风险等因素的影响，因此非信息共享环境下港口供应链各节点企业的利益是固定不变的，且分配的利益较少。信息共享环境下港口供应链的利益分配模型受到多种因素的影响，但本节中已设定信息共享环境下降低的成本和提高的效率因素，只有风险因素不仅受信息共享环境的影响，还受到各节点企业服务运营之前对风险协商的影响，因此，各企业降低风险的比率B_1、B_2、B_3在$[0.1,0.9]$范围内变化时，信息共享环境下港口供应链分配的利益只能得到较合理的结果，使各节点企业所得的利益相对满意。

各节点企业所得的利益与B_1、B_2、B_3均有关，因此各节点企业所分配的利益根据降低风险比率的不同取值，各参数设置的步长为0.2时，每个参数有5种取值，即0.1，0.3，0.5，0.7，0.9，共有125种组合，当B_1确定时，各节点企业有25种不同取值，各种分配利益组合不尽相同，但是当$B_1=B_2=B_3$时，各企业所分配的利益与降低风险的比率无关，此时各节点企业的利益是固定的。图中信息共享环境下港口供应链的货源企业随着货源企业在信息共享环境下降低风险比率的增大，利益变化倾向是变大的，而港口企业和船公司随着货源企业在信息共享环境下降低风险比率的增大，利益变化倾向是减小的。这是由于图3-10中在其他条件不变时，B_1变大，货源企业会得到更多的利益，港口企业和船公司分配的利益减少，这与信息共享环境下港口供应链利益分配建立的数学模型是相符的。

信息共享环境下港口供应链各节点企业的利益与非信息共享环境下对比大很多，这充分体现了港口供应链在信息共享环境下的优越性，本节根据实验结果可以找到理想的利益分配组合，但具体如何分配港口供应链的利益，还需要结合各节点企业协商风险承担的态度决定。

第4章　津冀港口群系统协同发展与演化研究

津冀港口群各港口在自然条件、业务类型、集疏运系统等方面也有较强的互补性。津冀港口群要想实现港口群协同发展，就要从港口群系统整体出发，分析港口群系统协同发展的动因及影响因素，找到内外部因素对系统演化趋势的影响规律。一方面要主动适应津冀港口群发展的环境变化，采取正确的合作竞争策略，建立津冀港口群一体化管理机制。各港口采取差异化错位发展模式，通过合理分工、资源和信息共享，提高资源利用率。另一方面政府要充分发挥引导作用，把握好对港口群发展的干预程度，建立协同发展机制，从而推动整个港口群的协同发展。

本章从系统理论、自组织理论和协同论出发，以津冀港口群发展现状为基础，对津冀港口群系统协同演化进行了研究。首先，分析了津冀港口群系统协同发展的内在动因和外在动因。其次，在分析港口群系统的自组织和他组织性质的基础上，阐述了港口群系统演化的3个阶段，结合阻滞增长模型，建立了津冀港口群系统自组织与他组织复合演化模型，分析了模型的稳定性，并进行了数值模拟和仿真分析。最后，以津冀港口群系统的发展现状和相关数据为基础，对津冀港口群系统的演化进行了研究，并给出了相应的对策和建议。

4.1　津冀港口群系统协同发展分析

随着京津冀一体化国家战略的出台，津冀港口群的协同发展受到河北省政府与天津市政府的重视，为推动港口间协同发展，政府采取了一系列政策措施，取得了较好的效果。其中包括成立河北港口集团有限公司，集系统内港口开发、建设、运营、管理、融资于一体，负责统一开发秦皇岛港、唐山港、黄骅港等港口资源，统筹河北港口群建设，从而有效避免岸线资源过度开发、重复建设的局面；同时加强与天津港的交流合作及合理分工，重视港口群系统和腹地的资源整合与高效利用，提升了津冀港口群整体竞争实力。为实现河北港与天津港间的协同发展，两港于2015年底合资成立了渤海津冀港口投资发展有限公司，促进港口资源的集约利用。

4.1.1 港口群系统协同发展的内涵和目标

4.1.1.1 港口群系统协同发展的内涵

协同是指系统中各要素间通过合作、共享等协同作用，以最小的消耗为前提，以系统整体效益的最大化为目标，以各子系统相互促进、共同发展为结果的一种相互作用方式，即系统整体在发展过程中各要素之间相互协作、配合的一致性，具有平衡、稳定、有序的结构特征。从过程的角度来讲，协同是与竞争相对立的一种发展方式，主要是指建立在合作基础上的、以追求系统整体最优为目标而发生的、系统各要素之间步调一致的协调行动；从效果的角度来讲，协同代表着更少的内部损耗、更优的整合效果和更高的盈利能力。只有协同的效果构成一种正反馈机制，才会使协同效应长久地维持下去。

港口群系统协同发展有两层含义，一方面是港口群系统内各港口子系统之间的横向协同发展，另一方面是系统内港口与共享交叉腹地所在区域经济发展之间的纵向协同发展。港口群系统能够形成高效率和高度有序化的整体，实现整个系统的一体化运作与共同发展的经济发展模式和目标。港口群协同发展有着统一的合作发展目标和规划，使得群内港口间保持着高度的协同性和整合度，具有严谨和高效的组织协同与运作机制，港口群内各港口之间是平等和互相开放的，同时整个系统也是对外开放的。总之，港口群系统形成一个协同统一的整体，实现协同发展，最终不仅有利于各港口的持续健康发展，同时能够带动区域经济和腹地经济的健康持续发展。

4.1.1.2 港口群系统协同发展的目标

港口群系统的协同发展不仅有利于避免区域内港口出现同质化竞争、内耗严重等现象，还有利于明确港口群内各个港口的分工、优化资源配置，提高港口群整体竞争力，同时有利于加强港口群与腹地之间的联系，达到腹地与港口群相互促进的目的，从而实现整个港口群系统的协调有序发展。同时，港口群协同发展必须与周边环境相适应，实现整个港口群系统和各个子系统的可持续发展。

具体分析，港口群系统协同发展的目标主要有以下几点。

（1）明确港口分工，优化资源配置

区域港口群由于地理位置相近、腹地交叉重叠等因素，造成港口重复建设、无序同质化竞争、结构性产能过剩等问题。港口群协同发展的目标之一就是从港口群系统的角度把握好区域内各港口的建设规模，优化资源配置，确定各港口的功能结构，明确港口分工，避免因重复建设、盲目扩建而带来的资源浪费。同时在港口群内各港口之间，建立信息、资源共享机制，减少同质化竞争。

（2）提高港口群系统服务水平

港口群系统的服务水平可以通过各个港口子系统的服务质量、服务效率、港口及腹地的交通网便利程度、泊位、吞吐量等反映出来。系统最直观的目标就是提高港口群系统的整体服务水平，充分高效地满足港口群腹地的物流服务需求；通过各个子系统之间的合作协同，提高各个子系统的服务效率和质量。所以，服务水平的提高也是港口群系统协同发展的目标之一。

（3）提高港口群整体竞争力

港口群系统的协同发展不仅要求各个子系统之间通过信息、资源的共享提高自身竞争力，同时也要以提升港口群系统整体竞争力为目标。港口群系统整体竞争力的提升不仅能够为所在区域腹地提供效率更高、成本更低、服务质量更高的港口物流服务，而且能够加强港口群所在区域经济与外部市场的联系。除此之外，港口群之间也存在着交叉腹地，并且随着腹地集疏运网络的不断发展，港口群之间的共享腹地面积逐步扩大，腹地市场竞争愈演愈烈。所以，港口群系统协同发展无疑要以提高整个系统的竞争力为目标，使之在港口群之间的竞争中占据优势。

（4）促进港口群与腹地协同发展

随着港口与港口之间的联系日渐紧密、经济区域化发展趋势明显，港口与腹地之间也逐渐从单一的港口与腹地间的协同发展模式向港口群与共享腹地协同发展模式转变。港口群的发展与腹地经济的发展息息相关，两者互为基础、相互支撑。港口群的建设能够增强腹地的资源、货物和资金的输入与输出能力，拉动腹地的经济发展；腹地的经济发展能够为港口群提供充足的货源、市场需求以及资金支持，从而推动港口群的健康发展。

港口群与区域共享腹地的发展模式的演变，是港口与腹地城市关系的延伸，为港口群系统协同演化提供了新的契机，港口群要依靠京津冀一体化背景下津冀港口腹地经济的快速发展，提高港口群的整体竞争力；同时，京津冀港口腹地区域要充分利用港口的优势促进区域经济发展。

4.1.2 津冀港口群系统的外部环境及特征

4.1.2.1 津冀港口群系统的外部环境

系统的构成元素及结构能够反映出系统的内部特性，是系统演化的内部基础，同时，系统的发展演化受到外部环境的影响和制约。只有同时了解内部特性和系统的外部环境，才能更加全面地认识系统。系统与环境之间存在相互作用，一般表现为物质、能量、信息的交换，包括环境对系统的作用和系统对环境的反馈。环境对系统的作用主要是指为系统的发展提供条件，或对系统产生约束及限制作用；系统对环境的反作用主要是指在系统对环境的适应过程中，系统的变化对外部环境产生的正面或负面的影响。对津冀港口群系统而言，主要存在自然环境、社会经济环境以及政府政策环境这三方面的外部约束。

自然环境是非人为的外部影响因素，包括港口区位条件、所在区域的水域条件、气候水文环境等，这些因素是港口选址、规划及建设的先决条件，同时也对港口的作业天数、作业条件、运营的安全性等有着直接的影响。津冀港口群地处环渤海经济区，位于渤海湾西部，是环渤海地区与华北、西北地区最近的港口群，也是首都北京的海上门户，地理位置优越，是我国北方最大的天然不冻港港口群之一，具有较强的业务种类包容性和腹地辐射能力。

社会经济环境包括腹地经济发展条件、港口业务市场需求、科学技术条件以及产业集群发展条件等，这些因素直接影响着港口业务需求量、发展潜力和运营效率。京津冀一体化发展的重要内容之一是推进交通一体化、市场要素一体化和公共服务一体化，随着交通网络建设越来越成熟，津冀港口群的腹地辐射能力逐渐增强，从而增加了腹地的市场需求。市场一体化的推进，更加有利于津冀港口群中各港口之间合理分配市场资源，防止市场资源的流失和港口的超负荷运作。

政府政策环境即区域政府及政策的制定对区域港口群的发展有宏观的导向推动作用和约束限制作用。津冀港口群是典型的政府主导型港口群，政府对港口群发展的合理引导和干预能够拓展港口群的功能和业务，合理配置港口资源，减少群内恶意竞争，促进群内各港口之间的分工合作，从而提高港口群系统整体的运作效率。政府的干预对津冀港口群系统的协同发展意义重大。

4.1.2.2 津冀港口群系统的特征

由于津冀港口群系统的组成元素较多，外部环境复杂，且系统内部各元素之间的关系复杂多变，外部环境的变化也难以准确预测，所以，津冀港口群系统具有复杂性和适应性，是典型的复杂适应系统。

港口群系统的复杂性主要体现在两方面：一是组成港口群系统的元素多样性和结构的复杂性。纵向分析，津冀港口群系统由4个主要港口子系统组成，各港口子系统又由多个功能子系统构成，以此类推，不断延伸，形成多层次的系统结构；二是系统的演化过程具有不确定性和非线性。津冀港口群系统中各港口子系统间的非线性相互作用明显。此外，津冀港口群中各港口子系统之间存在相似或相同的业务种类，体现了各子系统之间的同质性，同时各港口间不同的业务和运营状态又表现出了一定的异质性。港口群系统内各元素间既有相似的发展规律，又有不同的发展规律。子系统间相互作用的非线性和外部环境因素的不确定性也体现了津冀港口群系统的复杂性特征。

所谓适应性，就是指系统与外部环境以及系统内部各元素之间能够进行交互作用，在持续不断相互作用的过程中进行学习，并以学到的经验为基础，通过改变自身的结构和运营方式来适应环境的变化。系统的适应性是描述系统本身与所处环境之间关系的概念。系统的适应状态是指系统与环境之间存在着相对稳定的物质、信息、能量的交换，形成一种稳定有序的发展状态。由于系统内部的变化或者系统外部环境的改变，这种稳定有序状态有可能被打破，进入不适应状态，系统需要改变自身来适应新环境。津冀港口群系统的适应性是其不断发展演化的基本动因，同时也是系统应对外界他组织因素的一种表现。在一定外界环境的作用下,津冀港口群系统必须要作出改变来适应环境的变化。任何系统都要跟随环境的变化而改变,不适应环境的系统只有两种选择:一种是通过不断演化,直到与外界环境相适应为止;另一种是长期不适应环境而被淘汰。

4.1.3 津冀港口群系统协同发展的动因

港口群系统作为复杂适应系统,当外部环境发生改变,如市场、政治、文化、技术条件等发生变化,且这些改变能够为港口群系统的协同发展带来机遇和效益的增长时,就会促使各港口子系统之间相互合作及协同行为的出现。协同在为各子系统提供收益的同时,也会产生成本增加的风险,当协同所带来的收益与增加的成本相等时,协同行为会出现短暂的停止,系统的结构演化至某种均衡状态;只有在外部环境再次改变时,这种均衡状态才会被打破。协同行为出现的目的在于提高各子系统收益和运行效率或降低成本。港口群系统协同,代表各子系统对系统运营状态的一种认可,当各子系统对当前协同状态所带来的收益不满时,会打破当前的协同状态,寻找新的协同状态。

由于港口群系统中各港口子系统的自然条件、集疏运体系、腹地市场条件、技术条件、管理条件和业务种类等的不同,各子系统都拥有各自的优势和劣势。在日益激烈的竞争形势面前,单个港口独立发展的潜力有限,不仅浪费了港口资源,还在一味地竞争中增加了成本、减少了收益。为优化资源配置,避免资源浪费,提高港口群系统整体的运行效率,从而达到整个港口群系统的收益最大、港口群系统的整体竞争力增强的目标,这就是港口群系统协同的动因。津冀港口群系统协同的动因包括内在动因和外在动因两个方面。

4.1.3.1 内在动因

港口群系统协同发展的内在动因是指各子系统为了更高的效率和目标、更低的风险和成本,以及更好应对系统内部结构或外部环境的变化,在系统内部产生的促进子系统间协同发展的因素,或者系统协同发展的动机和协同行为。

(1)实现港口群功能的最大化

津冀港口群作为京津冀地区水陆运输的汇合点,担负着整个京津冀地区水路与陆路运输中转的任务,承担着船舶进出、停泊、靠泊的重任,为各企业主体提供装卸、储存、驳运等相关服务。港口本身是所在地区经济的一个重要组成部分，港口的运营和发展能够给所在地区的经济创造直接的产值、国民收入、税收和就业机会，能够为所在地区的经济发展作出直接贡献。港口也是临港城市的一个多功能特殊经济区域，港口的基础设施、管理机构及相关部门、港口企业集中的区域都是港口所涵盖的区域范围。港口群的发展能带动临港区域经济的发展，临港区域的产业经济活动与港口日益密切。

当今世界经济和国际贸易的快速发展，以及港口区域的特殊性决定了港口包含了交通运输、产业、服务、金融等多种经济功能。港口群的协同发展能够充分利用港口群所在地区的资源，优化资源配置，提高资源的利用率，并且通过合理分工，发挥各港口的优势，充分发挥港口群的各项功能，实现港口群各项功能的最大化，为区域经济和腹地经济的发展提供动力。

（2）突破港口自身条件限制

津冀港口群中主要港口有天津港、秦皇岛港、唐山港和黄骅港，各港口的自身条件存在差异，这种差异往往能够体现出港口的优缺点。各港口之间为了突破自身条件的限制，应该扬长避短，协同发展。天津和北京两大直辖市的虹吸效应，使河北和天津港口间的差距更加明显，例如天津港的集疏运体系相对于河北三大港口要成熟的多。港口集疏运体系需要与城市交通体系相衔接并协调发展，才能使效益最大化。而在目前津冀港口集疏运体系发展不平衡的情况下，若各港口各自为政、依赖盲目投资来解决自身问题，一是投资巨大，造成重复建设；二是造成集疏运体系混乱，降低港口群运作的整体效益。

（3）追求盈利能力的最大化

港口群系统的发展目标除了为区域经济和腹地提供各项优质服务，更直观的便是追求盈利能力的最大化。从经济学角度分析，港口群的发展是投资建设、提供服务、盈利、再建设的不断循环的过程。港口的重要目标之一便是盈利，这也是港口建设和协同发展的动力之一。港口群系统创造价值的过程是通过系统内各元素不断地相互作用，完成各项服务而实现的。在港口群管理和运营的过程中，各港口子系统通过审视自身的优势和短板，相互补充，相互促进，组成协同关系，通过协同机制获得协同利益。因此，各港口子系统追求盈利能力的最大化也是港口群系统协同发展的内在动因之一。

4.1.3.2 外在动因

港口群系统协同发展的外在动因主要是：由港口群系统所在的外部环境引起的各子系统之间的协同动机和促使系统产生协同行为的因素，它主要包括政府政策的干预和日益激烈的港口服务市场竞争等。

（1）政府政策的干预

政府对港口群协同发展有引导和调控作用，政府政策的改变，能够从多方面影响港口群的整体发展。例如，政府通过调节港口建设投资比例可以影响各港口自身条件：增加泊位等基础设施建设能够提高港口的吞吐能力，增加集疏运系统建设投资能够增强港口的集疏运能力，科学地控制各港口的投资比例能够有效提高资源利用率、降低内耗、防止恶意竞争。政府对腹地市场资源进行科学分配，既可以防止港口过载运行，又可以防止港口群中因存在闲置资源而造成浪费。在政府的宏观调控下，能很好地解决集疏运体系建设、公共基础设施建设以及腹地资源合理分配等问题，因此政府政策的干预是津冀港口群系统协同发展的外在动因之一。

（2）港口市场竞争日益激烈

港口市场竞争的不断加剧是港口群系统协同的外在动因之一。随着经济全球化的进一步发展和海上丝绸之路的提出，港口经济变得越来越重要，港口间的竞争也日益激烈。津冀港口群处于环渤海经济带的中心，环渤海地区有长达5800公里的海岸线，分布着三大港口群：津冀港口群、山东半岛港口群和辽宁半岛港口群，其中共包含天津、大连、秦皇岛、青岛、唐山等大港在内的十几个大型港口，构成了我国最密集的环渤海港口群。由于三大港口群区域邻近、腹地交叉严重、市场重叠，导致港口主营业务同质化明显，各港口群之间存在明显的同质化竞争且愈演愈烈，大小港之间抢夺市场资源，甚至出现无序的恶意竞争现象。在这种外部竞争激烈的背景下，津冀港口群应该以提高整个津冀港口群系统的竞争力为目标，发挥各自优势，通过合理分工，资源共享，实现港口群系统整体利益的最大化。

4.1.3.3 津冀港口群系统协同发展影响因素的因果分析

通过对津冀港口群系统协同发展的动因分析，可以将津冀港口群系统协同发展的要素和影响因素分为内部因素和外部因素两种。其中内部因素主要包括：港口自身条件、基础设施、集疏运体系、腹地经济发展状况、市场需求、吞吐能力、吞吐量、港口间的竞争合作等。外部因素主要包括：政府干预、外部市场竞争等，各因素之间存在相互促进或者抑制的关系。

首先，津冀港口群腹地经济的健康发展能够增加腹地市场需求和港口建设的投资；其次，市场需求的增加能够提高港口群的吞吐量，港口建设投资的增加能够促进津冀港口群基础设施和集疏运系统的建设，从而提高港口的集疏运能力和吞吐能力，同时政府的适当干预能够促进系统协同能力的提升；再次，港口群吞吐能力和协同能力的提升都能够带来吞吐量的增长；最后，吞吐量的增长促进了腹地津冀的发展，同时为基础设施建设和集疏运系统带来更大的压力。通过以上分析，得到津冀港口群系统协同发展过程中各影响因素的因果关系，如图4-1所示。

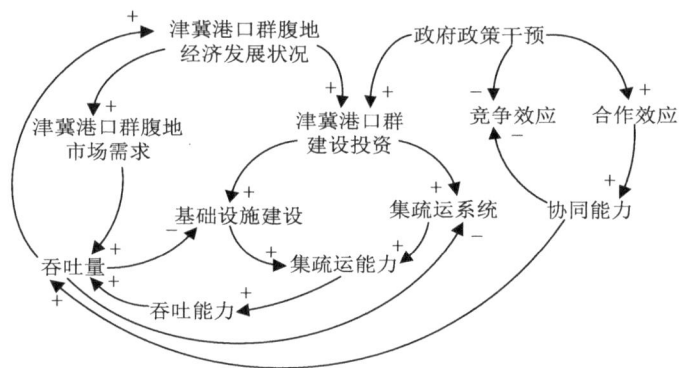

图4-1 津冀港口群系统协同发展影响因素的因果关系图

4.2 津冀港口群系统演化模型的构建与仿真分析

4.2.1 港口群系统协同演化机制分析

4.2.1.1 港口群系统的自组织性质

港口群系统的自组织，指的是在忽略系统外部环境变化的影响以及外部因素干预的前提下，系统内部的各要素间相互协调，系统结构、功能及状态等随着时间的推移共同发展，系统自身由无序结构演变形成有序结构或从原有的有序结构向新的有序结构演变的过程。从自组织理论的角度看，港口群系统的协同演化过程是为不断地适应环境变化，淘汰旧的有序结构形成新的更加优化的有序结构的过程。港口群系统的自组织性质包括：开放性、非平衡性、非线性和涨落。

(1) 港口群系统的开放性

自组织理论认为，只有对环境开放并且不断地与环境进行物质、信息、能量交换的系统才能产生自组织演化运动。作为一个复杂的社会经济系统，从长远来看港口群系统协同发展演化的基本过程是"投资—建设—服务—收益—竞争合作—协同演化"的循环演化过程。前期是大量的资金、人力、物力的投入和港口的设施建设，中间环节是运营管理、提供服务，并通过竞争合作找到系统发展演化的最优方式，最终目的是系统整体收益的最大化。这整个演化过程都离不开与外界环境的相互作用。津冀港口群系统的开放包括系统整体对外界的开放和系统内部各子系统中港口、腹地等节点之间的开放，各港口子系统之间和系统整体与外界环境之间都存在着物质、信息、能量、资金的交换。港口群系统不断发展演化依赖与外界环境的交互和开放系统的输入输出过程，必须保持充足的开放性，才能充分适应环境、促进资源流动、激发系统的活跃性。所以，系统的开放性是港口群系统自组织演化的首要条件。

(2) 港口群系统的非平衡性

普利高津指出，"非平衡是有序之源"。近平衡态附近的系统内部作用是线性可叠加的，不具有引起系统突变并走向耗散的条件，所以必须打破平衡状态的束缚，从而激发非线性机制的作用，使系统走向耗散。港口群系统内各子系统在发展水平上是不平衡的，各子系统的自然条件、基础设施、集疏运条件、市场需求、管理水平、技术水平等方面存在着差异。这些差异正是港口群系统非平衡性的表现。非平衡性能够促使各子系统之间产生非线性相互作用，推动系统从不稳定状态发展到稳定状态。港口群系统的非平衡性会导致其远离平衡态，这是系统发展到新的稳定状态的必要条件，也是港口群系统演化的必要条件。

(3) 港口群系统的非线性

港口群系统是一个复杂的非线性系统，各子系统之间的相互作用是非线性的，这使系统表现出的特征并不能用各子系统表现的简单叠加表示。在非线性系统中,由各个子系统之间的合作与竞争产生的非线性相互作用是系统不断演化的动力来源。港口群系统的协同演化过程是一个非线性过程,存在着复杂的非线性相互作用。这种相互作用既可能促进整个港口群系统协同发展,提高系统整体竞争力水平;也可能使各子系统之间出现恶意竞争、内耗严重等现象。在港口群系统自组织演化过程中,非线性是系统演化形成稳定结构的内在动因。

(4) 港口群系统的涨落

根据耗散结构理论,涨落是指系统中某个变量的变化对平均值发生的偏离,它能使系统离开原来的发展状态或轨道。涨落是使系统产生新的有序结构的内部诱因。在临界状态下,涨落有可能被反馈放大为"巨涨落",从而导致系统从不稳定状态跃迁到一个新的稳定状态,即耗散结构的出现。港口群系统作为一个复杂的开放系统,子系统之间协同度、政府政策、腹地市场需求等的变化都有可能引起涨落。这种涨落是打破原有稳定状态的前提,能够促使系统走向适应新环境的新的稳定状态。但并不是所有的涨落都能够使系统发生质变,微小的系统涨落需要其他条件,使其被放大为巨涨落。港口群系统中各要素间的非线性相互作用,能使微小涨落被放大直至形成巨涨落,从而推动系统向着新的稳定状态演化。

4.2.1.2 港口群系统的他组织性质

任何社会系统都是在一定的环境中不断发展演化的。环境为系统的发展提供空间、资源等,并对系统施加约束,这些系统外部环境提供的条件和约束对系统如何演化从而适应环境产生着作用,这就是外部环境对系统的他组织。港口群系统是在复杂的社会环境中演化的,其中自然资源、社会经济条件、市场需求变化、外部竞争、政府政策形势等外部影响因素的改变,都会促进或者限制港口群系统的发展,从而影响系统的协同演化过程。

4.2.1.3 自组织与他组织演化机制

港口群系统是在自组织与他组织的复合作用下不断发展演化的。港口群系统是典型的耗散结构系统,其耗散结构特征决定了港口群系统具有自组织特性。港口群系统的协同演化是系统内部与外部大量微观主体竞争合作产生的非线性相互作用的结果,是自组织与他组织共同作用的协同演化过程。

系统的自组织与他组织演化过程可以分为3个阶段。

第一阶段是系统的自稳定阶段,系统序参量在一定范围内的微小变化,即系统出现微涨落。假设微涨落的范围是 $[X_{\min}, X_{\max}]$,其中 $X_{\max}$ 是序参量的上界,$X_{\min}$ 是序参量的下界,当序参量在这个范围内变化时,系统可以通过当前状态下的自身条件使微涨落回归,使序参量稳定在一定区域内,即不会产生状态的跃迁。

第二阶段是状态跃迁阶段,当序参量的变化量突破上下界时,即系统突破临界状态,失去原有的稳定性,产生巨涨落。此时,系统在内部自组织和外部环境的他组织作用下使巨涨落放大,促使系统中的各要素间的关系或相互作用发生改变,从而使系统的结构或状态产生较明显的变化。

第三阶段是自适应阶段,该阶段是系统通过改变自身结构,逐渐适应环境的变化,并进入新的稳定状态。自适应过程也是整个演化过程系统结构和状态改变的最后阶段,系统再次进入新的稳定状态标志着系统新的稳定结构的形成。

自组织与他组织作用下系统演化的3个阶段如图4-2所示。

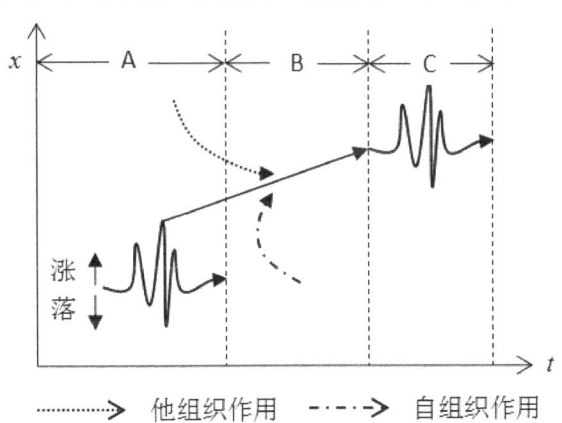

A:自稳定阶段　B:状态跃迁阶段　C:自适应阶段

图4-2　自组织与他组织下系统演化的3个阶段

由自组织与他组织的3个演化阶段可以看出,在系统的自组织演化过程中,外界环境的变化也会对系统产生他组织作用,包括政府政策、外部竞争、市场需求波动等。随着外部环境的变化,系统的稳定性受到冲击,产生相应的不稳定状态。当环境变化刺激较小时,系统通过内部自组织进行调整,维持原有稳定状态,从而适应环境变化。当环境变化刺激较大并突破一定阈值时，系统原有的稳定状态被打破，进入不稳定状态，在自组织与他组织双重作用下，系统结构发生改变以适应新环境。这样系统就发生了演化升级，系统的结构、特征和功能等产生了较大的变化，演化至新的稳定状态。港口群系统协同演化机制如图4-3所示。

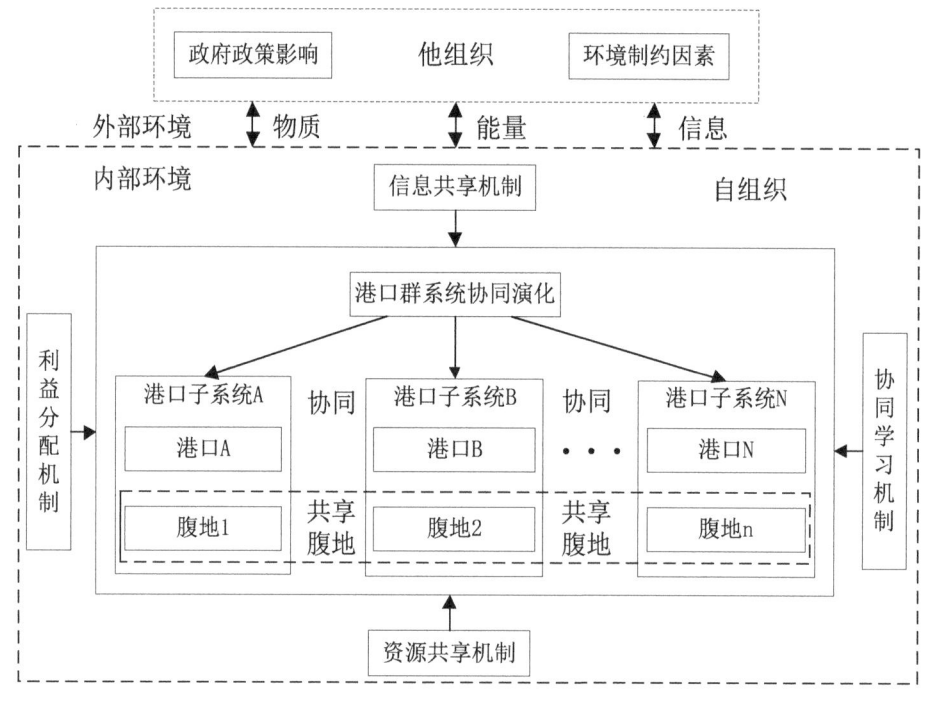

图4-3　港口群系统协同演化机制

自组织性质是由港口群系统本身的元素、结构、特征等决定的，是其本质属性；同时港口群系统是在一定的环境中产生、发展和演化的，离不开系统外部环境的影响和制约。系统只依靠自组织作用会导致盲目性建设、资源浪费、恶性竞争等问题；在自组织的过程中施加有利于系统发展的他组织作用，可以克服自组织的缺陷，弥补自组织的不足；系统自组织过程中产生的有利于系统发展的微涨落可以通过他组织作用将其放大为巨涨落，从而充分发挥有利因素，引导系统向正确的方向发展演化，提高港口群系统的整体竞争力。港口群系统自组织与他组织复合演化流程如图4-4所示。

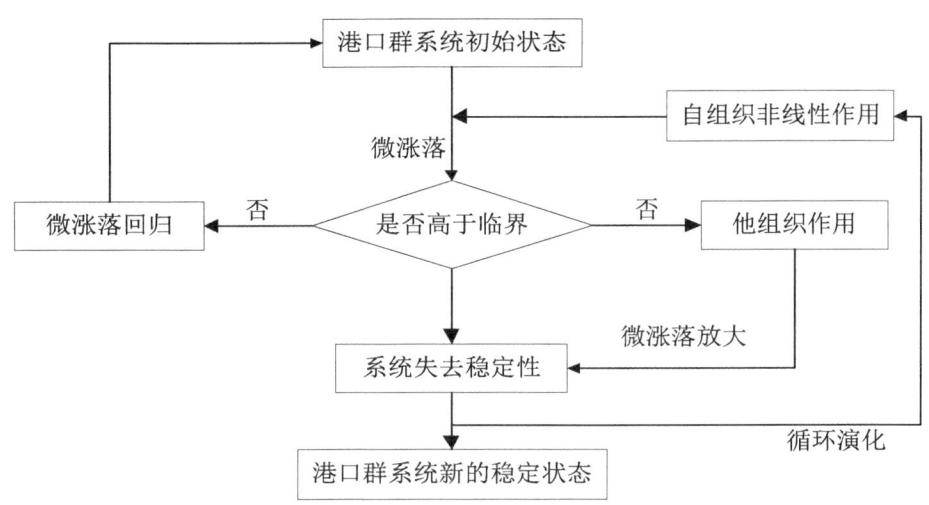

图4-4 港口群系统自组织与他组织复合演化流程

4.2.2 津冀港口群系统演化模型的建立

4.2.2.1 变量定义及说明

首先,通过对津冀港口群系统协同发展的动因分析,结合津冀港口群系统协同演化影响因素的因果分析图,以港口群系统协同演化机制和自组织与他组织性质为依据可以得出,影响津冀港口群系统协同发展的因素主要分为两类,一类是内部自组织影响因素,其中包括:各港口吞吐量的变化趋势对港口规模的影响,各港口的自然条件、基础设施建设、集疏运体系等对各港口吞吐能力的限制,各子系统之间的合作竞争对自身演化的影响。另一类是系统外部的他组织影响,津冀港口群是典型的政府主导型港口群,政府对港口发展的干预是最重要的外部他组织作用。通过以上分析,设计模型中变量如下:

$x_i(t)$:子系统i的盈利能力 ($i=1,2,\cdots,n$);

t:广义的时间参数;

x_{i0}:子系统i的初始盈利能力;

R_i:子系统i在一定条件下和特定发展阶段内盈利能力的固有增长率;

M_i:子系统i依靠自身条件独立发展的最大盈利能力;

$α_{ij}$：子系统i与子系统j之间的竞争合作系数；

G_i：政府对子系统i演化的干预系数。

4.2.2.2 模型假设

本节设计的协同演化模型旨在得到津冀港口群系统中各港口子系统盈利能力x_i在其他变量不同的情况下的演化趋势及结果，为严格控制变量，得到较可靠的仿真结果，对模型作出以下假设。

假设1：津冀港口群系统中各港口子系统的盈利能力$x_i(t)$是时间t的连续可微函数。

假设2：津冀港口群系统中各港口子系统的盈利能力的固有增长率$R_i > 0$，且在一定的发展阶段内固定不变。

假设3：津冀港口群系统中各港口子系统的最大盈利能力M_i，是在津冀港口群腹地市场资源的限制下，集疏运条件、基础设施建设条件和自然环境条件等的约束下独立发展所能达到的最高盈利水平，且在一定的发展阶段内不变。

假设4：竞争合作系数$α_{ij}$表示各港口子系统之间的竞争合作对港口群系统协同演化的贡献或阻碍程度，假设各子系统对其他子系统的竞争合作系数相同，即$α_{i1}=α_{i2}=\cdots=α_{ij}$，表示港口子系统$i$的发展演化对其他港口子系统的影响一致。

假设5：津冀港口群系统的演化处于两地政府的宏观调控之下，政府干预系数G_i反映了政府对各港口发展的支持或约束程度。

4.2.2.3 模型的构建

港口群系统演化模型以Logistic阻滞增长模型：$dx/dt=rx(1-x/M)$为基础，其中dx/dt表示序参量x随时间t的变化，r为序参量x的自然增长率，M为系统最大承载量或序参量x的最大值，$1-x/M$反映了在一定条件下系统最大承载力对序参量演化的阻滞作用。

在此模型基础上，选取港口群系统中各子系统的盈利能力x_i为序参量，来描述港口群系统的自组织与他组织复合协同演化状态。首先，考虑津冀港口群系统内部的自组织作用，引入港口子系统间的竞争合作系数，考虑多个子系统在不同的竞争合作系数作用下序参量x_i的演化趋势和结果，得到系统的自组织演化模型，即子系统i的序参量随时间的演化模型，见公式（4-1）：

第4章 津冀港口群系统协同发展与演化研究

$$\frac{\mathrm{d}x_i(t)}{\mathrm{d}t} = R_i\left(1 - \frac{x_i}{M_i} + \sum_{i \neq j} a_{ij}\frac{x_j}{M_j}\right)x_i + \varphi_i \qquad (4\text{-}1)$$

式中 $x_i(t)$：子系统i的盈利能力$(i=1, 2, \cdots, n)$；

R_i：子系统i在特定阶段t内$x_i(t)$的固有增长率；

M_i：子系统i依靠自身条件独立发展的最大盈利能力；

a_{ij}：子系统i与子系统j之间的竞争合作系数；

φ_i：系统自组织演化过程中的随机微涨落。

其次，在考虑系统内部自组织作用的同时，考虑政府干预对港口群系统协同演化的影响，即政府对津冀港口群系统演化的他组织作用。政府对港口建设的投资、市场资源的分配和对港口市场机制的干预等，能够对其产生促进或抑制的他组织作用，模型中引入政府干预系数，得到系统的自组织与他组织复合演化模型，即子系统i的序参量随时间的演化模型，见公式（4-2）：

$$\frac{\mathrm{d}x_i(t)}{\mathrm{d}t} = R_i\left(1 - \frac{x_i}{M_i} + \sum_{i \neq j} a_{ij}\frac{x_j}{M_j} + G_i\frac{x_i}{M_i}\right)x_i + \rho_i \qquad (4\text{-}2)$$

式中 $x_i(t)$：子系统i的盈利能力$(i=1, 2, \cdots, n)$；

R_i：子系统i在特定阶段t内$x_i(t)$的固有增长率；

M_i：子系统i依靠自身条件独立发展的最大盈利能力；

a_{ij}：子系统i与子系统j之间的竞争合作系数；

G_i：政府对子系统i演化的干预系数；

ρ_i：系统自组织与他组织复合演化过程中的随机微涨落。

由公式（4-1）和（4-2）可知，系统中子系统的多少决定了演化的复杂程度；子系统个数越多，参数和变量也越多，不可控因素也会增加。设港口群系统有n个子系统，将模型展开得到港口群系统协同演化模型，见公式（4-3）：

$$\begin{cases} \dfrac{dx_1(t)}{dt} = R_1\left(1 - \dfrac{x_1}{M_1} + \alpha_{12}\dfrac{x_2}{M_2} + \alpha_{13}\dfrac{x_3}{M_3} \cdots + \alpha_{1i}\dfrac{x_i}{M_i} + G_1\dfrac{x_1}{M_1}\right)x_1 + \rho_1 \\ \dfrac{dx_2(t)}{dt} = R_2\left(1 - \dfrac{x_2}{M_2} + \alpha_{21}\dfrac{x_1}{M_1} + \alpha_{23}\dfrac{x_3}{M_3} \cdots + \alpha_{2i}\dfrac{x_i}{M_i} + G_2\dfrac{x_2}{M_2}\right)x_2 + \rho_2 \\ \vdots \\ \dfrac{dx_i(t)}{dt} = R_i\left(1 - \dfrac{x_i}{M_i} + \alpha_{i1}\dfrac{x_1}{M_1} + \alpha_{i2}\dfrac{x_2}{M_2} \cdots + \alpha_{i(i-1)}\dfrac{x_{i-1}}{M_{i-1}} + G_i\dfrac{x_i}{M_i}\right)x_i + \rho_i \\ \vdots \\ \dfrac{dx_n(t)}{dt} = R_n\left(1 - \dfrac{x_n}{M_n} + \alpha_{n1}\dfrac{x_1}{M_1} + \alpha_{n2}\dfrac{x_2}{M_2} \cdots + \alpha_{n(n-1)}\dfrac{x_{n-1}}{M_{n-1}} + G_n\dfrac{x_n}{M_n}\right)x_n + \rho_n \end{cases}$$

（4-3）

本节以津冀港口群系统为基础，综合考虑天津港、唐山港、秦皇岛港、黄骅港4个港口子系统之间的协同演化过程，即当 $n=4$ 时，带入公式（4-3）可以得到拥有4个港口子系统的港口群系统协同演化模型，见公式（4-4）：

$$\begin{cases} \dfrac{dx_1(t)}{dt} = R_1\left(1 - \dfrac{x_1}{M_1} + \alpha_{12}\dfrac{x_2}{M_2} + \alpha_{13}\dfrac{x_3}{M_3} + \alpha_{14}\dfrac{x_4}{M_4} + G_1\dfrac{x_1}{M_1}\right)x_1 + \rho_1 \\ \dfrac{dx_2(t)}{dt} = R_2\left(1 - \dfrac{x_2}{M_2} + \alpha_{21}\dfrac{x_1}{M_1} + \alpha_{23}\dfrac{x_3}{M_3} + \alpha_{24}\dfrac{x_4}{M_4} + G_2\dfrac{x_2}{M_2}\right)x_2 + \rho_2 \\ \dfrac{dx_3(t)}{dt} = R_2\left(1 - \dfrac{x_3}{M_3} + \alpha_{31}\dfrac{x_1}{M_1} + \alpha_{32}\dfrac{x_2}{M_2} + \alpha_{34}\dfrac{x_4}{M_4} + G_3\dfrac{x_3}{M_3}\right)x_3 + \rho_3 \\ \dfrac{dx_4(t)}{dt} = R_2\left(1 - \dfrac{x_4}{M_4} + \alpha_{41}\dfrac{x_1}{M_1} + \alpha_{42}\dfrac{x_2}{M_2} + \alpha_{43}\dfrac{x_3}{M_3} + G_4\dfrac{x_4}{M_4}\right)x_4 + \rho_4 \end{cases}$$

（4-4）

由公式（4-4）可知，4个港口子系统下的演化模型，旨在得到序参量 $xi(t)$ 在各子系统相互作用、竞争合作、一定资源环境条件限制下，以及各港口子系统所在地方政府的干预下的演化趋势和结果，从而得到这些关键影响因素与决定系统演化趋势的序参量的关系。

4.2.3 模型的稳定性分析

4.2.3.1 两个子系统模型的稳定性分析

当港口群系统中只有两个港口子系统时，将模型中影响两个子系统的因素进行整合，变形可得两个子系统的协同演化模型，见公式（4-5）：

$$\begin{cases} \dfrac{dx_1(t)}{dt} = R_1\left(1 - \dfrac{(1-G_1)x_1}{M_1} + \alpha_{12}\dfrac{x_2}{M_2}\right)x_1 \\ \dfrac{dx_2(t)}{dt} = R_2\left(1 - \dfrac{(1-G_2)x_2}{M_2} + \alpha_{21}\dfrac{x_1}{M_1}\right)x_2 \end{cases} \quad (4-5)$$

模型旨在得到两个港口子系统的序参量x_1，x_2的演化趋势，不需要对方程进行求解，只需求出模型的平衡点并进行稳定性分析。设二阶非线性自治微分方程的平衡点为$A_i(x_1^0, x_2^0)$，当x_i从A_i点的某一稳定邻域内的任一初值出发时，都可以使得$\lim_{t\to\infty}x_i(t)=x_i^0$，则称$A_i$是微分方程的平衡点。令$dx_1/dt=0$，$dx_2/dt=0$，得到平衡点求解方程组：

$$\begin{cases} f(x_1,x_2) = \dfrac{dx_1(t)}{dx} = R_1\left(1 - \dfrac{(1-G_1)x_1}{M_1} + \alpha_{12}\dfrac{x_2}{M_2}\right)x_1 = 0 \\ g(x_1,x_2) = \dfrac{dx_2(t)}{dx} = R_2\left(1 - \dfrac{(1-G_2)x_2}{M_2} + \alpha_{21}\dfrac{x_1}{M_1}\right)x_2 = 0 \end{cases} \quad (4-6)$$

解方程组（4-6）得到4个平衡点：

$A_1(0,0)$，$A_2(0,\dfrac{M_2}{1-G_2})$，$A_3(\dfrac{M_1}{1-G_1},0)$，

$A_4(\dfrac{M_1(1-G_2+\alpha_{12})}{(1-G_1)(1-G_2)-\alpha_{12}\alpha_{21}}, \dfrac{M_2(1-G_1+\alpha_{21})}{(1-G_2)(1-G_1)-\alpha_{21}\alpha_{12}})$。

针对非线性微分方程，可以依据近似线性方程判断方法来判定其平衡点$A_i(x_1^0, x_2^0)$的稳定性，在平衡点A_i对$f(x_1, x_2)$和$g(x_1, x_2)$进行泰勒展开，只需要保留一次项，可以得到两个子系统时的演化模型的近似线性方程组：

$$\begin{cases} x_1^\bullet(t) = f_{x_1}(x_1^0, x_2^0)(x_1-x_1^0) + f_{x_2}(x_1^0, x_2^0)(x_2-x_2^0) \\ x_2^\bullet(t) = g_{x_1}(x_1^0, x_2^0)(x_1-x_1^0) + g_{x_2}(x_1^0, x_2^0)(x_2-x_2^0) \end{cases} \quad (4-7)$$

其近似线性方程组（4-7）的系数矩阵记为：

$$\boldsymbol{B} = \begin{pmatrix} f_{x_1} & f_{x_2} \\ g_{x_1} & g_{x_2} \end{pmatrix} = \begin{pmatrix} R_1(1-\dfrac{2(1-G_1)x_1}{M_1}+\alpha_{12}\dfrac{x_2}{M_2}) & \dfrac{R_1\alpha_{12}x_1}{M_2} \\ \dfrac{R_2\alpha_{21}x_2}{M_1} & R_2(1-\dfrac{2(1-G_2)x_2}{M_2}+\alpha_{21}\dfrac{x_1}{M_1}) \end{pmatrix}$$

应用动态系统的系数矩阵及判别指标方法对平衡点的稳定性进行分析，分析可得A_1是不稳定点，A_2、A_3有一个主体序参量为0，即有一个子系统被系统淘汰；A_4点稳定的前提是x_1、$x_2>0$，故当$1-G_1+\alpha_{21}>0$，$1-G_2+\alpha_{12}>0$且$(1-G_2)(1-G_1)-\alpha_{21}\alpha_{12}>0$时$A_4$局部稳定，可得$A_4$是渐近稳定点。

4.2.3.2 三个及以上子系统模型的稳定性分析

当港口群系统中只有3个港口子系统时，将模型中影响3个子系统的因素进行整合，变形可得3个子系统的协同演化模型，见公式（4-8）：

$$\begin{cases} \dfrac{dx_1(t)}{dt} = R_1\left(1-\dfrac{(1-G_1)x_1}{M_1}+\alpha_{12}\dfrac{x_2}{M_2}+\alpha_{13}\dfrac{x_3}{M_3}\right)x_1 \\ \dfrac{dx_2(t)}{dt} = R_2\left(1-\dfrac{(1-G_2)x_2}{M_2}+\alpha_{21}\dfrac{x_1}{M_1}+\alpha_{23}\dfrac{x_3}{M_3}\right)x_2 \\ \dfrac{dx_3(t)}{dt} = R_3\left(1-\dfrac{(1-G_3)x_3}{M_3}+\alpha_{31}\dfrac{x_1}{M_1}+\alpha_{32}\dfrac{x_2}{M_2}\right)x_3 \end{cases} \quad (4\text{-}8)$$

同两个子系统时模型的稳定性分析类似，不需求解方程组，只需求出平衡点，分析平衡点的稳定性。当港口群系统中各子系统的序参量演化至稳定状态时，即序参量随时间的变化趋于0时，令$dx_3/dt=0$、$dx_1/dt=0$，见公式（4-9）：

$$\begin{cases} f(x_1,x_2,x_3) = \dfrac{dx_1(t)}{dt} = R_1\left(1-\dfrac{(1-G_1)x_1}{M_1}+\alpha_{12}\dfrac{x_2}{M_2}+\alpha_{13}\dfrac{x_3}{M_3}\right)x_1 = 0 \\ g(x_1,x_2,x_3) = \dfrac{dx_2(t)}{dt} = R_2\left(1-\dfrac{(1-G_2)x_2}{M_2}+\alpha_{21}\dfrac{x_1}{M_1}+\alpha_{23}\dfrac{x_3}{M_3}\right)x_2 = 0 \\ h(x_1,x_2,x_3) = \dfrac{dx_3(t)}{dt} = R_3\left(1-\dfrac{(1-G_3)x_3}{M_3}+\alpha_{31}\dfrac{x_1}{M_1}+\alpha_{32}\dfrac{x_2}{M_2}\right)x_3 = 0 \end{cases} \quad (4\text{-}9)$$

解式（4-9），得到模型的8个平衡点：

$A_1(0,0,0)$，$A_2\left(0,0,\dfrac{M_3}{1-G_3}\right)$，$A_3\left(0,\dfrac{M_2}{1-G_2},0\right)$，$A_4\left(\dfrac{M_1}{1-G_1},0,0\right)$，

$A_5\left(\dfrac{M_1(1-G_2+\alpha_{12})}{(1-G_1)(1-G_2)-\alpha_{12}\alpha_{21}},\dfrac{M_2(1-G_1+\alpha_{21})}{(1-G_2)(1-G_1)-\alpha_{21}\alpha_{12}},0\right)$，

$$A_6\left(\frac{M_1(1-G_3+\alpha_{13})}{(1-G_1)(1-G_3)-\alpha_{13}\alpha_{31}}, 0, \frac{M_3(1-G_1+\alpha_{31})}{(1-G_3)(1-G_1)-\alpha_{31}\alpha_{13}}\right),$$

$$A_7\left(0, \frac{M_2(1-G_3+\alpha_{23})}{(1-G_2)(1-G_3)-\alpha_{23}\alpha_{32}}, \frac{M_3(1-G_2+\alpha_{32})}{(1-G_2)(1-G_3)-\alpha_{32}\alpha_{23}}\right),$$

$$A_8(x_{1e}, x_{2e}, x_{3e})。$$

其中：

$$x_{1e} = \frac{M_1\left[H_3(\alpha_{12}H_3+\alpha_{13}\alpha_{32})+H_2H_3(H_3+\alpha_{13})+\alpha_{23}(\alpha_{12}H_3+\alpha_{13}\alpha_{32})-\alpha_{23}\alpha_{32}(H_3+\alpha_{13})\right]}{(H_2H_3-M_1\alpha_{23}\alpha_{23})(H_1H_3-\alpha_{13}\alpha_{31})-(H_3\alpha_{21}+\alpha_{23}\alpha_{31})(\alpha_{12}H_3+\alpha_{13}\alpha_{32})}$$

$$x_{2e} = \frac{M_2(H_1H_3-\alpha_{13}\alpha_{31})}{M_1(\alpha_{12}H_3+\alpha_{13}\alpha_{32})}x_{1e} - \frac{M_2(H_3+\alpha_{13})}{(\alpha_{12}H_3+\alpha_{13}\alpha_{32})},$$

$$x_{3e} = \frac{M_3}{H_3} + \frac{M_3\alpha_{13}}{M_1H_3}x_{1e} - \frac{M_3\alpha_{32}}{M_2H_3}x_{2e}$$

同两个子系统时一样，可以依据近似线性方程判断方法来判定其平衡点 $A_i(x_{1e},x_{2e},x_{3e})$ 的稳定性，在平衡点 A_i 对 $f(x_1,x_2,x_3)$、$g(x_1,x_2,x_3)$ 和 $h(x_1,x_2,x_3)$ 进行泰勒展开，可以得到3个子系统时的演化模型的近似线性方程组，见公式（4-10）：

$$\begin{cases} x_1^\bullet(t) = f_{x_1}(x_1^0,x_2^0,x_3^0)(x_1-x_1^0)+f_{x_2}(x_1^0,x_2^0,x_3^0)(x_2-x_2^0)+f_{x_3}(x_1^0,x_2^0,x_3^0)(x_3-x_3^0) \\ x_2^\bullet(t) = g_{x_1}(x_1^0,x_2^0,x_3^0)(x_1-x_1^0)+g_{x_2}(x_1^0,x_2^0,x_3^0)(x_2-x_2^0)+g_{x_3}(x_1^0,x_2^0,x_3^0)(x_3-x_3^0) \\ x_3^\bullet(t) = h_{x_1}(x_1^0,x_2^0,x_3^0)(x_1-x_1^0)+h_{x_2}(x_1^0,x_2^0,x_3^0)(x_2-x_2^0)+h_{x_3}(x_1^0,x_2^0,x_3^0)(x_3-x_3^0) \end{cases}$$

（4-10）

近似线性方程组（4-10）的系数矩阵记为：

$$A = \begin{pmatrix} f_{x_1} & f_{x_2} & f_{x_3} \\ g_{x_1} & g_{x_2} & g_{x_3} \\ h_{x_1} & h_{x_2} & h_{x_3} \end{pmatrix}$$

$$= \begin{pmatrix} R_1(1 - \dfrac{2H_1 x_1}{M_1} + \dfrac{\alpha_{12} x_2}{M_2} + \dfrac{\alpha_{13} x_3}{M_3}) & \dfrac{R_1 \alpha_{12} x_2}{M_2} & \dfrac{R_1 \alpha_{13} x_1}{M_3} \\ \dfrac{R_2 \alpha_{21} x_2}{M_1} & R_2(1 - \dfrac{2H_2 x_2}{M_2} + \dfrac{\alpha_{21} x_1}{M_1} + \dfrac{\alpha_{23} x_3}{M_3}) & \dfrac{R_2 \alpha_{23} x_2}{M_2} \\ \dfrac{R_3 \alpha_{31} x_3}{M_1} & \dfrac{R_3 \alpha_{32} x_3}{M_2} & R_3(1 - \dfrac{2H_3 x_3}{M_3} + \dfrac{\alpha_{31} x_1}{M_1} + \dfrac{\alpha_{32} x_3}{M_3}) \end{pmatrix}$$

其中：$H_1 = (1 - G_1)$、$H_2 = (1 - G_2)$、$H_3 = (1 - G_3)$。

应用动态系统的系数矩阵及判别指标方法分析平衡点的稳定性，可得：A_1点是3个子系统的序参量都演化至0的状态，此时，3个子系统的盈利能力都为0，即3个子系统都被环境淘汰；A_2、A_3、A_4点是3个子系统中有两个子系统序参量趋近于0，即在演化过程中有两个子系统被淘汰；A_5、A_6、A_7点是三个子系统中有一个子系统序参量趋近于0，即演化过程中有一个子系统被淘汰；A_8点是三个子系统都没有被淘汰，且在一定条件下，通过一段时间的演化可以演化至新的稳定状态，即A_8点是3个子系统共存的平衡点，且在某一区域内渐近稳定。

当$x_i \neq 0$时，求得平衡点$A_i(x_{1e}, x_{2e}, x_{3e})$。$x_{ie}$为动力学模型$dx_i/dt$的一个孤立平衡状态，且从充分靠近$x_{ie}$的任一初始状态$x_{i0}$出发的运动轨迹$\lim\limits_{t \to \infty} \|x - x_{ie}\| = 0$ 或 $\lim\limits_{t \to \infty}(x_i - x_{ie}) = 0$，即收敛于平衡状态$x_{ie}$，则称平衡状态$x_{ie}$为渐近稳定。

当港口群系统中有$i(i \geq 4)$个子系统时，设$dx/dt = f(x)$，其中：

$$f(x) = \begin{pmatrix} f_1(x_1, x_2, x_3, \cdots, x_n) \\ f_2(x_1, x_2, x_3, \cdots, x_n) \\ \vdots \\ f_n(x_1, x_2, x_3, \cdots, x_n) \end{pmatrix}$$

当$f(0)=0$，即$dx/dt=0$时，且在某域$G: \|x\| \leq A$（A为常数）内存在连续的偏导数，因而方程组$dx/dt=f(x)$由初始条件$x(t_0)=x_0$所确定的解在原点的某个邻域内存在且唯一，$x=0$是其特殊解。

4.2.4 数值模拟与仿真分析

4.2.4.1 模型参数设计

从自组织理论角度分析,港口群系统协同演化包括自组织和他组织两方面的作用。根据港口群系统协同发展的动因分析可知,自然增长率R_i和最大盈利能力M_i两个变量反映了港口自然条件、集疏运条件等内部因素对港口盈利能力演化的限制。竞争合作系数α_{ij}反映了各港口子系统之间的竞争合作关系对协同演化的作用。此外,政府干预系数G_i反映了港口群系统外部政府对系统发展的干预程度。该演化模型旨在研究各港口子系统盈利能力x_i的演化趋势与演化至稳定状态时的结果。对模型中的变量赋予初值,如表4-1所示。

表4-1 协同演化模型变量初值

变量	初值	意义	变量	初值	意义
M_1	15	子系统1的最大盈利能力	α_{1j}	0.2	子系统1对子系统j的竞争合作系数
M_2	10	子系统2的最大盈利能力	α_{2j}	0.1	子系统2对子系统j的竞争合作系数
M_3	6	子系统3的最大盈利能力	α_{3j}	0.05	子系统3对子系统j的竞争合作系数
M_4	3	子系统4的最大盈利能力	α_{4j}	0.15	子系统4对子系统j的竞争合作系数
R_i	0.1	子系统i的固有增长率	x_{i0}	1.0	子系统i的初始盈利能力

4.2.4.2 无政府干预下系统自组织演化仿真分析

在无政府干预的前提下,即政府干预系数$G_i=0$时,系统他组织作用为零,只考虑在特定环境下港口群系统的自组织演化。

(1) 稳定状态各子系统的盈利能力x_i与初始盈利能力x_{i0}的关系

当$G_i=0$时,且其他变量初值不变的前提下,对各子系统的初始盈利能力不同情况进行仿真,分别取4个子系统的初始盈利能力为:$x_{10}=x_{20}=x_{30}=x_{40}=1$和$x_{10}=6$,$x_{20}=3$,$x_{30}=2$,$x_{40}=1.5$,得到各子系统盈利能力$x_i$的演化曲线,如图4-5所示。

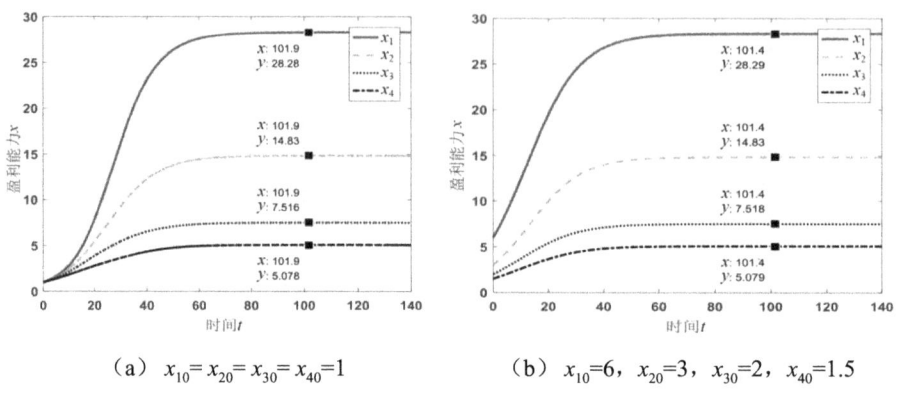

（a）$x_{10}=x_{20}=x_{30}=x_{40}=1$　　　　（b）$x_{10}=6$，$x_{20}=3$，$x_{30}=2$，$x_{40}=1.5$

图4-5 稳定状态时x_i与初始盈利能力x_{i0}的关系

由图4-5可知，在初始状态x_{i0}不同的情况下，各子系统演化至稳定状态后的盈利能力基本不变。仿真结果表明：①在一定的误差允许范围之内，各子系统达到新的稳定状态时的盈利能力与其初始盈利能力无关；②在固有增长率相同的前提下，子系统的初始盈利能力x_{i0}越大，其到达稳定状态的时间越短，即到达稳定状态所需时间与初始盈利能力呈正相关。

（2）稳定状态各子系统的盈利能力x_i与固有增长率R_i的关系

当$G_i=0$时，且其他变量初值不变的前提下，对各子系统的固有增长率R_i不同的情况进行仿真，分别取4个子系统的固有增长率$R_1=R_2=R_3=R_4=0.1$；$R_1=0.08$，$R_2=0.15$，$R_3=0.3$，$R_4=0.5$，得到4个子系统盈利能力的演化曲线，如图4-6所示。

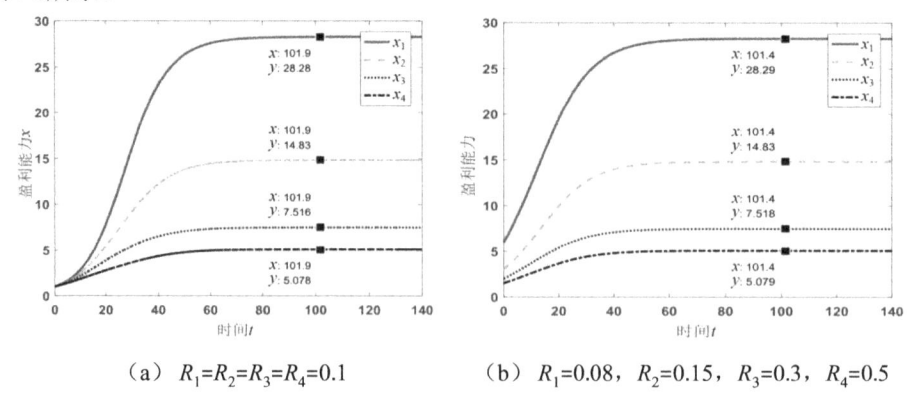

（a）$R_1=R_2=R_3=R_4=0.1$　　　　（b）$R_1=0.08$，$R_2=0.15$，$R_3=0.3$，$R_4=0.5$

图4-6 稳定状态与固有增长率R_i的关系

由图4-6可知，固有增长率R_i不同的情况下，经过一段时间的演化，各子系统都能够达到新的稳定状态，且稳定状态各子系统的盈利能力基本不变，但各子系统演化至新的稳定状态的时间受到固有增长率R_i的影响。仿真结果表明：①演化至平衡状态时各子系统的盈利能力与固有增长率R_i无关；②演化至稳定状态所需要的时间与固有增长率R_i呈正相关，即R_i值越大，系统演化至稳定状态的时间越短。

（3）稳定状态各子系统的盈利能力x_i与独立最大盈利能力M_i的关系

当$G_i=0$时，且其他变量初值不变的前提下，对各子系统在最大盈利能力M_i不同的情况进行仿真，分别取4个子系统的最大盈利能力：$M_1=15$，$M_2=10$，$M_3=6$，$M_4=3$；$M_1=2$，$M_2=6$，$M_3=15$，$M_4=8$，得到4个子系统盈利能力的演化曲线，如图4-7所示。

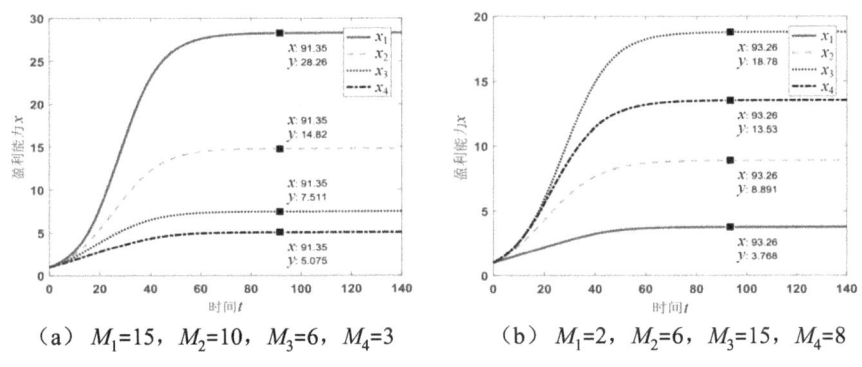

（a）$M_1=15$，$M_2=10$，$M_3=6$，$M_4=3$　　（b）$M_1=2$，$M_2=6$，$M_3=15$，$M_4=8$

图4-7　稳定状态与最大盈利能力M_i的关系

由图4-7可知，各子系统的最大盈利能力M_i对其稳定状态盈利能力有显著影响。仿真结果表明：①当M_i增大时，系统演化至稳定状态时的盈利能力x_i增大；当M_i减小时，稳定状态下盈利能力x_i减小。即系统演化至稳定状态时各子系统的盈利能力与最大盈利能力M_i呈正相关，且稳定状态时各子系统的盈利能力只与自身的独立最大盈利能力呈正相关，与其他子系统的独立最大盈利能力无关；②M_i的改变不影响各子系统演化至稳定状态的时间，即系统演化至稳定状态的时间t与M_i无关。

（4）稳定状态各子系统的盈利能力x_i与竞争合作系数α_{ij}的关系

当$G_i=0$，且在其他变量初值不变的前提下，各子系统的竞争系数都为正时，取$\alpha_{12}=\alpha_{13}=\alpha_{14}=0.2$，$\alpha_{21}=\alpha_{23}=\alpha_{24}=0.1$，$\alpha_{31}=\alpha_{32}=\alpha_{34}=0.05$，分别取$\alpha_{41}=\alpha_{42}=\alpha_{43}=0.15$；$\alpha_{41}=\alpha_{42}=\alpha_{43}=0.5$。仿真得到4个子系统在竞争合作系数$\alpha_{ij}(\alpha_{ij}>0)$不同

的情况下盈利能力的演化曲线,如图4-8所示。

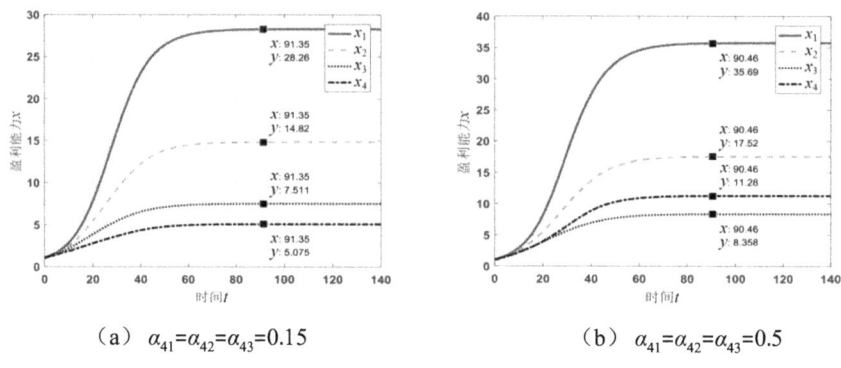

（a） $\alpha_{41}=\alpha_{42}=\alpha_{43}=0.15$　　　　　（b） $\alpha_{41}=\alpha_{42}=\alpha_{43}=0.5$

图4-8 $\alpha_{ij}>0$时稳定状态与竞争合作系数α_{ij}的关系

由图4-8可知：①当α_{ij}都为正时，系统演化至稳定状态时各子系统的盈利能力高于在一定条件限制下独立发展的最大盈利值M_i；②其他条件不变的情况下，竞争合作系数增大时，其稳定状态时的盈利能力增大，即稳定状态时的盈利能力与竞争合作系数呈正相关。

当$G_i=0$，且其他变量初值不变的前提下，各子系统的竞争系数都为负时，取$\alpha_{21}=\alpha_{23}=\alpha_{24}=-0.15$，$\alpha_{31}=\alpha_{32}=\alpha_{34}=-0.1$，$\alpha_{41}=\alpha_{42}=\alpha_{43}=-0.05$，分别取$\alpha_{12}=\alpha_{13}=\alpha_{14}=-0.3$；$\alpha_{12}=\alpha_{13}=\alpha_{14}=-0.5$。在竞争合作系数都为负时，4个子系统在竞争合作系数$\alpha_{ij}(\alpha_{ij}<0)$不同的情况下盈利能力的演化曲线，如图4-9所示。

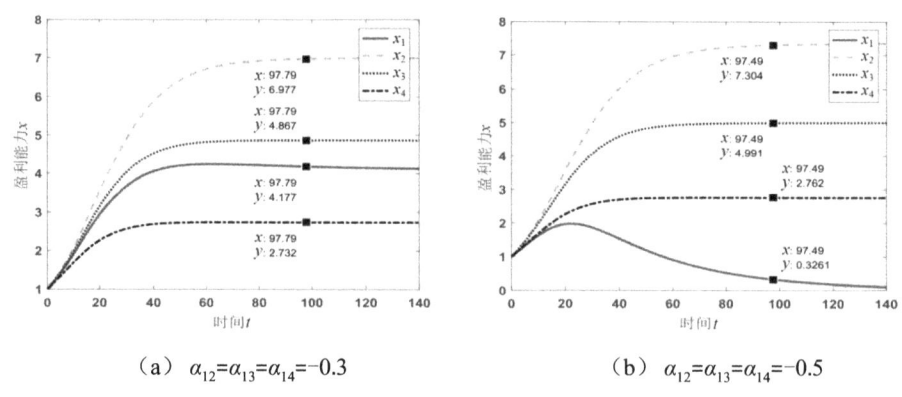

（a） $\alpha_{12}=\alpha_{13}=\alpha_{14}=-0.3$　　　　　（b） $\alpha_{12}=\alpha_{13}=\alpha_{14}=-0.5$

图4-9 $\alpha_{ij}<0$时稳定状态与竞争合作系数α_{ij}的关系

由图4-9可知：①当α_{ij}都为负时，系统演化至稳定状态时各子系统的盈利能力低于在一定条件限制下独立发展的最大盈利值M_i；②其他条件不变的情况下，竞争合作系数的绝对值越大，其稳定状态时的盈利能力越小，即稳定状态时的盈利能力与竞争合作系数的绝对值呈负相关。其中港口子系统1的演化曲线，当竞争合作系数的绝对值由0.3变为0.5时，其盈利能力演化过程由上升趋势变为下降趋势，且最终趋近于0，其他3个子系统的盈利能力有微小增大。

由此可得，子系统的竞争合作系数α_{ij}为负时，当其绝对值到达一定阈值，会使演化过程发生质变，盈利能力x_i由上升后稳定的趋势，变为上升后迅速下降并不断趋近于0，盈利能力逐渐趋近于0象征着子系统将逐渐被环境所淘汰。

4.2.4.3 政府干预下系统自组织与他组织复合演化仿真分析

在考虑政府干预的前提下，即政府干预系数$G_i \neq 0$时，港口群系统的演化受政府他组织作用的影响。下面分析当港口子系统的初始盈利能力x_{i0}、独立发展的最大盈利能力M_i、固有增长率R_i不变时，分别在竞争合作系数$\alpha_{ij}>0$和竞争合作系数$\alpha_{ij}<0$两种情况下，政府干预对港口群系统演化过程的影响。

（1）其他变量不变时，政府干预系数G_i对港口群系统演化过程的影响

在其他变量初值不变的前提下，对政府干预系数不同的情况进行仿真，分别取$G_1=0.08$，$G_2=0.15$，$G_3=0.2$，$G_4=0.3$；$G_1=-0.15$，$G_2=-0.1$，$G_3=-0.08$，$G_4=-0.05$，得到4个子系统在政府干预系数G_i不同时盈利能力的演化曲线，如图4-10所示。

由图4-10可知，①政府干预系数$G_i>0$时系统演化至稳定状态时的盈利能力远大于$G_i<0$时系统演化至稳定状态时的盈利能力；②通过对比图4-4（a）（$G_i=0$)、图4-9（a）（$G_i>0$）和图4-9（b）（$G_i<0$）可得，在其他条件相同的情况下，G_i越大，系统演化至稳定状态时的盈利能力越大，即稳定状态时的盈利能力与政府干预系数G_i呈正相关。

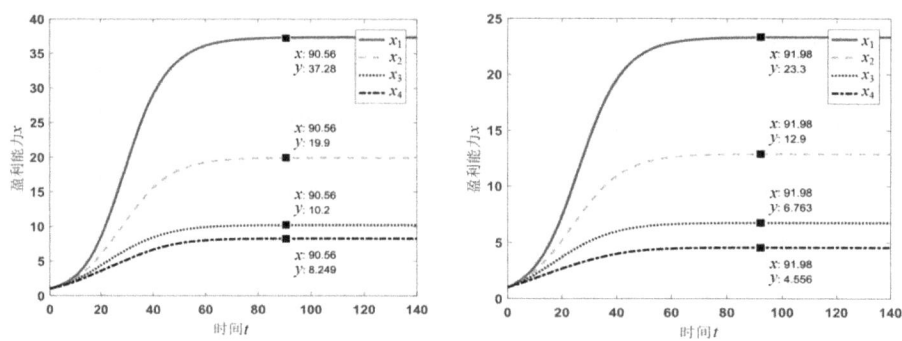

(a) $G_1=0.08$, $G_2=0.15$, $G_3=0.2$, $G_4=0.3$ (b) $G_1=-0.15$, $G_2=-0.1$, $G_3=-0.08$, $G_4=-0.05$

图4-10 稳定状态与政府干预系数G_i的关系

（2）竞争合作系数$\alpha_{ij}>0$且政府干预系数$G_i>0$时港口群系统演化趋势

当$\alpha_{ij}>0$且$G_i>0$时，在其他变量初值不变的前提下，取$\alpha_{12}=\alpha_{13}=\alpha_{14}=0.2$，$\alpha_{21}=\alpha_{23}=\alpha_{24}=0.1$，$\alpha_{31}=\alpha_{32}=\alpha_{34}=0.05$，$\alpha_{41}=\alpha_{42}=\alpha_{43}=0.5$；取$G_1=0.08$，$G_2=0.15$，$G_3=0.2$，$G_4=0.3$，得到4个子系统的盈利能力的演化曲线，如图4-11所示。

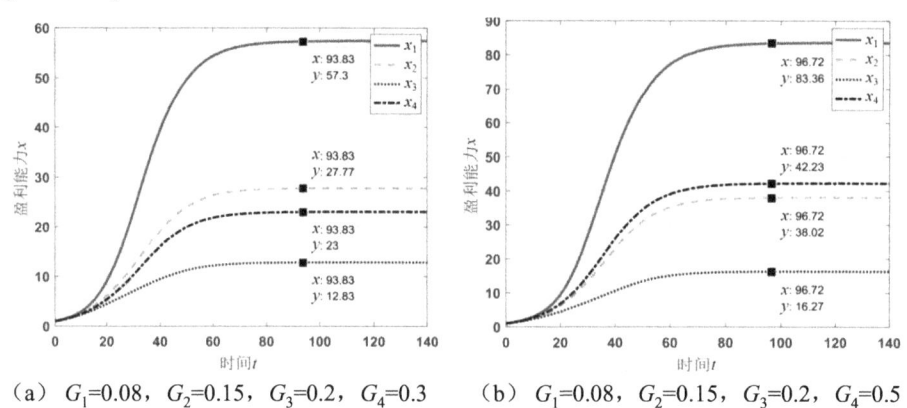

(a) $G_1=0.08$, $G_2=0.15$, $G_3=0.2$, $G_4=0.3$ (b) $G_1=0.08$, $G_2=0.15$, $G_3=0.2$, $G_4=0.5$

图4-11 $\alpha_{ij}>0$且$G_i>0$时各子系统盈利能力x_i的演化趋势

由图4-11可知，当$\alpha_{ij}>0$且$G_i>0$时，①各子系统演化至稳定状态时的盈利能力x_i均大于其独立发展时的最大盈利能力M_i，即当系统内部的竞争合作对系统演化起促进作用，系统协同程度较高，且政府对系统的干预为正向干预时，各子系统能够突破自身发展的极限，使各子系统的盈利能力均得到有效提升，从而提高了系统的整体竞争力；②保持竞争合作系数$\alpha_{ij}>0$且不变，$G_i>0$时，G_i越大，子系统的盈利能力x_i越大。通过对比分析可知，当子系统4的政府干预系数增大、其他子系统政府干预系数不变时，各子系统的盈利能力都有所增加，且子系统4通过政府的正向干预，盈利能力超过子系统2；③系统的整体盈利能力增大，且子系统的竞争合作系数越大，政府干预系数对子系统的盈利能力影响程度越大。

（3）竞争合作系数$\alpha_{ij}<0$且政府干预系数$G_i<0$时港口群系统演化趋势

当$\alpha_{ij}<0$且$G_i<0$时，在其他变量初值不变的前提下，取$\alpha_{11}=\alpha_{12}=\alpha_{13}=-0.3$，$\alpha_{21}=\alpha_{23}=\alpha_{24}=-0.15$，$\alpha_{31}=\alpha_{32}=\alpha_{34}=-0.1$，$\alpha_{41}=\alpha_{42}=\alpha_{43}=-0.05$；取$G_2=\alpha 0.15$，$G_3=-0.08$，$G_4=-0.2$，分别取$G_1=-0.1$和$G_1=-0.5$，得到4个子系统的盈利能力的演化曲线，如图4-12所示。

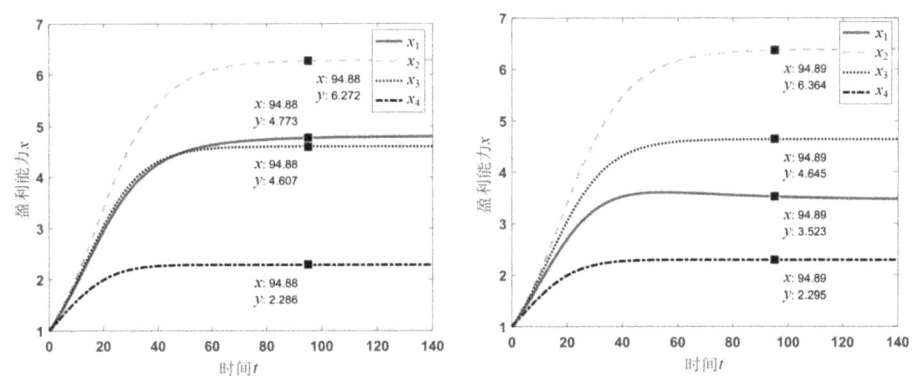

（a）$G_1=-0.15$，$G_2=-0.1$，$G_3=-0.08$，$G_4=-0.2$　（b）$G_1=-0.5$，$G_2=-0.1$，$G_3=-0.08$，$G_4=-0.2$

图4-12　$\alpha_{ij}<0$且$G_i<0$时各子系统盈利能力x_i的演化趋势

由图4-12可知，当$\alpha_{ij}<0$且$G_i<0$时：①各子系统演化至稳定状态时的盈利能力x_i均小于其独立发展时的最大盈利能力M_i，即当系统内部的竞争合作对系统演化起抑制作用，系统协同程度较低，且政府对系统的干预为负向干预时，各子系统在自身条件和外界环境的限制下，无法突破自身独立发展的极限。②保持竞争合作系数$\alpha_{ij}<0$且不变，$G_i<0$时，G_i越小，子系统的盈利能力x_i越小，对比图4-11（a）和图4-11（b）可知，当子系统1的政府干预系数减小、其他子系统政府干预系数不变时，子系统1的盈利能力降低，且有下降的演化趋势，但其他子系统的盈利能力有微小增加。即当系统处于较强的竞争状态时，政府的负向干预有激化子系统竞争的风险，甚至有可能导致某个子系统被淘汰。③港口群系统的整体盈利能力减小，且子系统的竞争合作系数的绝对值越大时，政府干预系数对子系统的盈利能力的影响程度越大。

4.3 津冀港口群协同演化分析

上文中以港口群系统为研究对象,首先,对自组织理论在港口群系统协同演化过程中的适用性进行了分析,得出港口群系统的自组织与他组织演化条件和机制。在建立模型的过程中,对参数进行了限定和说明,提出了一定的假设条件,在考虑固有增长率、最大盈利能力和竞争合作系数的前提下,建立了自组织演化模型;加入政府对系统演化的他组织作用,建立了自组织与他组织复合演化模型。其次,分析了模型的稳定性。最后,以津冀港口群系统为研究对象,对系统的自组织模型和自组织与他组织复合演化模型进行了数值模拟与仿真;通过对仿真结果的分析,得到了系统自组织与他组织作用对系统协同演化过程中序参量变化趋势的影响,得出了一定的结论。

通过上一节对津冀港口群系统协同发展的分析可知,津冀港口群系统是一个复杂的适应性系统,其内部结构及外部环境的复杂性决定了其协同演化的复杂性。在研究的过程中,为得到相对客观的演化结果,需要严格控制变量,因此,在数值模拟与仿真过程中,各变量的取值较为主观性和理想化。

考虑到模型中各变量与津冀各港口实际数据的关联性,本节以津冀港口群系统的发展现状和相关数据为基础,对模型中的变量进行量化分析。

(1)其中子系统i的盈利能力x_i是系统的序参量,决定着各子系统演化的方向和兴衰。对于港口子系统而言,吞吐量越大证明港口子系统的盈利能力越强,假设港口吞吐量为T_i,则子系统i的盈利能力x_i见公式(4-11):

$$x_i \approx T_i \tag{4-11}$$

(2)子系统i初始盈利能力x_{i0}近似等于系统演化起点的吞吐量T_{i0},见公式(4-12):

$$x_{i0} \approx T_{i0} \tag{4-12}$$

(3)在一定的时间和相对稳定的空间内,子系统i的盈利能力的固有增长率R_i不变。假设子系统i演化至新的稳定状态的时间为t_i,初始盈利能力为x_{i0},基期盈利能力基准为x_{i0}',则固有增长率R_i见公式(4-13):

$$R_i \approx \frac{x_i(t)-x_{i0}}{x_{i0}} \approx \frac{x_{i0}-x_{io}'}{x_{io}'} \tag{4-13}$$

(4)港口子系统i在自身条件下独立发展的最大盈利能力M_i受到港口自

身条件的制约,集中体现在港口的吞吐能力对吞吐量的限制上。港口的吞吐能力除了受到自身条件的限制外,还受到腹地市场需求的影响:当市场需求大于港口吞吐能力时,港口处于饱和状态,最大盈利能力近似等于港口吞吐能力;当市场需求小于港口吞吐能力时,最大盈利能力近似等于市场需求。设港口i的吞吐能力为C_i,市场需求为D_i,则有:

$$M_i \approx \begin{cases} D_i, & D_i < C_i \\ C_i, & D_i > C_i \end{cases} \quad (4\text{-}14)$$

(5)港口子系统之间的竞争合作系数主要体现在各子系统之间的竞争合作对系统演化的贡献或阻碍上。本节设定竞争合作系数的取值范围是$[-1,1]$,当$\alpha_{ij}=0$时,表示在系统内部各子系统间不存在合作竞争,依靠自身条件独立发展;当$\alpha_{ij}>0$时,表示各子系统间的竞争合作对系统演化的促进作用;当$\alpha_{ij}<0$时,表示各子系统间的竞争合作对系统演化的阻碍作用。

(6)津冀港口群系统是典型的政府主导型港口群,政府对港口建设规模、业务类型、发展方向和战略等方面有着引导和决策的作用,对津冀港口群系统而言,政府政策的干预是最重要的外部他组织作用。

4.3.1 津冀港口群系统自组织演化分析

以津冀港口群发展相关数据为基础,结合4.2建立的港口群系统自组织演化模型,根据以上对变量的假设和说明,港口子系统i的盈利能力x_i近似等于港口子系统i的吞吐量,最大盈利能力M_i近似等于港口子系统i的年设计通过能力。对津冀港口群系统的数据进行处理,得到模型中相关变量的数据,如表4-2所示。

表4-2 津冀港口群系统协同演化模型数据

变量	初始盈利能力x_{i0}	固有增长率r_i	最大盈利能力M_i
天津港(x_1)	5.40	0.06	3.82
秦皇岛港(x_2)	2.53	0.02	2.37
唐山港(x_3)	4.93	0.35	4.22
黄骅港(x_4)	1.66	0.13	1.82

将数据代入模型,利用Matlab进行仿真,分析仅在自组织情况下,港

口群系统内部的自组织作用,即相互作用系数a_{ij}对系统序参量x_i演化趋势的影响。

理想状态下,假设各子系统都是独立发展的,即各子系统之间的竞争合作系数$a_{ij}=0$,得到各子系统独立发展时盈利能力x_i的演化趋势,如图4-13所示。

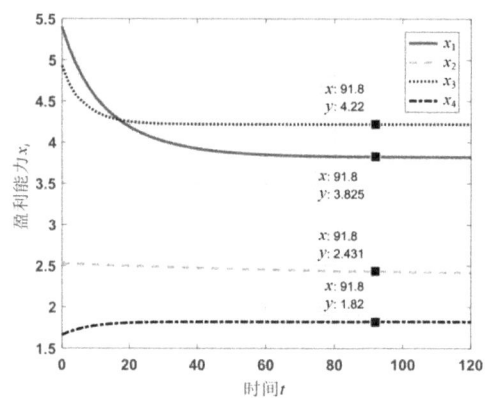

图4-13 $a_{ij}=0$时,各子系统盈利能力x_i的演化趋势图

由图4-13可知,当各子系统间没有相互作用独立发展时:①各子系统的盈利能力x_i受最大盈利能力的限制,演化至稳定状态时的盈利能力无限趋近于子系统独立发展的最大盈利能力M_i。②初始盈利能力是演化过程及其各子系统相互作用下的值,由于最大盈利能力的约束,天津港、唐山港和秦皇岛港演化过程前期曲线有明显的下降过程;由于黄骅港的初始盈利能力小于最大盈利能力,且固有增长率r_4为正,经过一段时间的演化,增长至M_4后进入稳定状态。

当各子系统间的竞争合作系数$a_{ij}>0$时,为分析竞争合作系数a_{ij}的变化对各子系统演化趋势的影响,令竞争合作系数都为正且相等,取$a_{ij}=0.1$,得到各子系统的演化趋势,如图4-14所示;再分别取$a_{11}=a_{12}=a_{13}=0.1$,$a_{21}=a_{23}=a_{24}=0.5$,$a_{31}=a_{32}=a_{34}=0.3$,$a_{41}=a_{42}=a_{43}=0.2$,演化趋势如图4-15所示。

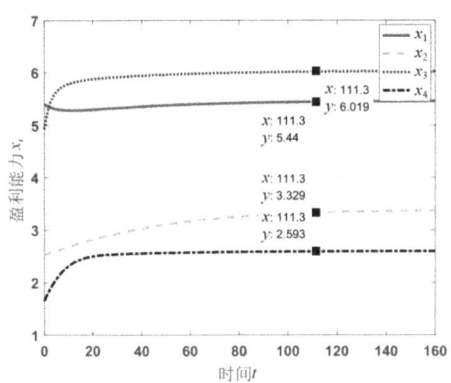

图4-14 α_{ij}=0.1时，各子系统盈利能力x_i的演化趋势图

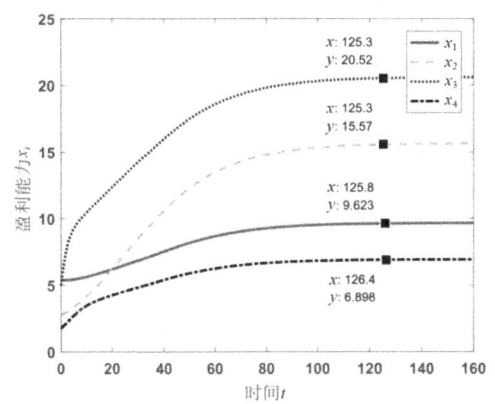

图4-15 α_{ij}>0且不相等时，各子系统盈利能力x_i的演化趋势图

由图4-14可知，以津冀港口群系统的发展现状为基础，α_{ij}>0且相等时：①各子系统的盈利能力都有所提升，且演化至新的稳定状态时，各子系统的盈利能力均超过最大盈利能力，突破自身独立发展的极限；②由于唐山港的最大盈利能力大于天津港的最大盈利能力，唐山港的盈利能力逐渐超过天津港的盈利能力并趋于稳定；③演化至稳定状态时，各港口子系统的盈利能力的大小与最大盈利能力成正比，即M_i越大，稳定状态时的盈利能力越大。

对比图4-14和4-15可知，当α_{ij}>0时：①竞争合作系数越大，演化至稳定状态时的盈利能力越大；②在竞争合作系数的作用下，秦皇岛港的盈利能力逐渐超过了天津港的吞吐能力，说明合理的竞争合作策略能够极大地弥补独立发展时最大盈利能力对自身的限制。

当各子系统间的竞争合作系数α_{ij}<0时，为分析竞争合作系数α_{ij}的变化对

各子系统演化趋势的影响,令竞争合作系数都为负且相等,取$α_{ij}$=-0.1,得到各子系统的演化趋势如图4-16所示;再分别取$α_{11}=α_{12}=α_{13}$=-0.15,$α_{21}=α_{23}=α_{24}$=-0.1,$α_{31}=α_{32}=α_{34}$=-0.3,$α_{41}=α_{42}=α_{43}$=-0.05,演化趋势如图4-17所示;保持其他子系统的竞争合作系数$α_{ij}<0$且不变,以唐山港为例,逐渐增大竞争合作系数的绝对值,观察其演化趋势的变化,当取唐山港的竞争合作系数$α_{3j}$=-0.4时,演化趋势如图4-18所示。

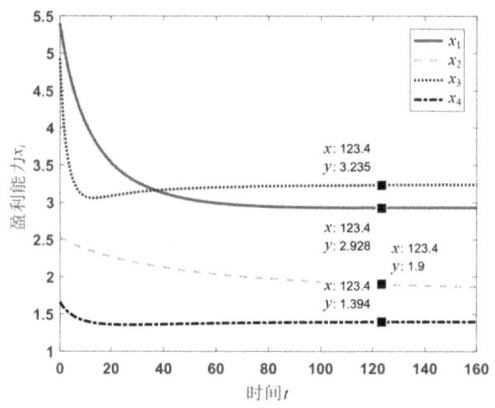

图4-16　$α_{ij}$=-0.1时,各子系统盈利能力x_i的演化趋势图

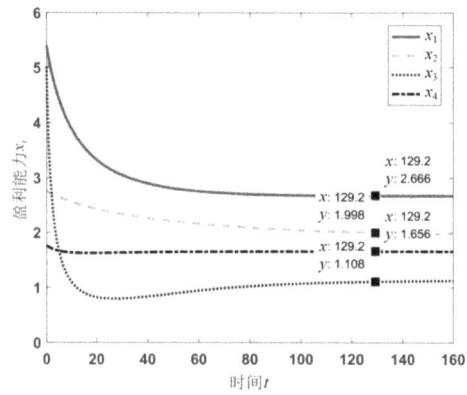

图4-17　$α_{ij}<0$且不相等时,各子系统盈利能力x_i的演化趋势图

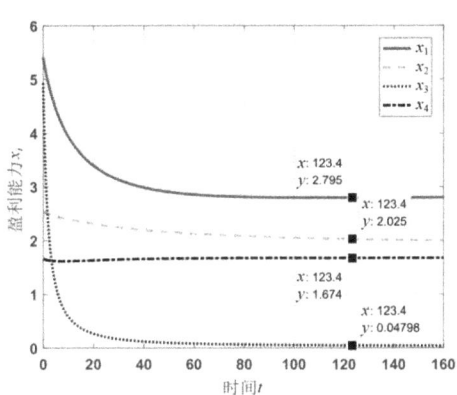

图4-18 $\alpha_{ij}<0$且$\alpha_{3j}=-0.4$时，各子系统盈利能力x_i的演化趋势图

由图4-16可知，以津冀港口群系统的发展现状为基础，当$\alpha_{ij}<0$且相等时：①各子系统的盈利能力都明显降低，且演化至新的稳定状态时，各子系统的盈利能力都低于最大盈利能力，在自身条件限制下，竞争合作系数对港口群系统的发展的阻碍作用对盈利能力产生了进一步的限制；②由于竞争合作系数相等且绝对值较小，演化至稳定状态时，各子系统的盈利能力的大小与最大盈利能力成正比，即M_i越大，稳定状态时的盈利能力越大。

对比图4-16和图4-17可知，当$\alpha_{ij}<0$时：①竞争合作系数的绝对值越大，即各子系统采取的竞争合作策略对其演化的阻碍程度越高时，演化至稳定状态时的盈利能力越小；②在竞争合作系数的阻碍作用下，秦皇岛港和黄骅港的盈利能力逐渐超过了唐山港的盈利能力，说明不合理的恶意竞争策略会导致港口盈利能力的急剧下降。虽然在独立发展条件下，唐山港的最大盈利能力是4个港口中最大的，但是由于不合理的竞争合作策略导致的阻碍作用，使其稳定状态下的盈利能力被其他港口反超，且严重影响了其他3个港口的盈利能力的提升，从而阻碍了整个港口群系统的协同发展。

保持其他港口子系统竞争合作系数不变，逐渐增大唐山港的竞争合作系数的绝对值，当$\alpha_{3j}=-0.4$时得到图4-18。对比图4-17和4-18可知，当$\alpha_{ij}<0$且绝对值不断增大突破某一临界点时，唐山港的盈利能力趋近于0。由此可得，当$\alpha_{ij}<0$且绝对值不断增大至突破某个临界点，即当竞争合作系数对子系统的阻碍达到一定程度时，会导致该子系统的盈利能力无限趋近于0，即子系统被整个系统淘汰。

4.3.2 津冀港口群系统自组织与他组织复合演化分析

以表4-2中津冀港口群系统各港口的相关数据为基础，结合4.2建立的自组织与他组织复合演化模型，将数据带入模型，运用Matlab进行仿真，分析津冀港口群系统在内部自组织与外部他组织双重作用下，盈利能力x_i的演化趋势。

假设各子系统都是独立发展且由当地政府单独管理的，即各子系统之间的竞争合作系数$a_{ij}=0$，且各子系统所在地政府之间无相互关联。在G_i的取值范围内分别取$G_1=0.5$，$G_2=0.2$，$G_3=-0.15$，$G_4=-0.3$，得到x_i的演化趋势如图4-19所示。

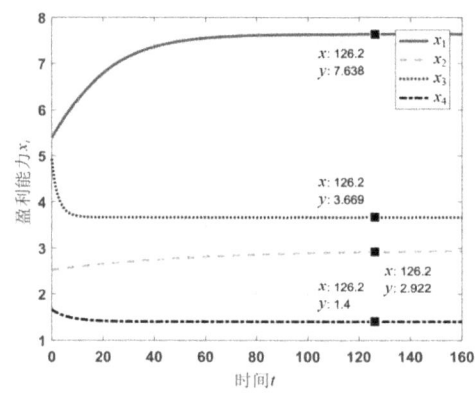

图4-19 $a_{ij}=0$且G_i不同时，各子系统盈利能力x_i的演化趋势图

由图4-19可知：①各港口子系统在独立发展且由当地政府单独管理的情况下，达到新的稳定状态时的盈利能力主要受到港口最大盈利能力的限制和政府干预的影响；②对比图4-19和图4-13，由x_1和x_2的变化可知，各港口独立发展时，政府的正向干预能够促使系统突破自身发展的限制，使稳定状态时的盈利能力$x_i>M_i$；③由x_3和x_4的变化可知，政府的负向干预会约束子系统盈利能力的增长，使稳定状态时的盈利能力$x_i<M_i$。

当各子系统之间的竞争合作系数$a_{ij}>0$且政府干预系数$G_i>0$时，为得到政府干预系数对系统盈利能力演化趋势的影响，取$a_{11}=a_{12}=a_{13}=0.1$，$a_{21}=a_{23}=a_{24}=0.5$，$a_{31}=a_{32}=a_{34}=0.3$，$a_{41}=a_{42}=a_{43}=0.2$，且保持不变，取$G_i=0.1$，得到盈利能力x_i的演化趋势如图4-20所示；再取$G_1=0.08$，$G_2=0.15$，$G_3=0.2$，$G_4=0.3$，得到盈利能力x_i的演化趋势如图4-21所示。

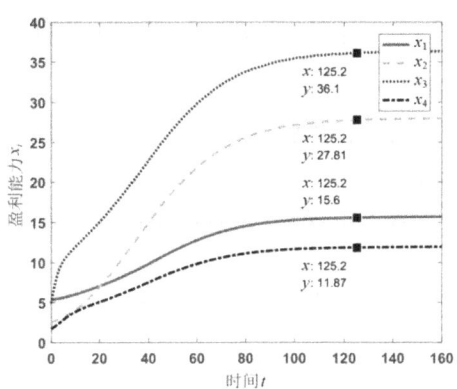

图4-20　$\alpha_{ij}>0$且$G_i=0.1$时，各子系统盈利能力x_i的演化趋势图

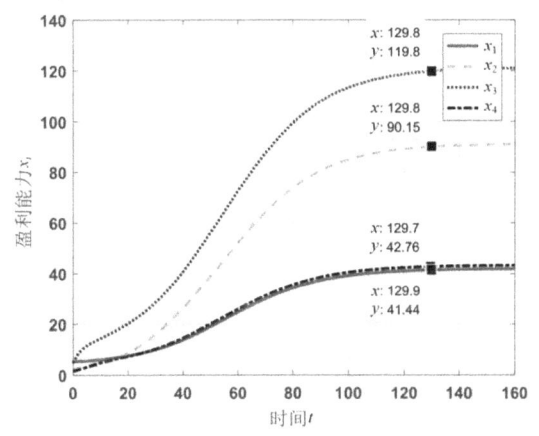

图4-21　$\alpha_{ij}>0$，$G_i>0$且不相等时，各子系统盈利能力x_i的演化趋势图

由图4-20可知，当$\alpha_{ij}>0$且$G_i=0.1$时，①各子系统的盈利能力在政府的正向干预下大幅提升，且演化至新的稳定状态时，各子系统的盈利能力都远超过最大盈利能力；②对比图4-20和图4-15可知，当竞争合作系数不变时，政府的正向干预能够放大各子系统间的正向的相互作用，提高各子系统的盈利能力，且政府的正向干预系数越大，放大作用越明显。

对比图4-20和图4-21可知，当α_{ij}保持不变且$G_i>0$时：①政府干预系数越大，即政府干预对港口群系统的演化起到明显的促进作用时，演化至稳定状态的盈利能力越大；②由天津港和黄骅港的变化可知，在政府的正向干预下，由于黄骅港的干预程度高于天津港，演化至稳定状态，黄骅港的盈利能力超过了天津港。

当各子系统之间的竞争合作系数$α_{ij}$＜0且政府干预系数G_i＜0时，为得到政府负向干预时G_i的变化对演化趋势的影响，分别取$α_{11}=α_{12}=α_{13}=-0.15$，$α_{21}=α_{23}=α_{24}=-0.1$，$α_{31}=α_{32}=α_{34}=-0.3$，$α_{41}=α_{42}=α_{43}=-0.05$，且保持不变，首先取$G_i=-0.1$，得到盈利能力$x_i$的演化趋势如图4-22所示；再分别取$G_1=-0.1$，$G_2=-0.15$，$G_3=-0.2$，$G_4=-0.3$，得到盈利能力$x_i$的演化趋势如图4-23所示；以唐山港为例，逐渐增大政府干预系数的绝对值，即增大政府的负向干预，观察其演化趋势的变化，当唐山港的政府干预系数$G_3=-0.9$时，得到盈利能力x_3的演化趋势如图4-24所示。

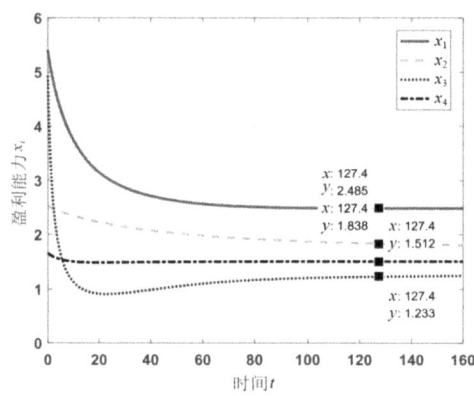

图4-22　$α_{ij}$＜0且$G_i=-0.1$时，各子系统盈利能力x_i的演化趋势图

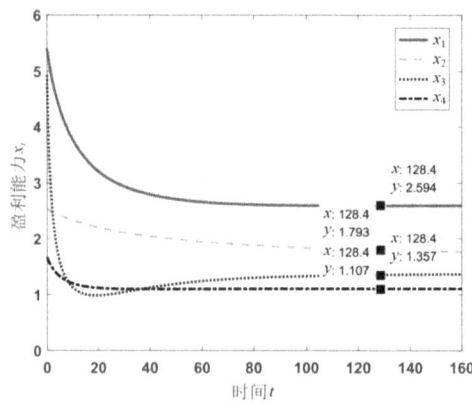

图4-23　$α_{ij}$＜0，G_i＜0且不相等时，各子系统盈利能力x_i的演化趋势图

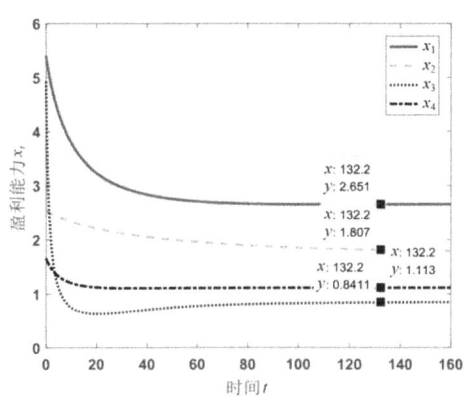

图4-24　$\alpha_{ij}<0$，$G_3=-0.9$时，各子系统盈利能力x_i的演化趋势图

由图4-22可知，当$\alpha_{ij}<0$且$G_i=-0.1$时：①各子系统的盈利能力都大幅降低，且演化至新的稳定状态时，各子系统的盈利能力都低于最大盈利能力；②对比图4-15和图4-22可知，当竞争合作系数$\alpha_{ij}<0$且不变时，政府的负向干预会放大各子系统间的相互阻碍作用，降低各子系统的盈利能力，且政府的负向干预越大，对子系统间的相互作用的放大作用越明显。

对比图4-22和图4-23可知，当α_{ij}保持不变且$G_i<0$时：①政府干预系数的绝对值越大，即政府干预对港口群系统的演化起抑制或阻碍作用越大时，演化至稳定状态的盈利能力越小；②在天津港的政府干预系数不变的前提下，由于$\alpha_{ij}<0$，各港口处于竞争状态，另外3个港口的盈利能力在政府的负向干预增强的情况下盈利能力降低，在竞争中天津港在政府的干预下胜出，盈利能力提高。

对比图4-23和图4-24可知，保持其他港口的政府干预系数不变，逐渐增大唐山港的政府干预系数的绝对值，即增大政府对唐山港的负向干预，盈利能力降低，当唐山港的政府干预系数G_3超过某一阈值时，在稳定状态时被黄骅港超越。

第5章　津冀港口与腹地协同发展研究

京津冀地区是津冀港口群的腹地，津冀4个港口的腹地在京津冀地区交叉重叠，京津冀协同发展提出后，津冀港口群与城市群的互动越来越密切，两者的协同发展是实现区域经济增长的客观要求。港口作为区域经济的增长极，带动腹地经济发展的作用逐渐加强，能够为腹地城市带来资源、产品和技术，而腹地城市能够为港口的建设提供支撑，但港口的建设需要符合腹地城市的发展需求，否则就会造成重复建设、资源浪费。无论是港口的发展制约腹地城市的发展还是腹地城市的发展制约港口的发展，都会影响其自身的发展，进而影响京津冀的协同发展。

本章在对津冀各港口与京津冀地区各城市的发展现状分析的基础上，首先对引力模型进行了改进，现有的引力模型在研究两地的引力时只考虑了GDP指标，太过单一化。考虑到港口与腹地城市的综合性和复杂性等特征，通过加入港口实力值和腹地城市实力值对现有的引力模型进行改进。利用改进的引力模型测算各港口对京津冀地区各城市的引力值，对各港口在京津冀地区主要服务的城市进行确定。最后结合港口与腹地城市的发展特征构建"港-腹"协同发展指标体系，基于2008—2017年各港口与腹地城市的指标数据，运用协同发展评价模型对津冀各港口与其各腹地城市的协同发展进行研究。

5.1 港口腹地及划分

腹地概念最初由George Chisholm在《商业地理手册》中引入，用"Hinterland"一词表示港口物资集散地。现代学者普遍认为腹地是可以为港口提供长期稳定资源，并且经过该港口运输比较经济合理的城市或城区的服务范围，港口与腹地之间交通的便利性、港口区位优势、物流成本等因素都会影响港口腹地范围的大小。

依照港口与腹地间的经济联系可将腹地类型划分为陆向腹地和海向腹地：陆向腹地指以陆上运输的方式连接港口并产生运输需求或消耗该港口进口产品的城市；需要通过海运连接港口的国家或地区为海向腹地。依港口和腹地联系的紧密程度可分为直接腹地和间接腹地：直接腹地通常指港口所在的城市，其经水运的所有货物均由该港口运输并最为经济、高效，并且为港口提供物流、人流和信息流等的区域范围；间接腹地是指与港口有一定距离的区域范围，或者区域内大多数的货物由该港口运输，而且港口在该区域有运输辐射且相对稳定。由于间接腹地可为两个以上港口共有，所以易引发港口与港口之间对腹地资源的争夺。

5.1.1 传统腹地划分方法

常见的港口划分的方法有行政区域划分法、圈层结构法和点轴结构划分法等。

（1）行政区域划分法

行政区域划分法是以港口行政管辖归属地为依据，把港口所在的行政区域划分为港口的直接腹地，把交通可达性的区域划分为间接腹地。行政区域划分法的优点是实行起来简单，但这种划分方法过于模糊，并没有充分考虑港口与腹地城市的综合因素。

（2）圈层结构法

圈层结构法是根据主要相邻的城市的距离对原有的腹地进行细分，划分为内圈层、中圈层和外圈层。其中内圈层为港口主要的相邻城市；中圈层为与港口业务往来较多而且经济比较发达的城市；外圈层指的是与港口业务往来较少的间接腹地。圈层结构法划分港口腹地是一种定性的划分方法。

（3）点轴结构法

点轴结构法将运输通道的通达性、完善的道路交通设施与港口腹地之间的密切关系考虑在内。在地图上把港口以及主要的中心城市作为孤立的点，点轴结构法是以地图上港口与腹地之间的交通主干道为轴，轴线两边不断向外扩散着众多的间接经济腹地。点轴结构划分法适合道路交通复杂的港口区域。

5.1.2 基于引力模型的腹地划分

港口具有一定的集聚和扩散作用，通过交通网络输入输出要素对腹地区域产生影响。港口在其腹地范围内为腹地城市提供服务，为腹地城市运输货物，吸引物流和资金流，为腹地城市增加贸易量，从而推动腹地城市的经济发展，带动临港产业的发展并提供更多的就业机会，这种对腹地经济的推动作用称为港口的影响力。本节通过引力模型来确定各港口的服务范围。引力模型的思想和概念源于万有引力定律，即两物体相互吸引力与两物体之间的质量大小呈正比，与两物体之间的距离呈反比。

本节在经典的引力模型基础上将引力模型进行改进，运用改进的引力模型来测算津冀各港口对京津冀地区各城市的引力值，并依照各港口在腹地城市的引力值相对大小来确定各港口在京津冀地区主要服务的城市。只有确认了各港口腹地的范围，才能进一步对港口与其腹地的协同发展进行研究。

5.1.3 港口与腹地协同发展关系

港口与腹地彼此之间相互影响、相互促进，动态地体现了港口与腹地之间的经济关系。港口通过吸引物资、人才、资金、信息、技术等聚集了大量的港口关联产业形成规模经济，同时发挥区域内各产业的自身优势，加强各产业优势互补、相互合作，更加有效地配置资源，吸引更多的企业进入集群区，发挥关联效应和资源整合效应，从而不断提高区域经济运行效率和产业的整体竞争力，进一步推动经济发展。随着腹地经济的发展，腹地城市对港口物流的需求变得多样化，所以对港口的服务提出了更高的服务要求，港口在不断完善自身基础设施和物流系统来满足腹地城市需求的同时也促进了港口的发展，提高了港口的竞争力，所以，港口与腹地经济之间的关系是相互促进、相互协调的。

港口与腹地协同发展并非要求各子系统达到均衡、无差别，而是指经济系统内部各组成部分在组织、运作协调机制的作用下，从整体的角度进行统筹规划，形成较为统一的区域市场，依据各组分的优势特点合理分工，为一致的合作发展目标进行高度协同整合，生产要素、产品在系统内自由流动与组合的一体化协调发展模式。"港-腹"系统内各组成部分的地位是平等的，相互依赖、互惠互利并对外开放,各具特色的组分形成协调统一的整体以实现利益的最大化,既提升了系统自身实力也增强了与系统外部的对接能力,可以有效应对激烈的外部竞争。港口与其直接腹地的关系最为紧密,直接腹地为港口基础设施建设及产业发展等提供直接支持,包括提供资金,为港口培育、输送相应专业人才等;港口作为对外贸易的交通枢纽大量吸引腹地货物,为腹地创造就业机会,推动资金、人力等资源在腹地流转并带动金融业、物流业、航运及临港工业等产业发展,促使腹地成为区域内增长极。腹地经济繁荣发展又进一步扩大了对港口运输的需求,使得港口的竞争力也能得到相应的提升,任何一方的不同步发展都将影响系统的一体化。同时,港口拓展间接腹地以得到更多的货源,两者的作用关系与港口、直接腹地间类似。

5.2 津冀各港口"港-腹"范围界定

5.2.1 京津冀地区发展概况

本研究的范围是津冀4个港口和京津冀地区13个城市,港口与腹地城市互相促进发展才能实现协同发展,港口不仅对港口城市具有影响作用,对其主要服务的城市也具有带动作用,而港口的发展也需要腹地城市的支撑。本节针对津冀各港口与京津冀地区13个城市的发展现状作具体分析,在此基础上对经典的引力模型进行改进,对津冀各港口在京津冀地区的"港-腹"范围进行界定。

京津冀地区范围包括北京市、天津市以及河北省的保定、廊坊、唐山、石家庄、沧州、秦皇岛、承德、张家口、衡水、邢台、邯郸等11个设区市。北京、天津、河北各市作为津冀港口群的经济腹地,其发展与港口群的发展相辅相成。以2008—2017年10年数据为例进行分析。

5.2.1.1 京津地区经济发展现状

(1)北京市与天津市的GDP

北京市作为我国与世界各国、各个地区的经济、贸易、科技、教育、文化等领域的交流中心,对华北地区的经济发展有着重要的决定意义。由图5-1

可知，北京市GDP在2008—2017年呈持续增长趋势，受经济危机影响，2009年北京市GDP增长缓慢，同比增长10.1%，增速仅比2008年提高1个百分点。虽然2009年北京市GDP增长缓慢，但GDP总量仍达到了12153亿元。经济危机过后我国经济得到了快速的发展，北京市的GDP在2017年达到了28015亿元，北京市的经济得到了快速的发展，因此能够为各港口提供丰富的货源以拉动吞吐量的增长。

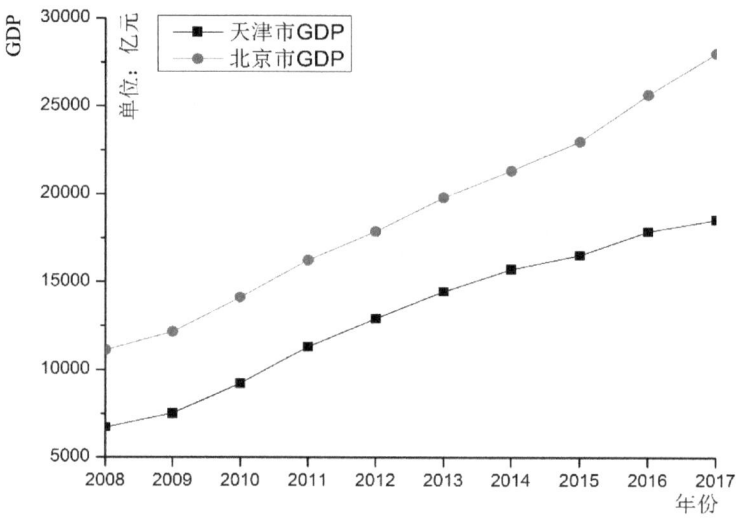

图5-1 北京市与天津市GDP

天津市是我国的直辖市之一，它是连接华北、东北、西北地区的交通枢纽，如图5-1所示，天津市GDP在2008—2017年呈持续增长状态，2016年天津市GDP为17885.39亿元，同比增长9.0%，其中第一产业产值为220.22亿元，同比增长3.0%；第二产业产值为8003.87亿元，同比增长8.0%；第三产业产值为9961.30亿元，同比增长10.0%。2017年，天津市GDP为18549亿元，同比增长3.6%，增长速度小于2016年，其中第一产业增加值为218.28亿元，同比增长2.0%；第二产业增加值为7590.36亿元，同比增长1.0%；第三产业增加值为10786.74亿元，同比增长6.0%，三次产业结构比重为1.2%、44.8%、58.0%。虽然天津市GDP在2017年增长缓慢，但总量仍然可观，还是可以为天津港的发展提供有效支撑。

第5章 津冀港口与腹地协同发展研究

（2）北京市和天津市进出口总额

由图5-2可知，北京市进出口总额在2013年最高，为4299.42亿美元，2009年、2015年、2016年有下降趋势。2009年可能受经济危机影响造成进出口总额下降。2015年北京市进出口总额为3195.5亿美元，比2014年下降23.1%，其中进口总额为2649.2亿美元，比2014年下降25%，出口总额为546.7亿美元，比2014年下降12.3%。从出口总额数据来看，进料加工贸易下降最多，为38.4%，这是由于人民币有效汇率偏高，而东南亚制造业兴起，以更具有优势的价格对北京市加工贸易造成了冲击。北京市2017年进出口总额较2016年有所上升，2017年北京市进出口总额为3237.2亿美元，跟2013年相比还有所差距，但2017年出现上升趋势，北京市外贸发展的内生动力趋于强劲。

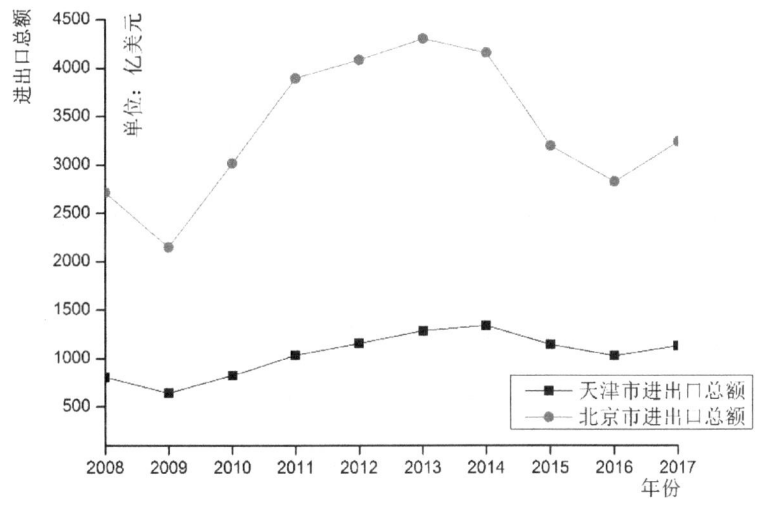

图5-2 北京市与天津市进出口总额

由图5-2可知，2009年天津市进出口总额为639.44亿美元，同比下降20.6%，天津市进出口总额受经济危机影响在2009年有小幅下滑。天津市的进出口总额在2010—2014年呈上升趋势，2015—2016年呈小幅下降趋势。在2014年，天津市进出口总额达到最高峰1339.2亿美元，其中进口总额813.16亿美元，出口总额525.97亿美元。2017年天津市外贸进出口回稳向好，2017年天津市进出口总额为1129.45亿美元，同比增长10.0%，其中进口总额为693.81亿美元，同比增长18.8%，出口总额为435.65亿美元，同比下降1.6%。

继2015—2016年天津市进出口总额呈下降趋势后，2017年天津市进出口总额首次出现上升趋势，天津市外贸进出口出现向好趋势。

5.2.1.2 河北省各市经济发展现状

（1）河北省各市GDP

各个城市GDP是重要的经济指标，反映城市的经济状况和规模，2008—2017年河北省各市GDP如图5-3所示。

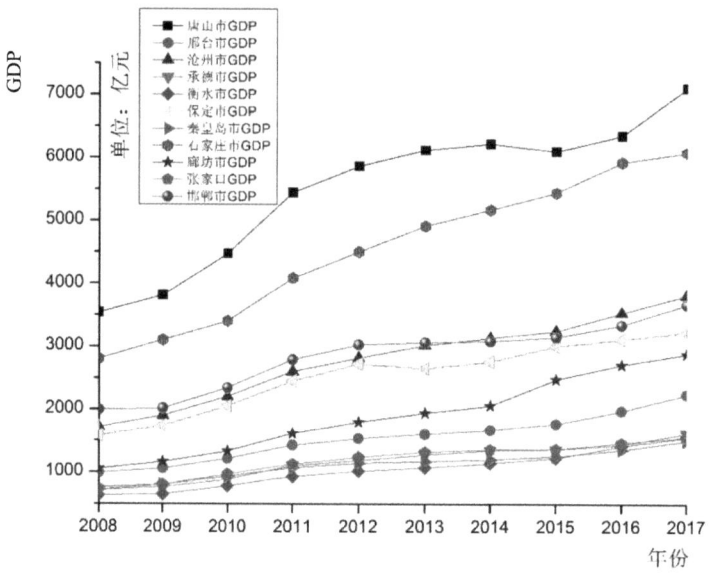

图5-3　2008—2017年河北省各市GDP

由图5-3可知，河北省11市的GDP在2008—2017年呈持续增长状态，这也与我国整体经济发展水平相适应。作为港口城市的唐山市、沧州市和秦皇岛市的GDP存在较大差距，其中唐山市的GDP在2008—2017年一直居于首位。唐山市是我国北方重要的重工业城市，地理位置也十分优越，与北京、天津相邻，地处京津冀工业基地的核心区域，也是环渤海湾经济带的中心区域。2008年唐山市GDP为3537.47亿元，在2015年出现小幅度下滑后，2017年唐山市的GDP达到了7106.1亿元，比2016年增长6.5%，其中，第一产业产值为600亿元，第二产业产值为4081亿元，第三产业产值为2423亿元。唐山市钢铁、能源、化工等产业仍占据非常重要的地位，对港口的需求较大。

沧州市GDP在2008—2017年呈持续上升状态，说明沧州市经济一直持续稳定增长，沧州市GDP在2015—2017年增长速度较快。2008年沧州市GDP为1716.16亿元，第一产业产值为201.41亿元，第二产业产值为866.94亿元，第三产业产值为647.81亿元，三次产业结构比重为12%、51%、37%。2017年沧州市GDP为3816亿元，第一产业产值为307.7亿元，第二产业产值为1904.5亿元，第三产业产值为1604.7亿元，三次产业结构比重为8.1%、49.9%、42.0%。2008—2017年沧州市第一产业占比不断下降、第三产业逐渐上升，产业结构调整不断完善。

秦皇岛市GDP、邢台市GDP、衡水市GDP、张家口市GDP和承德市GDP在图5-3中处于下方，在2008—2017年呈上升趋势，4个城市的GDP在2008—2017年差距不大，说明4个城市的经济发展状况相似。2008—2015年，衡水市GDP在河北省一直居于末位，但在2016年衡水市GDP超过了秦皇岛市，秦皇岛市GDP处于末位。秦皇岛市的三次产业结构虽然在省内是相对合理的，但近年经济增长乏力。

石家庄市是河北省的省会城市，是河北省的政治、经济、金融、科技、文化信息中心，也是全国重要的商品集散地、北方重要的大商埠和全国性商贸会展中心城市之一。2008—2015年，石家庄的GDP低于唐山市，2015年开始，石家庄市的GDP与唐山市的GDP差距逐步缩小，2017年石家庄GDP为6460亿元，比2016年增长7.3%，其中第一产业产值为480.5亿元，占生产总值的7.4%，第二产业值产值2913.9亿元，占生产总值的45.1%，第三产业产值为3066.4亿元，占生产总值的47.5%。从图5-3可看出2008—2017年石家庄GDP增长较快，说明在2008—2017年石家庄经济增长速度也较快。

邯郸市GDP总体上呈增长趋势，2013—2015年邯郸市GDP增长速度缓慢，在2008年邯郸市GDP为1990.4亿元，其中第一产业产值为230.3亿元，第二产业产值为1096.9亿元，第三产业产值为663.2亿元，三次产业结构比重为11.6%、55.1%、33.3%。2017年邯郸市GDP为3666.3亿元，第一产业产值为405.4亿元，第二产业产值为1783.7亿元，第三产业产值为1477.2亿元，三次产业结构比重为11.1%、48.6%、40.3%。2008—2017年邯郸市产业结构发展得到优化。

保定市GDP在2008—2017年总体呈上升趋势，雄安新区的获批给保定市带来巨大的发展潜力。

廊坊市的GDP在2008—2017年呈上升趋势，由于廊坊市有地理位置的优势，又以装备制造业和高新技术产业为支柱发展格局，近几年经济增速居全省首位。在2015年增长速度较快，2015年廊坊市GDP为2473.9亿元，比2014年增长8.8%，三次产业结构比重为8.3%、44.6%、47.1%。2017年廊坊市GDP为2880.6亿元，同比增长6.8%，增长速度减慢。其中，第一产业产值为186.5亿元，第二产业产值为1262.4亿元，第三产业增加值为1431.8亿元，三次产业结构比重为6.5%、43.8%、49.7%。廊坊市第一产业和第二产业占比不断下降，第三产业占比不断升高。廊坊市作为环京津核心区域之一，经济增速和人均地区生产总值仍均处于全省前列，区域发展前景可期。

（2）河北省各市进出口总额

河北省各市在2008—2017年的进出口总额如图5-4所示，石家庄和唐山的进出口总额要高于河北省其他城市。石家庄作为河北省的省会城市，在2010—2013年、2016—2017年进出口总额居全省首位。2017年石家庄市进出口总额797.3亿元，同比增长11.7%。石家庄市通过重构产业进出口形式，推动医药、纺织、钢材等优势产业产品利用跨境电商B2B、B2C模式开辟出口新途径，为对外贸易转型升级注入了新的活力。

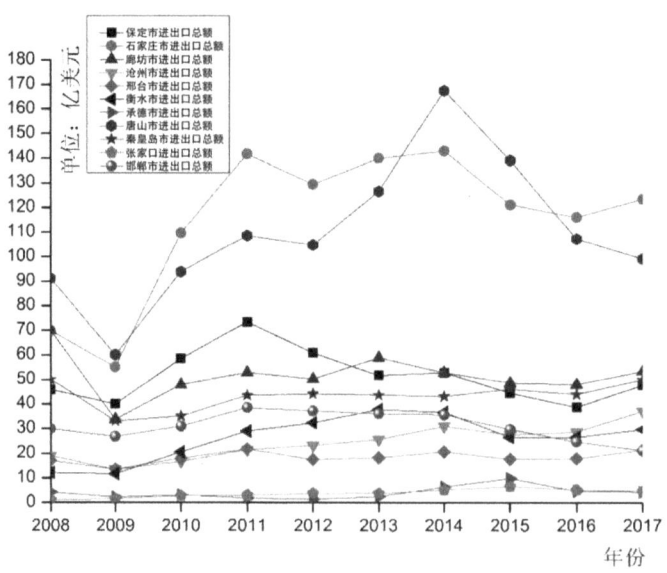

图5-4　河北省各市进出口总额

唐山市进出口总额在2008—2009年、2014—2015年高于石家庄市,唐山市进出口总额在2014年达到峰值,为167.62亿美元,同比增长32.3%,其中出口额为87.75亿美元,同比增长56.4%,进口额为79.87亿美元,同比增长13.1%,在出口额中钢材产品出口额为64.03亿美元。2016年和2017年唐山市进出口总额下降,2017年唐山市进出口总额为99亿美元,其中进口额为44.4亿美元,同比增长25.8%,出口额为54.6亿美元,同比下降20.4%,在出口额中钢材产品出口26.5亿美元,同比下降44.6%,钢材出口低迷对唐山市对外贸易影响较大。

张家口市和承德市进出口总额在河北省内居于末位,且在2008—2017年增长幅度不明显。保定市、廊坊市和秦皇岛市进出口总额相比其他城市较高,其中保定市进出口总额在2011年达到峰值,廊坊市进出口总额在2013—2017年高于保定市,居全省第三,秦皇岛市进出口总额在2008—2017年呈持续上升趋势。

5.2.2 "港-腹"范围界定模型构建

5.2.2.1 港口实力与腹地城市实力评价指标体系构建

港口实力值通过选取投入指标与产出指标来表示,选取总量指标、结构指标、投资指标和贸易指标表示城市的实力值。其中港口实力评价指标体系中港口吞吐量、港口的生产性泊位数和泊位长度反映了港口的规模,港口的吞吐量越大说明其市场占有率越大,集装箱为现代化便捷的运输方式,反映了港口的竞争力和发展水平。在腹地城市指标体系中,选取各城市的GDP代表总量指标来反映城市的生产水平,选取产业产值来反映城市的经济结构,选取投资指标来表示腹地城市的发展潜力,选取实际利用外资和进出口总额来表示腹地城市的对外贸易水平。在参考相关文献的基础上,根据指标建立的科学性、代表性、独立性、全面性、可获得性原则,构建港口与城市实力评价指标体系。

5.2.2.2 引力模型改进

确定港口的腹地范围是研究港口与腹地协同发展的前提,津冀港口群腹地研究区域为京津冀地区的13个城市,但港口主要服务的城市还未可知。港口对腹地经济的带动作用称为港口对腹地城市的引力,港口服务于一定的腹地范围,通过自身的引力对腹地城市产生影响作用,吸引腹地城市的货物并为其提供物流服务,由此带动腹地的贸易量增加,进而推动腹地经济增长,临港产业的发展也为腹地城市提供了相应的就业机会。本节通过确定港口服务的城市能够更清晰地研究港口与各腹地城市的协同发展变化，津冀港口坐落于京津冀地区内，天津港、唐山港、黄骅港和秦皇岛港与腹地各城市协同发展，对京津冀的协同发展至关重要。

本节运用引力模型来确定港口主要服务的城市，将津冀各港口在京津冀地区主要服务的城市界定为各港口在京津冀地区的"港-腹"范围。引力模型的思想和概念源于万有引力定律，即两物体相互吸引力与两物体之间的质量大小呈正比，与两物体之间的距离呈反比。引力模型最早由英国统计学家雷文茨坦用于区域空间研究中，后来国内许多学者在研究城市之间引力时也使用了引力模型。引力模型的一般形式如下：

$$F_{ij} = K \frac{P_i P_j}{D_{ij}^r} \qquad (5-1)$$

其中，F_{ij}为物体i对物体j吸引力的大小即引力值，K为万有引力常量一般取值为1，P_i与P_j分别表示物体i与物体j的质量，D_{ij}表示两物体之间的距离，r为摩擦力系数，一般取值为2。

引力模型在以往研究两城市之间的吸引力时，只考虑了两地的GDP，常采用两城市的规模来表示质量，采用GDP来表示两城市的规模即P_i与P_j，两城市之间的距离用D_{ij}表示，进而对两城市之间的吸引力进行测算。城市规模的特征具有复杂性和综合性，只用城市GDP来表示城市的规模太过单一化。城市之间的地理距离并未考虑城市的发展程度给城市之间距离带来的动态性变化。

港口实力是评估港口对城市引力的重要依据，不同港口的实力不同，港口对腹地城市的引力不仅与自身实力相关，与腹地城市的实力和腹地城市与港口之间的距离也有较大关联性，本节引入最短时间距离、港口实力值和城市实力值对已有的引力模型进行改进，港口实力值和城市实力值比较全面地考虑了港口和城市的综合性和复杂性等特点。其中，港口实力值考虑了港口的基础设施建设、港口吞吐量和固定资产投资，从港口的业务能力和发展潜力等方面考虑港口的实力。城市实力值从城市的总量指标、产业结构和贸易等方面体现城市的实力。最短时间距离考虑了各个腹地城市的发展在两地距离上带来的动态性变化。本节在研究港口对腹地城市的引力时基于模型5-1提出以下改进模型，如公式（5-2）(5-3)所示：

$$F'_{ij} = K \frac{LP_i LP_j}{D_{ij}^r} \quad (5\text{-}2)$$

$$LP_i = 100 \times \sum_{m=1}^{n} U_m X_m \quad (5\text{-}3)$$

其中 F'_{ij} 表示港口 i 对城市 j 的引力值大小；LP_i 表示港口 i 的实力值由公式（5-3）确定；其中 U_m 为第 m 项指标权重，采用结构熵权法确定；X_m 为第 m 个指标的离差标准化值；LP_j 表示腹地城市实力值由spss19.0因子分析确定；由 D_{ij} 表示港口 i 到城市 j 的最短时间距离；其中 r 为摩擦力系数，取标准值2.0。通过构建港口实力与腹地城市实力指标评价体系来确定港口实力与腹地城市实力，指标体系如表5-1所示。

表5-1 港口实力与腹地城市实力评价指标体系

评价对象		评价指标	评价对象		评价指标
港口	产出指标	货物吞吐量 x_{11}	腹地城市	总量指标	地区GDP x_{21}
		集装箱吞吐量 x_{12}		结构指标	第一产业产值 x_{22}
					第二产业值 x_{23}
					第三产业值 x_{24}
	投入指标	生产性泊位数 x_{13}		投资指标	社会固定资产投资 x_{25}
		泊位长度 x_{14}			社会消费品零售总额 x_{26}
					实际利用外资 x_{27}
		固定资产投资 x_{15}		贸易指标	进出口总额 x_{28}

注：数据来源于2008—2017《中国港口年鉴》《北京统计年鉴》《天津统计年鉴》及《河北省各市的国民经济和社会发展统计公报》

5.2.3 "港-腹"范围界定模型测算

本节运用改进的引力模型来测算津冀地区4个港口在京津冀地区13个城市的引力值，以此来确定各港口在京津冀地区主要服务的城市，并建立"港-腹"系统。将各港口的较大引力值出现的城市界定为津冀各港口在京津冀地区的"港-腹"范围。津冀各港口对京津冀地区13个城市引力值的测算流程如图5-5所示。

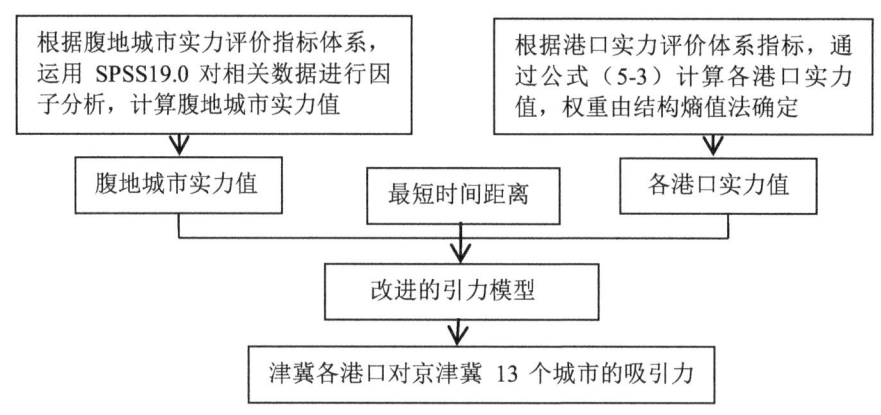

图 5-5 引力值测算流程图

5.2.3.1 引力值测算

通过公式（5-3）测算津冀4个港口分别对京津冀地区13个城市的引力值，界定各港口在京津冀地区的"港-腹"范围。

（1）港口实力值测算

根据2007—2017年《中国港口年鉴》相关数据，采用公式（5-3）确定港口实力值，采用结构熵权法确定港口实力值指标的权重。经过计算，港口实力评价体系中各指标权重如表5-2所示。

表5-2 港口实力评价体系各指标权重

港口实力值指标	权重
货物吞吐量	0.276
集装箱吞吐量	0.248
生产性泊位数	0.193
泊位长度	0.161
固定资产投资	0.122

将权重及港口各指标的离差标准化值代入公式（5-3）即可得各港口实力值，结果见表5-3所示。

表5-3 各港口实力值

	天津港	唐山港	黄骅港	秦皇岛港
实力值	58	50	42	43

（2）腹地城市实力值测算

根据2008—2017年各城市经济与社会统计公报，采用SPSS19.0因子分析确定腹地城市的实力值，以公因子对应方差贡献率作为权重计算城市经济实力得分，并对数据进行Logistic非负标准化处理确定，具体计算如下：

$$F = (V_{i1}F_1 + V_{i2}F_2 + \cdots + V_{im}F_m)/C_r \tag{5-4}$$

式中：

F：分析对象综合得分；

F_m：公因子得分；

V_{im}：公因子方差贡献率；

C_r：累积方差贡献率。

在进行SPSS19.0因子分析前，首先要进行Bartlett和KMO检验，确定指标数据是否适合做因子分析。结果见图5-6所示。

取样足够度的Kaiser-Meyer-Olkin度量		0.617
Bartlett的球形度检验	近似卡方	197.816
	df	28
	Sig.	0.000

图5-6　KMO和Bartlett检验

从图5-6可知Bartlett检验的值为0.000，小于0.05，说明拒绝各变量独立的假设。KMO表示取样适当性量数，KMO的取值范围在0~1之间。数据是否适合用因子分析就要看KMO的取值，KMO的值越高说明变量间的共同因子越多，则数据适合做因子分析。由图5-6可知KMO的值为0.614大于0.5，故数据适合做因子分析。

表5-4是公因子方差，表示每个变量被解释的方差量。从表5-4可知提取的值大部分都大于0.9，说明变量信息能被因子很好地提取，因子分析的结果是有效的。

根据图5-7来判断因子的个数，从碎石图可以看出，从第三个因子开始曲线变得平缓，最后接近一条直线。结合表5-5可知，当前两个特征值大于1，对各成分的方差贡献率与累计贡献率进行因子旋转，总的方差贡献率不变，达到80.55%，故提取前两个特征值作为主因子。

表5-4 公因子方差

变量	初始	提取
国内生产总值（亿元）	1.000	0.963
社会消费品零售总额（亿元）	1.000	0.844
全社会固定资产投资（亿元）	1.000	0.894
第一产业产值	1.000	0.752
第二产业产值	1.000	0.819
第三产业产值	1.000	0.960
实际利用外资（亿美元）	1.000	0.307
进出口总额（亿美元）	1.000	0.905

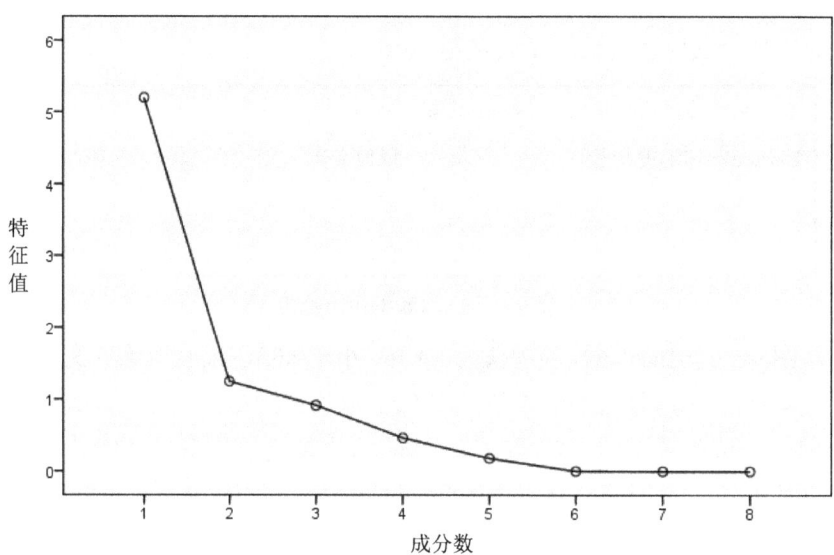

图5-7 因子分析碎石图

第5章 津冀港口与腹地协同发展研究

表5-5 解释的总方差

成分	初始特征值			提取平方和载入			旋转平方和载入		
	合计	方差的%	累积%	合计	方差的%	累积%	合计	方差的%	累积%
1	5.198	64.976	64.976	5.198	64.976	64.976	5.194	64.925	64.925
2	1.246	15.578	80.554	1.246	15.578	80.554	1.250	15.629	80.554
3	0.912	11.405	91.959						
4	0.462	5.778	97.737						
5	0.178	2.231	99.968						
6	0.002	0.024	99.992						
7	0.000	0.006	99.998						
8	0.000	0.002	100.000						

提取方法：主成分分析。

利用公式（5-4）计算城市综合得分作为城市实力值，并使用对数Logistic模式进行非负标准化处理。

$$M_j = 100/(1+e^{-F_x}) \tag{5-5}$$

M_j为处理之后的城市实力数据，F_x为因子分析中城市实力综合得分。经计算，港口城市实力值见表5-6所示。

表5-6 城市实力值

城市	天津	唐山	秦皇岛	沧州	石家庄	廊坊	张家口
实力值	76	59	35	43	61	39	30

城市	邢台	衡水	邯郸	承德	保定	北京
实力值	39	36	46	36	44	87

（3）模型测算结果

将各港口城市实力值、各城市实力值以及各城市到各港口的最短时间距离带入公式（5-2），可得港口i对城市j的引力值。津冀各港口对京津冀地区各城市的引力值用Arcgis作图表示，如图5-8、5-9、5-10、5-11所示。

5.2.3.2 引力模型结果分析

（1）天津港"港-腹"范围界定结果

天津港对京津冀地区的吸引力值如图5-8所示，天津港对天津市的吸引力最大，其次为北京、廊坊、唐山等。天津港对石家庄、衡水、邢台、邯郸等城市的引力值较小。根据津冀各港口对13个城市的引力值可知，天津港对13

个城市的引力值要高于其他3个港。天津港对13个城市的吸引力呈"核心-边缘"分布，将较大引力值出现的城市划为天津港在京津冀地区的腹地，天津港在京津冀地区的较大引力值出现的城市为：天津市、北京市、廊坊市、唐山市、保定市、沧州市和秦皇岛市。

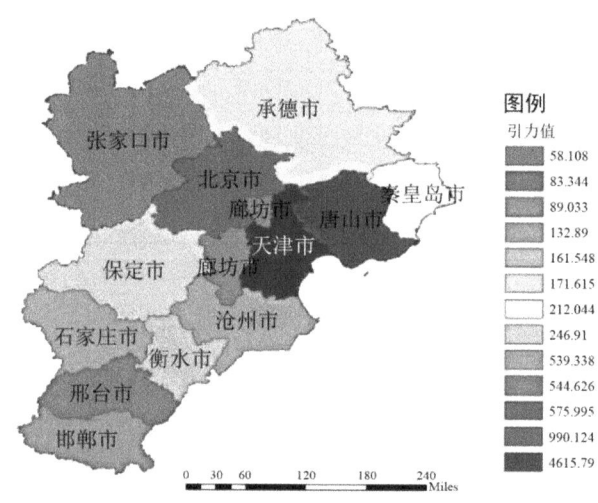

图5-8 天津港在各腹地城市引力值

（2）唐山港"港-腹"范围界定结果

唐山港对京津冀地区13个城市的吸引力值如图5-9所示，唐山港最大吸引力值出现的城市为唐山市。唐山港对唐山市、北京市、天津市、廊坊市、承德市和秦皇岛市的引力值较大。根据唐山港对京津冀地区各城市的引力值可知，唐山港对北京市的引力值要高于地理距离较近的廊坊市，北京市的城市实力值要高于廊坊市，由此可知腹地城市的实力值可以抵消由距离带来的消极影响。

第 5 章 津冀港口与腹地协同发展研究

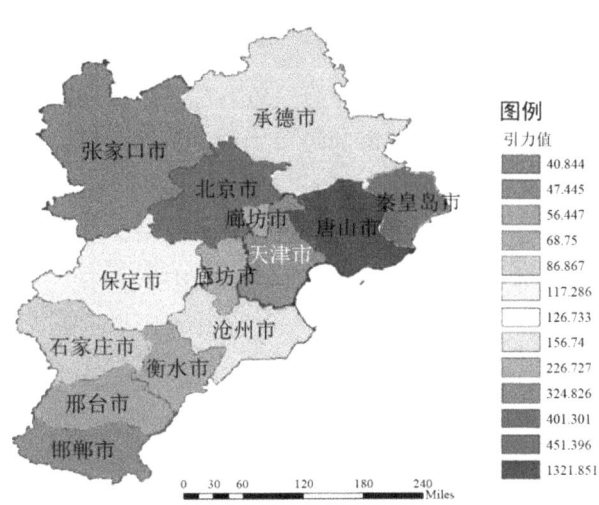

图5-9 唐山港在各腹地城市引力值

（3）黄骅港"港-腹"范围界定结果

图5-10所表示的是黄骅港对京津冀地区13个城市的引力值，黄骅港最大引力值出现在沧州市，黄骅港对北京的引力值与距沧州较近的廊坊市相比较大。黄骅港在沧州市、天津市、保定市的引力值居于前三位，其次是唐山市、北京市和邢台市。所以黄骅港在京津冀地区主要服务的城市为沧州市、邢台市、天津市、北京市、唐山市和保定市。

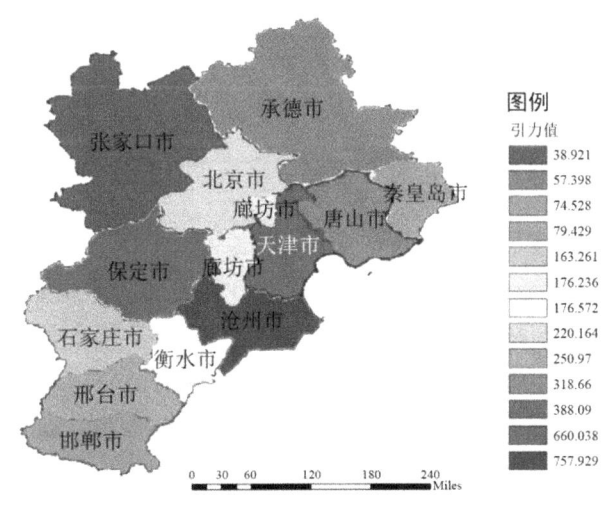

图5-10 黄骅港在各腹地城市引力值

(4) 秦皇岛港"港-腹"范围界定结果

通过运用改进的引力模型测算秦皇岛港在京津冀地区各城市的引力值，秦皇岛港对京津冀地区13个城市的吸引力如图5-11所示，秦皇岛港的最大引力值出现在港口城市秦皇岛市。秦皇岛港对各城市的吸引力呈"核心-边缘"分布，秦皇岛港较大引力值出现的城市为秦皇岛市、北京市、天津市、廊坊市和唐山市，以此本节对秦皇岛港腹地研究范围确定为以上几个城市。

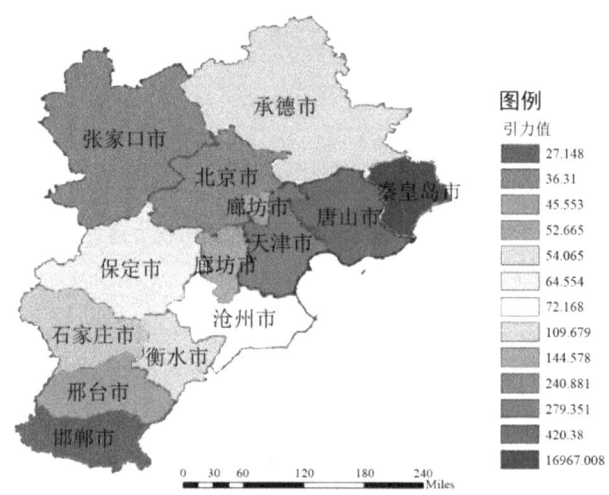

图5-11 秦皇岛港在各腹地城市引力值

5.3 "港-腹"协同发展演变

5.3.1 "港-腹"协同发展评价模型构建

5.3.1.1 构建"港-腹"协同发展评价指标体系

协同理论序参量是指确定系统的宏观行为并表征系统的有序化程度的参数变量，它决定系统的最终结构和有序程度。序参量的选取应该遵循代表性、综合性、可获得性、动态与静态相结合等原则，本节选取可以代表港口发展状况的5个序参量和代表城市发展状况的8个序参量，建立"港-腹"协同发展评价指标体系，如表5-7所示。

第5章 津冀港口与腹地协同发展研究

表5-7 "港-腹"协同发展评价指标体系

评价对象	评价指标	评价对象	评价指标
港口系统	产出指标：货物吞吐量 x_{11}；集装箱吞吐量 x_{12}	腹地系统	总量指标：地区GDP x_{21}
			结构指标：第一产业产值 x_{22}；第二产业值 x_{23}；第三产业值 x_{24}
	投入指标：生产性泊位数 x_{13}；泊位长度 x_{14}；固定资产投资 x_{15}		投资指标：社会固定资产投资 x_{25}；社会消费品零售总额 x_{26}；实际利用外资 x_{27}
			贸易指标：进出口总额 x_{28}

5.3.1.2 建立功效函数

序参量对其相应子系统的贡献度可利用功效函数求出，如计算公式（5-6）所示：

$$X_{rk} = \begin{cases} \dfrac{x_{rk} - \alpha_{rk}}{\beta_{rk} - \partial_{rk}}, & X_{rk} \text{具有正功效} \\ \dfrac{\beta_{rk} - x_{rk}}{\beta_{rk} - \alpha_{rk}}, & X_{rk} \text{具有负功效} \end{cases} \quad (5-6)$$

x_{rk}（$r=1, 2, \cdots, n$子系统个数，$k=1, 2, 3, \cdots, p$序参量数量）表示序参量。公式中X_{rk}表示序参量对子系统的贡献度。X_{rk}的值在0到1之间。X_{rk}的值越接近1说明对子系统的影响作用越大，越接近0说明对子系统的影响越小。α_{rk}表示各指标的上限值，β_{rk}表示各指标的下限值。

5.3.1.3 子系统协调适配度函数

序参量对子系统的总贡献度也表示序参量各指标要素间的互相协调状态，用协调适配度函数来表示，公式如（5-7）所示：

$$X_r = \sum_{k=1}^{p} \mu_{rk} X_{rk} \quad (5-7)$$

其中X_i为序参量对子系统的总贡献度，μ_{rk}为序参量的权重，本节采用熵值法确定。公式如下：

$$S_{ij} = \frac{x_{ij}}{\sum_{i=1}^{n} x_{ij}}$$

$$e_j = -K \sum_{i=1}^{n} S_{ij} \ln S_{ij}$$

$$g_j = 1 - e_j$$

$$\mu_j = \frac{g_j}{\sum_{j=1}^{p} g_j} \tag{5-8}$$

S_{ij}表示第i个样本中第j个序参量的贡献度比重；e_j表示第j序参量的信息熵；g_j表示序参量j的差异系数；μ_j表示序参量的权重。

5.3.1.4 "港-腹"协同发展评价模型

本节的研究对象是津冀港口与其腹地城市的协同性（见表5-8），港口与腹地两个子系统的协同度的定量测定应在时间序列的基础上观察它们间的协同程度的动态变化。本节的协同度模型如公式（5-9）所示：

$$D_t = \sqrt{CF}$$
$$C = 2\sqrt{(X_1^t \times X_2^t)/(X_1^t + X_2^t)^2}$$
$$F = (X_1^t + X_2^t)/2 \tag{5-9}$$

其中，D_t表示在时刻t港口子系统与腹地子系统的协同度。D_t的取值在0到1之间，D_t的值越接近1，说明港口子系统与腹地子系统之间或系统各要素之间的协同性越好，越接近于0说明港口子系统与腹地子系统之间的协同度越低。X为在时刻t的各子系统协调适配度动态变化，C表示港口子系统与腹地子系统发展的协调度，F表示在t时刻港口与腹地复合系统的综合水平。

表5-8 港口与腹地协同划分标准

D_t	(0,0.5]	(0.5,0.8]	(0.8,0.9]	(0.9,1]
协同度等级	低度协同	中度协同	高度协同	极度协同

5.3.2 "港-腹"协同发展演变分析

5.3.2.1 "港-腹"协同发展评价模型测算

基于2008—2017年各《城市社会和经济统计公报》和《中国港口年鉴》

第5章 津冀港口与腹地协同发展研究

相关数据,通过熵值赋权法计算各序参量权重,即序参量有序度,通过公式(5-1)计算各子系统协调适配度,再运用"港-腹"协同发展评价模型计算各港口与其腹地在2008—2017年的协同度。

港口与腹地城市序参量有序度如表5-9和表5-10所示。

表5-9 各港口序参量有序度

序参量	有序度			
	天津港	唐山港	黄骅港	秦皇岛港
货物吞吐量	0.1915	0.1165	0.1957	0.0434
集装箱吞吐量	0.2403	0.3485	0.3174	0.1390
生产性泊位数	0.1650	0.1834	0.1231	0.3207
泊位长度	0.1326	0.1930	0.1439	0.2855
固定资产投资	0.2705	0.1586	0.2200	0.2114

表5-10 腹地城市序参量有序度

序参量	有序度									
	天津市	唐山市	沧州市	秦皇岛市	石家庄市	保定市	北京市	廊坊市	邢台市	承德市
地区GDP	0.118	0.110	0.119	0.129	0.052	0.108	0.12	0.131	0.129	0.055
社会消费品零售总额	0.120	0.152	0.146	0.151	0.069	0.126	0.101	0.126	0.135	0.079
全社会固定资产投资	0.102	0.116	0.133	0.104	0.050	0.100	0.086	0.177	0.116	0.085
第一产业产值	0.115	0.115	0.098	0.117	0.303	0.094	0.099	0.086	0.111	0.060
第二产业产值	0.108	0.114	0.136	0.124	0.047	0.098	0.097	0.116	0.070	0.093
第三产业产值	0.135	0.115	0.122	0.135	0.071	0.160	0.116	0.160	0.170	0.021
实际利用外资	0.217	0.155	0.170	0.147	0.101	0.150	0.295	0.128	0.198	0.297
进出口总额	0.084	0.123	0.077	0.093	0.304	0.161	0.082	0.072	0.068	0.307

各子系统协调适配度如表5-11和表5-12所示。

表5-11 2008—2017年各港口子系统协调适配度

年份	天津港子系统协调适配度 $X_1^{天津港}$	唐山港子系统协调适配度 $X_1^{唐山港}$	黄骅港子系统协调适配度 $X_1^{黄骅港}$	秦皇岛港子系统协调适配度 $X_1^{秦皇岛港}$
2008	0.1622	0.0145	0.0076	0.1580
2009	0.2595	0.0466	0.1233	0.0835
2010	0.4766	0.1008	0.1149	0.0606
2011	0.5998	0.2857	0.1786	0.1222

(续表)

年份	天津港子系统协调适配度 $X_1^{天津港}$	唐山港子系统协调适配度 $X_1^{唐山港}$	黄骅港子系统协调适配度 $X_1^{黄骅港}$	秦皇岛港子系统协调适配度 $X_1^{秦皇岛港}$
2012	0.6427	0.3814	0.3092	0.1353
2013	0.7577	0.4731	0.5726	0.1182
2014	0.7813	0.5823	0.6578	0.6911
2015	0.6888	0.6798	0.7118	0.7456
2016	0.6902	0.7606	0.7049	0.9042
2017	0.5959	0.8646	0.7708	0.3850

表5-12　2008—2017年腹地子系统协调适配度

年份	天津市子系统协调适配度 $X_2^{天津市}$	唐山市子系统协调适配度 $X_2^{唐山市}$	廊坊市子系统协调适配度 $X_2^{廊坊市}$	沧州市子系统协调适配度 $X_2^{沧州市}$	保定市子系统协调适配度 $X_2^{保定市}$	秦皇岛市子系统协调适配度 $X_2^{秦皇岛市}$	承德市子系统协调适配度 $X_2^{承德市}$	北京市子系统协调适配度 $X_2^{北京市}$	邢台市子系统协调适配度 $X_2^{邢台市}$
2008	0.018	0.009	0.080	0.022	0.097	0.101	0.283	0.029	0.065
2009	0.070	0.098	0.107	0.116	0.094	0.084	0.247	0.069	0.083
2010	0.196	0.307	0.168	0.248	0.320	0.227	0.255	0.183	0.234
2011	0.317	0.487	0.308	0.395	0.496	0.422	0.285	0.319	0.409
2012	0.414	0.599	0.413	0.516	0.595	0.520	0.433	0.426	0.466
2013	0.523	0.707	0.517	0.610	0.561	0.596	0.341	0.518	0.574
2014	0.624	0.809	0.542	0.541	0.612	0.650	0.703	0.570	0.619
2015	0.710	0.832	0.722	0.710	0.581	0.732	0.858	0.605	0.586
2016	0.819	0.755	0.824	0.841	0.685	0.817	0.764	0.642	0.824
2017	0.835	0.758	0.937	0.960	0.855	0.978	0.496	0.862	0.983

各港口与其腹地的协同度如表5-13、表5-14、表5-15、表5-16所示。

表5-13　2008—2017年天津港与其腹地协同度

年份	天津港与天津市协同度	天津港与北京市协同度	天津港与唐山市协同度	天津港与廊坊市协同度	天津港与沧州市协同度	天津港与保定市协同度	天津港与秦皇岛市协同度
2008	0.2338	0.2611	0.1976	0.3376	0.2867	0.3540	0.3576
2009	0.3669	0.3660	0.3990	0.4097	0.4631	0.3955	0.3843

(续表)

年份	天津港与天津市协同度	天津港与北京市协同度	天津港与唐山市协同度	天津港与廊坊市协同度	天津港与沧州市协同度	天津港与保定市协同度	天津港与秦皇岛市协同度
2010	0.5527	0.5433	0.6186	0.5321	0.6088	0.6248	0.5737
2011	0.6604	0.6612	0.7350	0.6558	0.6989	0.7383	0.7094
2012	0.7183	0.7232	0.7877	0.7177	0.7559	0.7865	0.7604
2013	0.7935	0.7914	0.8555	0.7912	0.8202	0.8076	0.8196
2014	0.8355	0.8171	0.8917	0.8066	0.7649	0.8314	0.8443
2015	0.8362	0.8034	0.8701	0.8398	0.8411	0.7953	0.8425
2016	0.8671	0.8158	0.8497	0.8685	0.8755	0.8293	0.8665
2017	0.8399	0.8466	0.8198	0.8645	0.8744	0.8449	0.8736

表5-14 2008—2017年唐山港与其腹地协同度

年份	唐山港与唐山市协同度	唐山港与承德市协同度	唐山港与北京市协同度	唐山港与廊坊市协同度	唐山港与天津市协同度	唐山港与秦皇岛市协同度
2008	0.1080	0.2481	0.1427	0.1845	0.1277	0.1954
2009	0.2597	0.3110	0.2382	0.2667	0.2388	0.2502
2010	0.4195	0.3960	0.3684	0.3608	0.3747	0.3890
2011	0.6106	0.5245	0.5493	0.5448	0.5486	0.5893
2012	0.6913	0.6227	0.6347	0.6300	0.6304	0.6674
2013	0.7605	0.6163	0.7035	0.7033	0.7053	0.7286
2014	0.8285	0.7857	0.7592	0.7495	0.7763	0.7845
2015	0.8673	0.8633	0.8007	0.8370	0.8335	0.8398
2016	0.8706	0.8673	0.8358	0.8898	0.8884	0.8878
2017	0.8998	0.8106	0.9292	0.9488	0.9218	0.9588

表5-15　2008—2017年黄骅港与其腹地协同度

年份	黄骅港与沧州市协同度	黄骅港与邢台市协同度	黄骅港与天津市协同度	黄骅港与北京市协同度	黄骅港与唐山市协同度	黄骅港与保定市协同度
2008	0.1134	0.1492	0.1088	0.1216	0.0920	0.1645
2009	0.3457	0.3178	0.3046	0.3039	0.3313	0.3284
2010	0.4108	0.4049	0.3872	0.3807	0.4334	0.4378
2011	0.5152	0.5198	0.4878	0.4885	0.5429	0.5454
2012	0.6320	0.6162	0.5982	0.6023	0.6560	0.6550
2013	0.7687	0.7570	0.7398	0.7379	0.7977	0.7530
2014	0.7725	0.7988	0.8003	0.7827	0.8542	0.7964
2015	0.8431	0.8036	0.8431	0.8100	0.8773	0.8018
2016	0.8775	0.8729	0.8717	0.8201	0.8542	0.8337
2017	0.9274	0.9329	0.8957	0.9028	0.8743	0.9010

表5-16　2008—2017年秦皇岛港与其腹地协同度

年份	秦皇岛港与秦皇岛市协同度	秦皇岛港与北京市协同度	秦皇岛港与天津市协同度	秦皇岛港与廊坊市协同度	秦皇岛港与唐山市协同度
2008	0.3552	0.2593	0.2322	0.3354	0.1963
2009	0.2894	0.2756	0.2763	0.3085	0.3005
2010	0.3425	0.3244	0.3300	0.3177	0.3694
2011	0.4765	0.4442	0.4436	0.4405	0.4938
2012	0.5150	0.4898	0.4865	0.4861	0.5335
2013	0.5151	0.4974	0.4987	0.4973	0.5377
2014	0.8188	0.7924	0.8103	0.7823	0.8648
2015	0.8594	0.8194	0.8529	0.8566	0.8875
2016	0.9270	0.8727	0.9277	0.9291	0.9090
2017	0.7833	0.7590	0.7530	0.7751	0.7350

5.3.2.2 津冀各港口与其腹地城市协同发展演变分析

（1）天津港与其腹地城市协同发展演变分析

根据表5-13天津港与其腹地城市在2008—2017年的协同度，绘制天津港与其腹地的协同变化趋势图，如图5-12所示。

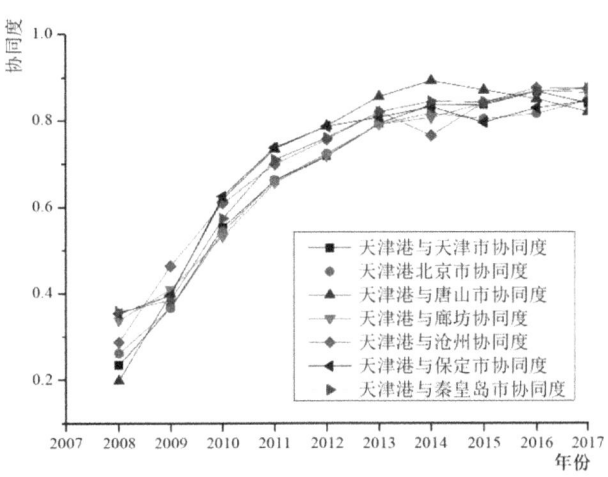

图5-12 天津港与其腹地协同发展变化趋势

图5-12表示的是天津港与天津市、北京市、唐山市、廊坊市、沧州市、保定市和秦皇岛市在2008—2017年协同发展变化趋势。由图可知天津港与天津、北京、廊坊、沧州、唐山、保定和秦皇岛的协同发展状况较为一致。2009—2013年天津港与北京市和廊坊市的协同度曲线一直处于最下方,说明天津港与北京市和廊坊市的协同发展状况与其他腹地城市相比较差。

由表5-8港口与腹地协同等级划分标准可知,天津港在2008—2009年与各腹地城市的协同发展处于低度协同阶段。受2008年经济危机的影响,经济低迷导致各个行业的发展受挫,对港口与腹地城市的发展造成一定影响,在低度协同阶段,港口与腹地的互动较少,腹地经济对物流的需求较少,港口为腹地提供基本的物流服务。

2010—2017年天津港与各腹地城市的协同发展处于中度和高度协同阶段,2010年天津港与天津市、北京市、廊坊市、保定市、沧州市、唐山市和秦皇岛市的协同发展进入中度协同阶段。从表5-11港口子系统协同适配度和表5-12腹地城市子系统协调适配度可知,在中度协同阶段天津港子系统协调适配度占主导作用。2013年天津港与唐山市、保定市、沧州市和秦皇岛市的协同发展进入高度协同阶段,2014年天津港与天津市、北京市和廊坊市协同发展进入高度协同阶段。天津港在港口基础设施建设和港口吞吐能力等方面都占有很大优势,天津市经济危机过后经济高速发展也为天津港口的建设提供了有力支撑,港口与腹地的互动频繁,随着港口输运体系的不断完善,港口的吞吐量也不断增加,港口是对外经济的窗口,所以港口的发展为腹地经济的对外贸易带来了更多的机会。

由表5-13可知天津港子系统协调适配度在2015—2017年呈下降趋势,唐山市的协调适配度在2016—2017年有所下降,天津港与天津市和唐山市的协同度在2016—2017年有所下降,由此可知港口和腹地的子系统内部序参量之间的协调性对两者之间的协同发展具有影响作用。

(2) 唐山港与其腹地城市协同发展演变分析

图5-13表示的是唐山港与唐山市、承德市、北京市、廊坊市、天津市和秦皇岛市的协同发展变化趋势。由图5-13可知唐山港与唐山市、北京市、廊坊市、天津市和秦皇岛市的协同变化趋势相似。2010—2014年、2016—2017年唐山港与承德的协同度曲线处于最下方,说明在2010—2014年、2016—2017年唐山港与承德市的协同发展状况与其他腹地城市相比较差。

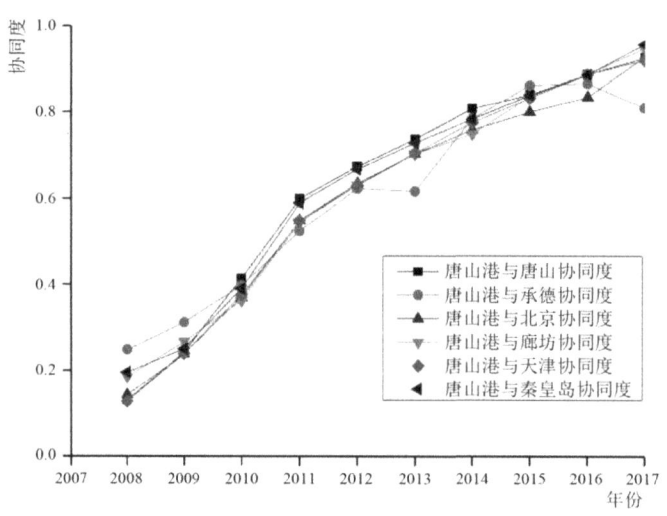

图5-13 唐山港与其腹地协同发展变化趋势

根据港口与腹地协同等级划分标准可知,唐山港与腹地城市的协同经历了4个阶段,由低度协同阶段逐步过渡到极度协同阶段。

(1) 低度协同阶段:2008—2010年唐山港与唐山市、承德市、北京市、廊坊市、天津市和秦皇岛市的协同发展处于低度协同阶段。在这个阶段,港口的基础设施并未完善,腹地经济对物流也并没有较高的需求,唐山港为腹地城市提供基本的物流服务,两者都处于发展初期。

(2)中度协同阶段:2011—2013年唐山港与唐山市的协同发展处于中度协同阶段,2011—2015年唐山港与承德市的协同发展处于中度协同阶段,2011—2014年唐山港与北京市、天津市、廊坊市和秦皇岛市的协同发展处于中度协同阶段。在这个阶段,腹地城市的经济快速发展为港口提供了丰富的货源,随着港口基础设施的不断完善和港口规模的不断扩大,港口为腹地城市提供腹地城市所需的物流需求,港口与腹地城市之间开始从独立的发展过渡到合作发展。

(3)高度协同阶段:2014—2016年唐山港与唐山市的协同发展处于高度协同阶段,2015—2016年唐山港与北京市、天津市、廊坊市和秦皇岛市的协同发展处于高度协同阶段,2016年唐山港与承德市的协同发展处于高度协同阶段。唐山港与唐山市的协同发展最早进入高度协同阶段,唐山市作为唐山港的港口城市有着极大的地理优势,2012年唐山港固定资产投资达到了120.8亿元,前期唐山港的固定资产投资使唐山港的基础设施建设有了进一步的提高,提高了港口的吞吐能力与吞吐效率,唐山市的快速发展也带动了港口的发展。在高度协同阶段,港口的发展与腹地城市的发展相互促进,港口的发展不仅为腹地城市提供基本的物流服务,还能带动临港工业的发展,港口的壮大和服务的多样化为腹地城市的经济带来更多的贸易机会。

(4)极度协同阶段:在2017年唐山港口与各腹地城市的协同发展达到了极度协同阶段。唐山港口与各腹地城市的协同度达到了0.9以上,说明唐山港口与腹地城市能够相互融合发展、相互促进发展。

唐山港腹地城市除唐山外,其他腹地城市和唐山港的子系统协调适配度在2008—2017年呈持续增长趋势,说明唐山港和其腹地城市的内部序参量之间协调状态越来越好,港口与腹地城市之间能够互相促进、融合发展。唐山港与唐山市的协同度在2017年为0.899,接近极度协同阶段,但在2016—2017年唐山港与唐山市的协同度增长缓慢,唐山市的子系统协调适配度在2015年为0.83,2017年为0.75。2016—2017年,唐山市进出口总额下降,钢材制品出口低迷对唐山市对外贸易影响较大,导致唐山市子系统内部协调适配度受到影响,进而影响了港口与腹地城市的协同发展。

（3）黄骅港与其腹地城市协同发展演变分析

图5-14为黄骅港与沧州市、邢台市、天津市、北京市、唐山市和保定市的协同发展变化趋势。由图5-14可知，2008—2017年黄骅港与各腹地城市的协同度呈上升趋势，在同一时期黄骅港与各腹地城市的协同度相差不大。黄骅港虽规模较小但发展潜力巨大，从图5-14中可看出黄骅港与其腹地城市的协同发展与其他三港相比增速明显。2008年黄骅港与其腹地的协同度在0.1左右，2012年黄骅港与其腹地的协同度为0.6，达到了中度协同阶段。2017年除唐山外，黄骅港与其他腹地城市的协同都达到了极度协同，黄骅港与唐山的协同度在2017年为0.87，虽未达到极度协同阶段，但两者的协同发展状况良好。黄骅港从2008年以来基础设施投资逐年增加，至2018年，生产性泊位数从14个增加到39个，生产性泊位长度从2246米增加到9586米，说明腹地经济的发展为港口基础设施的完善提供了有力的支撑，货物吞吐量与集装箱吞吐量也有了巨大的增长。黄骅港的基础设施投资促进了港口业务量的增长，从长期来看，加大港口的固定资产投资能够促进港口与腹地城市的协同发展。

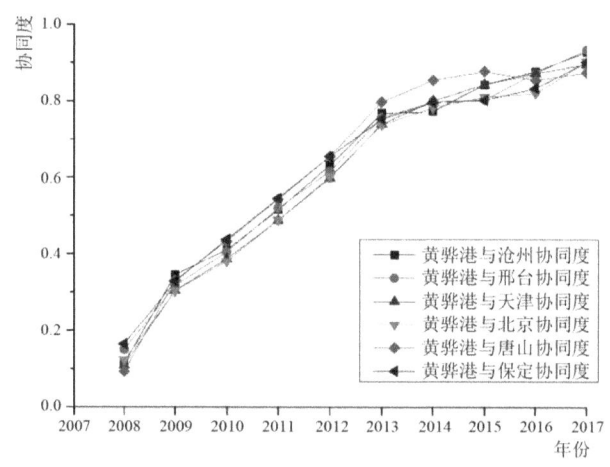

图5-14 黄骅港与其腹地协同发展变化趋势

由表5-11可知黄骅港的协调适配度在2008年为0.0076，在2017年为0.7708，黄骅港内部序参量之间协调发展的状态越来越好。

（4）秦皇岛港与其腹地城市协同发展演变分析

图5-15为秦皇岛港与秦皇岛市、北京市、天津市、廊坊市和唐山市的协

同发展变化趋势。由图5-15可知，秦皇岛港与各腹地城市的协同发展变化趋势大体相似，由低度协同阶段到极度协同阶段。2008—2011年秦皇岛港与秦皇岛市和唐山市的协同发展处于低度协同阶段，2008—2013年秦皇岛港与北京市、廊坊市和天津市处于低度协同阶段。秦皇岛港与各腹地城市的协同度在2013年出现了明显的增长，2013年秦皇岛港与其各腹地城市的协同度在0.5左右，仍处于低度协同阶段。2014年秦皇岛港与其各腹地城市的协同度为0.8左右，处于高度协同阶段。秦皇岛港的子系统协调适配度在2014年开始有了较明显的增长，秦皇岛港内部序参量之间的协同状态越来越好，说明两个子系统和子系统内部序参量之间能够越来越协调地发展。秦皇岛港与秦皇岛市和唐山市的协同发展与其他腹地城市相比较早进入高度协同阶段。2016年秦皇岛港与秦皇岛市、唐山市和天津市的协同发展达到极度协同阶段，与北京市的协同发展处于高度协同阶段。

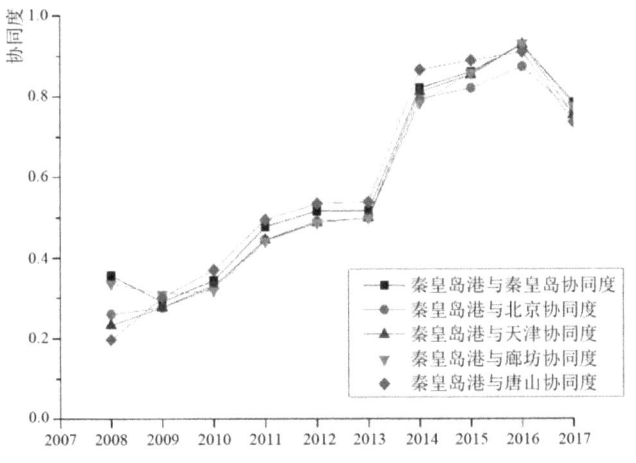

图5-15　秦皇岛港与其腹地协同发展变化趋势

2017年，秦皇岛港与腹地各城市的协同度为0.75左右，处于中度协同阶段。秦皇岛港子系统的协调适配度在2008—2013年较低，在2014—2016年较高，在2017年下降。2017年秦皇岛港口的固定资产投资下降，生产性泊位数和泊位长度减少，故秦皇岛港应加大港口的固定资产投资，完善基础设施建设，为腹地提供更有效的服务，使港口与腹地更好地协同发展。

5.3.2.3 津冀港口与其腹地城市协同发展整体性分析

天津港、唐山港、黄骅港和秦皇岛港与腹地城市的协同度如表5-13、表5-14、表5-15和表5-16所示，2008—2013年天津港与其腹地城市的协同度整体上要高于其他三港，并且天津港与其腹地城市的协同发展比其他三港要先进入高度协同阶段。天津港市为我国规模最大的综合性港口之一，其吞吐能力和吞吐效率要高于其他三港，2008年天津港吞吐量为35593万吨，是唐山港吞吐量的2倍多；天津港基础设施建设和集疏运体系等方面有着较大的优势，不但能够满足腹地城市的物流需求，还可以带动临港工业的发展。所以，2008—2013年天津港与腹地城市的协同发展较好。

2014—2017年，由于港口前期的投资初见成效，基础设施不断完善，唐山港、黄骅港和秦皇岛港的吞吐量都有了很大的增长，2017年唐山港的吞吐量为57320万吨，超过了天津港的50056万吨。唐山港、黄骅港和秦皇岛港与其腹地城市的协同度在2014—2017年都有了较大提升，随着港口在各个方面的不断完善，港口为腹地城市提供的服务也越来越多样化，能够满足腹地城市对物流的需求，腹地城市在2008—2017年经济发展迅猛，不仅为港口带来了丰富的货源，还给港口的发展提供了支撑。虽然天津港与其腹地城市的协同发展并未达到极度协同阶段，但从整体来看，天津港与腹地城市的协同发展状况好于其他三港。

从图5-12、图5-13、图5-14和图5-15可知，4个港口与各腹地城市的协同度在2014—2017年要高于2007—2013年。2014年京津冀协同发展上升为国家战略以来，交通网络的不断完善和产业结构的调整，三地经济合作频繁，为港口带来更多的贸易机会，促进了港口的发展。为了响应京津冀协同发展，环渤海津冀港口投资发展有限公司于2014年8月成立，港口的建设和服务能力得到了极大的提升，促进了港口与腹地的合作。京津冀的协同发展在很大程度上促进了津冀港口与其腹地的协同发展。从图5-12、图5-13、图5-14和图5-15可看出，2008—2017年天津港、唐山港、黄骅港和秦皇岛港与其腹地城市的协同发展在总体上呈上升趋势。其中，唐山港与其腹地城市的协同度曲线比其他三港更为陡峭，天津港与各腹地城市的协同度增长缓慢，秦皇岛港与各腹地城市的协同度曲线在2014年出现了明显的拐点。自"十一五"以来，唐山港依托港口城市丰富的资源和雄厚的工业基础，在自身建设的同时不断为腹地城市提供多样的服务，货物吞吐量不断增加，取得了快速的发展，能够满足腹地城市不断提升的物流需求，与腹地城市之间的协同度增速明显。研究期间，津冀四大港口与其腹地的协同大多处于中度协同和高度协同阶段，除唐山港与承德市、天津港与其腹地城市未达到极度协同外，唐山港、黄骅港和秦皇岛港与其腹地城市的协同发展都达到了极度协同。

天津港在前期由于自身优势，与腹地城市的协同发展状况比其他三港要好，后期由于唐山港和黄骅港港口在各方面的不断完善，吞吐量有了较大提升。唐山港坐落在以钢铁、能源、化工等为支柱产业的唐山市，有着丰富的货源，且唐山市GDP在河北省一直居于首位，能够为唐山港的发展提供有力支撑，唐山港还有优良的造港深漕，在未来发展潜力巨大。黄骅港虽起步较晚但发展速度较快，2017年黄骅港吞吐量达到27028万吨。秦皇岛港后期发展势头不足，2017年固定资产投资和生产性泊位数有所下降，在2017年秦皇岛港的吞吐量为24520万吨，2017年秦皇岛港与其腹地城市的协同度都有所下降。

第6章　津冀港口群协同机制设计

1969年哈肯提出了协同理论，认为无序是混沌，有序是协同，而这种状态在特定条件下，无论是在自然界还是在人类活动中都是可以相互转换的。在系统中无序混沌的状态指的是各子系统无法实现协同，而这种原因会导致系统发挥不了整体优势从而被淘汰。在系统中有序的状态是指各个子系统相互协同，只有这样系统才能发挥整体效应。同时，哈肯认为协同学能够研究复杂系统内的各个子系统，在整个系统中，各个子系统之间相互竞争、相互影响，在特定条件下，系统能达到非平衡的有序状态，协同理论就可以分析研究这些非平衡有序系统的协同度。

协同理论的核心思想是在特定条件下，系统内的多个子系统之间通过相互影响协作，以达到整体的最优效果。系统内各个要素之间的动态发展规律是协同理论的主要研究范围。如果系统通过自组织作用产生了新的有序变化，那是因为在特定条件下一个开放式的子系统通过相互影响产生协调效应并达到了临界点，而这些新的有序变化又会带动原系统的进一步发展，从而形成新的更好的系统，使系统由混沌变为有序状态，使复杂的系统相互影响产生协同效应，这就是协同理论。

6.1 港口群协同发展的必要性

（1）避免同质化发展带来的资源浪费

港口行政管理权下放地方政府之后，各地政府纷纷出台目标宏伟的港口发展战略，为带动本地经济发展而大力发展港口。港口过度投资、重复建设现象时有发生，港口同质化趋势日益严重，尤其是集装箱港口建设方面表现尤为突出。以珠三角港口群为例,东莞要借助虎门港打造自己的"滨海新区";惠州将城市定位为"现代化港口城市";珠海港依托临近出口海口及自然条件优势,提出"以港立市"战略,着力发展集装箱及原油码头;中山港斥资25亿元启动港口二期开发。可见,各地政府对港口开发热情高涨,如果不加规划与协调,难免出现港口产能过剩的局面。在金融危机背景下,外贸货物运量的下降已然使国内部分集装箱装卸能力出现过剩现象,港口群如果不能进行合理投资与开发,必然导致港口吞吐能力的闲置和投资资金的浪费。

(2) 营造公平竞争的市场环境

公平竞争是保持市场效率的前提,营造有序、公平的市场环境是港口群健康发展的基础条件。近年来,随着货运量下降及政府干预力度的加强,港口群内港口竞争日趋激烈,甚至出现恶性竞争。恶性竞争主要表现为价格和费用竞争,通过不断调低运价及港口费用争揽货源,有些港口甚至代货主垫付各项费用。此外,有些地方政府为拓展海外航线,不惜以财政资金重奖挂靠本地港口的班轮公司。恶性竞争不仅扰乱了航运市场秩序,还使港航企业收入锐减,进而影响其可持续发展。而协同发展与协同竞争是港口群摆脱恶性竞争的重要途径。港口群内各个港口在充分沟通的基础上制定合理的竞争规则,同时对参与方进行有效监督,有利于营造公平竞争的市场环境,促进港口健康发展。

(3) 提升港口群整体竞争力的需要

我国港口面临着激烈的国际竞争。如果各个港口各自为政,国际大港很容易乘虚而入,将国内的中小型港口变成其支线港口。比如位于东北亚的韩国釜山港曾吸引大量中国货物到该港中转,随着大连东北亚国际航运中心的建设,这一状况才得到缓解。大连港正是通过整合周边港口资源,与周边港口协同发展,形成以大连港为干线港、其他周边港口为支线港的港口新格局,进而在同周边国际大港的竞争中脱颖而出。此外,随着内陆集疏运体系的逐步完善,邻近港口群之间的交叉腹地范围不断扩大,而能否争取到交叉腹地的货源取决于港口群的竞争力。为了提升港口群整体竞争力,各港口有必要在航线、技术、信息、深水泊位、拖轮、驳船等方面协同配合,真正实现资源共享和优势互补,从而谋求群内港口整体利益最大化,形成合作共赢的新局面。

（4）满足现代综合物流发展的新要求

目前港口物流已经发展到综合物流阶段，形成了包括仓储、运输、装卸、配送及其他增值服务在内的一体化物流服务体系，国际多式联运的发展更使港口地位发生变化，港口之间的竞争进入到一个新阶段。这时，港口之间的竞争不仅仅是货源的竞争，更多的是物流供应链之间的竞争，竞争的结果往往是整条供应链的迁移。这需要港口作为整合供应链的主体，提升整个供应链的运作效率。为此群内港口应建立物流联盟协同发展，共享物流设施和物流技术，合作开发新的物流供应链，使分散的物流产业获得规模经济和集约化经营，从而降低物流成本和风险，产生协同效应。此外，还应加强港货联盟和港航联盟，共同构筑协同发展的新阵线。

为适应国际多式联运的发展，群内港口之间还应在构建科学合理的集疏运网络体系上充分合作，实现海运同内河水运、铁路、公路、航空等内陆运输方式的无缝连接，分享网络资源与技术，共同为顾客提供门到门服务。

（5）更好地适应经济腹地产业结构变化

港口群与所在腹地的产业群存在相互依存、相互促进的紧密关系。港口群的发展必须适应所在区域产业发展的需要。近年来，许多沿海港口城市依托本地港口群的优势大力发展造船、石油化工、钢铁等临港工业，并在此基础上延伸出金融、保险、旅游、航运等临港服务业，为增强城市集聚辐射能力和发展后劲发挥了积极作用。但城市产业结构不是一成不变的，随着城市第三产业的兴起及工业经济结构的调整，原有的货源结构在不断变化，这就要求港口群必须适应这一变化。在这一过程中，群内港口间必须协同配合，调整和优化各个港口的功能与结构，适应所在地区经济腹地产业结构变化，既可以避免港口结构与腹地产业结构不相匹配带来的资源浪费，又能支持经济腹地产业结构的成功转型。

（6）顺应国际港口发展新趋势

①建设绿色港口。随着人们对环境保护问题越来越重视，建设绿色港口已成为全球港口业公认的目标。建设绿色港口就要科学规划产业布局，合理调整产业结构，协调经济发展与环境保护的关系，推广低碳技术，降低资源和能源消耗，促进港口升级。通过群内港口协同发展，制定统一的节能环保标准，分享节能环保技术，建立节能环保约束机制，发展"绿色港口"。

②建设安全港口。港口安全涉及危险事故处理、自然灾害、微生物入侵及反恐等方面。为此港口群应制定统一的安全标准,建立相应的安全监督机制,制定共同的应急行动预案,通过协同配合、相互支持确保所在港口群的安全运营并使危急事件的影响最小化。

③建设智慧港口。高新技术的广泛应用对现代港口经营管理产生了深刻的影响。物联网技术为建设智慧港口奠定了基础。简言之,智慧港口就是运用物联网技术及其他最新科技实现港口物流服务和管理的智能化。港口群协同发展除了能使群内港口共享最新科技成果及物流信息资源外,还可以大大缩短港口学习运用新技术的时间。

④建设柔性化港口。所谓港口的柔性化是指港口之间协同配合或港口与相关的供应链各环节之间实行无缝连接,以快速响应运输市场变化的能力。柔性化港口的角色具有多重性:在纵向海运供应链中,港口主要发挥海陆交接、中转、储存及物流增值服务等功能;在横向的港口联盟中,港口重点发展自己的分工项目;而从整个社会经济环境角度考虑,港口是区域物流中心、商贸服务中心和临港工业中心,其发展将会与整个腹地经济联动。可见,柔性化港口更强调港口之间、港口所在供应链之间、港口与所在区域之间的合作与互动。因此,港口群协同发展正是港口柔性化发展的必然选择。

6.2 津冀港口群协同发展总体策略功能定位

6.2.1 津冀港口群协同发展总体思路

长期以来,由于京津冀区域港口群分属不同的行政区域,港口规划建设各成体系,造成港口重复建设、港口腹地交叉、同质化竞争加剧、港口产业结构趋同、岸线设施资源使用率低下、港口收费价格恶性竞争、综合竞争力降低等诸多问题,进一步导致津冀港口之间的过度竞争。应该看到,港口间的过度竞争仅仅是对现有资源的再分配,并不能增加港口群总体的货源总量。因此,津冀港口应统筹布局,从对立竞争转变为密切合作,实现差异化、互补式发展,进而提升津冀港口群的整体竞争力。

津冀港口群协同发展的总体思路:以合作共赢为基本原则,以市场为导向、以资本为纽带，探索建立港口间的合作联盟，以推进港口转型升级为重点，建立有效的利益分配机制，合理进行收益分配，按照"多点支撑与集中布局相结合"的原则，进一步优化港口发展布局，着力构建高效、顺畅、协调的区域性物流体系，推动港口资源的优化配置，建立优势互补、错位发展、利益融合的津冀港口发展共同体，形成以天津港为龙头，以河北沿海港口为支撑，综合竞争力强、产业分工明确、港口功能完备的港口集群。"多点支撑"是指根据津冀沿海运输需求及规模较大的特点，将部分大宗货物运输功能适度分散到各地，形成四港联动、协调发展的大格局；"集中布局"是指在当前津冀沿海地区岸线资源紧张、环境污染严重的情况下，以规模化、集约化、专业化的大型港区为依托，在各个港口内部突出重点、集中布局，促进两地港口向资源节约型、环境友好型港口转变。

6.2.2 天津港发展思路

作为津冀港口群的核心港口，天津港是我国北方最大的综合性枢纽港，同世界上180多个国家和地区的500多个港口有贸易往来，特别是在内外贸集装箱方面优势明显，在津冀地区占据99%的外贸集装箱市场份额，拥有集装箱班轮航线119条，每月航班达500余班，并且是我国唯一拥有亚欧大陆桥的3条通道的港口。因此，天津港应大力推进北方国际航运中心建设，继续增强集装箱干线港的地位，重点发展远洋航线集装箱海运业务，在优化本港集装箱产业布局的基础上，承接河北港口的外贸集装箱业务。同时，与河北各港通过委托经营、合并重组等方式，将杂货、煤炭、矿石、原油等部分港口业务迁移到河北各港开展。天津港还应以自由贸易区设立和"一带一路"倡议的提出为契机，进一步明确作为新丝绸之路经济带重要出海口和桥头堡的地位，加强软实力建设，积极拓展保税、物流增值服务，优化完善口岸通关环境，大力推进港口贸易、航运金融、电子商务等现代服务业的集聚和发展，实现津冀港口群物流产业的高端化发展和物流供应链体系的融合发展。

6.2.3 河北港口发展思路

秦皇岛港是世界最大的煤炭输出港和干散货港，东港区以能源运输为主，拥有世界一流的现代化煤炭码头；西港区将重点发展海上旅游客运、邮轮游艇、亲水休闲、港口文化等。唐山港的京唐港区是河北省重要的集装箱港区，矿石、煤炭等业务发展迅速；曹妃甸港区重点打造重要的矿石中转港、煤炭下水港。黄骅港已形成综合港区、煤炭港区、散货港区、河口港区四大港区，加快由煤炭装船港向综合性港口转变。

综上所述，河北港口应结合各港口适合开展的货类业务，统筹规划，进一步合理调整区域内港口结构、货类结构、腹地结构、货源流向、运输网络等功能要素，带动商流、物流、资金流、信息流、人才流等要素向港口集聚，加快"港—产—城"协同发展进程。同时，合理规划泊位数量和岸线资源，结合各港特点，逐步承接天津港煤炭、矿石等货类业务，适量开展沿海集装箱业务，重点发展近洋运输及支线运输，同时充分借助天津港集装箱资源优势和服务贸易优势，大力发展集装箱内支线班轮业务，优化航线布局，探索实现传统港口产业与高端服务业的整合发展，从而建设成为津冀港口群中布局合理、分工明确的集装箱支线港和喂给港。

6.2.3.1 秦皇岛港区功能定位

秦皇岛港区煤炭及制品吞吐量占据了煤炭这一资源的绝对领先地位，秦皇岛港区的煤炭业务应保持北煤南运枢纽地位，成为河北港口群整合的融资平台。此外，由于秦皇岛港区的石油、天然气及制品吞吐量以及杂货（含集装箱）吞吐量领先于其他产品，秦皇岛港区应在保持北煤南运主枢纽港地位的基础上，力争发展成为环渤海地区的干散货和油品的接卸、中转和储运中心，实现集装箱业务的跨越式发展。

6.2.3.2 唐山港区功能定位

唐山港区占优势的是金属矿石吞吐量；唐山港区与另外两个港区之间的重叠是最小的。所以，唐山港区应深入拓展增值服务，建立现代服务型港口。唐山港区主要包括新兴的曹妃甸港区和已经具备相当规模的京唐港区。曹妃甸港区应深入拓展港口物流、商贸、信息等增值服务，并发展临港工业，逐步发展建设成为商工贸并举的现代服务型港口。京唐港区应成为具有散杂、多用途、集装箱、煤炭专用、水泥专用、液化石油气专用等各种货物运输能力的国家沿海重要港口。

6.2.3.3 黄骅综合港区功能定位

黄骅综合港区基础设施相对较弱；各资源吞吐量居中，与秦皇岛港区的重叠度最大。黄骅综合港区应立足矿石、集装箱业务，重点发展临港产业。黄骅综合港区应积极建设散杂货装卸作业区，开展矿石等散杂货、集装箱运输。黄骅综合港区拥有的辽阔腹地有利于其发展临港工业、仓储、物流等现代港口功能，应逐步成为多功能、综合性的港口，以适应腹地经济发展的运输需求，带动现代物流和临港产业的发展，进而带动区域经济发展。

总之，在完善内部分工、实现与环渤海地区其他港口错位发展后，河北港口群将形成优势互补、功能完善的现代物流体系，形成以秦、唐、沧三地于一体，与南方上水港联动，与渤海湾其他港口群为两翼的"一体两翼"格局。河北港口群以煤炭、矿石等大宗散货为主，而天津港的特色和优势则主要集中在集装箱运输方面，唐山港曹妃甸港区距天津港仅 38 海里，作为天津港的深水外港，与天津港在开发条件上有极好的互补性，应注重与天津港联合，引进管理模式和发展经验，发展特色集装箱支线航线，实现借势发挥。与辽宁、山东等港口群通过建立和完善跨区域口岸合作的机制，开展货物中转联合运输，降低运输成本，共同为经济腹地服务，建立航运信息网络，实现运输行情信息网络化，共同协商实现错位发展，互惠共赢。

6.3 津冀港口群协同发展策略

通过对津冀港口群系统协同演化模型的分析可知，港口群系统的协同发展受到多方面因素的影响。首先，港口自身条件和发展现状对港口的自然增长速度和最大发展潜力影响巨大，例如港口的基础设施建设、集疏运体系的建设等影响着港口的吞吐能力，对港口群的发展有一定的阻滞作用。其次，各港口之间的竞争合作对港口群系统协同演化有着至关重要的影响，正确合理的竞争合作策略能够促进各港口的协同发展，错误不合理的竞争合作策略会对港口群系统的协同发展产生明显的阻碍作用，甚至会导致某个子系统被淘汰，影响整个港口群系统的竞争力。最后，系统外部环境也影响着港口群系统的协同发展，最主要的外部他组织作用是政府的干预。通过分析津冀港口群系统的发展现状，结合仿真分析结果，从以下几个方面给出津冀港口群协同发展的对策及建议。

6.3.1 政府层面策略

6.3.1.1 强化区域战略观念和国际视野

政府应该强化津冀港口群系统的区域战略观念和港口群系统的国际视野，要从国家战略高度制定区域港口群可持续发展战略，强调区域协同发展与合作共赢的理念，引导津冀港口群系统积极主动融入国家战略中。在充分利用国内港口腹地市场的同时，将目光转向国际市场，利用国家战略带来的红利，拓展津冀港口群系统的市场资源，提高津冀港口群在区域经济、国内经济甚至是国际经济发展中的影响力。

6.3.1.2 合作建设港口服务体系

目前津冀港口群各地方政府出于对地方贸易的保护，合作成效低，严重阻碍了不同行政构架下的港口间的合作，进而限制了区域经济的发展。根据分析结果可知，港口的吞吐能力对自身发展有至关重要的作用，在腹地市场需求大于吞吐能力的前提下，吞吐能力决定着港口的最大发展潜力。由于实际发展过程中市场资源有限，津冀港口群系统四大港口市场竞争激烈，导致盲目投资、大规模盲目扩建现象严重，造成了严重的资源浪费。地方政府的合作提高了两地政府及所属港口的利润和服务水平，进而提高了整个港口群的竞争实力。因此地方政府应该打破行政限制，注重双方合作，共同投资建设港口服务体系，以提高津冀港口群整体服务水平。尤其要重视信息系统、物流系统等方面的投资建设，以提高港口效率，降低物流成本。同时要充分利用信息技术，投资建设电子数据交换系统（EDI）、电子闸口系统、X射线检测系统、口岸物流信息平台、服务流程自动化和智能化体系等，逐步提高港口物流信息处理和服务能力。津冀港口群应该在两地政府共同引导下，强化政府对津冀港口群整体投资规划能力，根据各港口现有的吞吐能力和对市场需求的预测，由政府根据市场需求合理分配港口建设投资比例，从全局掌握津冀港口群资源分配，明确各港口需求和对应的建设规模，强化津冀港口群系统资源统筹规划力度，防止因盲目扩建造成的资源浪费和由于吞吐能力的限制导致的市场资源的流失。合作双方形成港口物流信息标准化体系，建立公共信息资源平台，共享业务信息和先进技术，最终构筑以大港为中心的物流网络服务体系。

6.3.1.3 政府主导制定合作规划

目前，津冀港口群内各港口间的竞争大于合作，一方面原因在于不同地区行政体制的差异及各地方政府利益冲突，阻碍合作发展。津冀港口实施合作策略，首要关键点是突破行政体制的障碍，采取地方政府合作主导、统一思想、制定合作规划、引导并推进港口企业展开合作的策略。各地方政府合作主导，共同商讨港口未来竞合发展问题，制定港口合作发展战略规划，明确合作目标、合作内容。政府共同制定港口合作支持性政策，并建立港口企业合作平台，协调和解决津冀两地港口企业合作过程中的问题。在港口企业合作期间，政府应发挥规范和监管的职能，保证合作健康有序进行。充分发挥地方政府主导而不是干预的作用，最终达到地方政府合作主导在先，自上而下推进港口企业合作的目的。

编制区域性法律，规定港口费率以防止港口群之间采取价格战，规范环渤海港口群内环境保护标准，从而保护环渤海水域共同的水资源。

6.3.1.4 建立激励机制

港口企业打破竞争，采取合作策略，有利于各港口及整个港口群的发展，因此政府可建立激励机制来支持港口企业展开合作，促进各地方及区域经济的发展。第一，政府出台宏观政策支持性文件，促进津冀港口行业发展；第二，调整港口行业税收、财政及信贷等，对港口企业合作给予优惠性政策，达到激励合作行为的目的；第三，提供技术引进、人才培训等方面的支持与引导，给予资金及相关政策支持。最终形成政策利益，激励津冀港口企业间展开积极有效的合作。

6.3.1.5 统筹区域集疏运体系建设

集疏运体系是港口群系统发展的基础，津冀港口群系统的协同发展离不开京津冀区域集疏运体系的建设。具体来讲，一是完善津冀港口群区域海铁联运系统的建设，在现有公路和铁路交通网的基础上，规划港口公路铁路交通建设，打造港口货运专线，提升海铁联运效率，消除港口与临港区域的交通运输瓶颈。二是加强津冀港口群与内陆腹地的交通网络建设，通过建立更加成熟的腹地区域交通网络，形成综合集疏运体系，提高港口群对腹地市场的吸引力和辐射能力。

6.3.2 港口层面策略

6.3.2.1 建立津冀港口企业协会组织

建立津冀港口企业协会组织，为该区域内港口企业提供信息与技术交流平台，在组织中也可对港口行业的相关问题展开探讨。这有助于津冀港口群的整体发展，当然包括服务水平的提高。从博弈结果分析可知，港口企业的服务水平呈现相互促进的趋势，因此协会组织提供的交流平台不仅可以解决共性问题，而且可以促进整个津冀港口群服务水平的提高。

（1）打破行政壁垒，建立港口合作机制

进一步发挥政府在港口合作方面的扶持和引导作用，组建由两地政府和港口集团领导参与主导的港口合作发展小组，构建跨地区、跨部门、彼此职能对接的高层次沟通协调机制，统一协调港口分工定位，并成立由政府部门委派的组织机构来承担港口建设、物流等方面的协调工作。同时，在港口群各港之间建立互补互助的合作机制、信息共享机制和监督管理机制，完善津冀港口整体布局，以避免同质化竞争。

以市场运作为主导，优化整合港口资源，推动港口企业之间展开合作。京津冀地区不同于长三角和珠三角地区，其国有经济比例大，地方政府各自为政，干预港口企业，使市场机制不能充分发挥，这严重影响了港口的合作发展。为此，港口企业的发展及相互之间的合作，应该集中于市场领域，遵守市场运作规律，通过资本的纽带形成合作关系。这就需要完善市场机制，以市场为资源配置主要手段，同时，港口企业之间可共同组建公司平台，以控股、参股、协作联营等方式展开合作，开展项目共建共营，推进津冀区域港口项目的协同式开发与布局。比如，2014年天津港与河北港口集团共同出资组建公司平台——渤海津冀港口投资发展有限公司，开启了港口项目共同投资运营与管理、统筹规划两地港口资源及航运要素模式，力求实现津冀两地港口优势互补、合理分工，有力推动了津冀港口的合作。

（2）以市场为导向、以资本为纽带，建立港口合作联盟

抓住京津冀协同发展契机，采取参股、合资、委托经营、共同开发、兼并等市场化手段，推动天津港集团与河北省主要港口企业开展互利合作、港口投资，合理整合港口资源。具体而言，可以市场调节为手段，优化资源配

置，采取由在某一项业务上具有优势的企业实行控股、其他同类企业参股的形式，组建跨港的区域性专业化码头运营公司，实现津冀港口资源统筹规划配置、相对集中运营、港口错位发展，形成整体合力。

通过多港口博弈模型结果分析可知，港口企业进行统一价格合作有益于港口发展。在港口群中，港口企业往往为了赢得市场份额、提高利润，采用降低价格的策略。目前，北方的港口煤炭业务不容乐观，面对不断萎缩的市场，各港口企业为争取更多的货源，纷纷打起了价格战，致使津冀港口群内各港口企业同质化竞争越演越烈。这种通过竞相削价获取市场份额的策略，最终导致整体保持一种低价水平，使发展后劲不足，影响到港口企业服务质量、品牌效应的提升。

港口群内港口企业之间可通过建立价格联盟，避免价格战带来的弊端。根据市场及各港口企业相关因素，共同协调管理定价问题，制定收费标准，共同承担市场、经济发展、政策等不确定因素冲击带来的风险，并签订合作协议约束港口企业不良经济行为，保证合作的顺利进行。港口价格联盟的成立，促进港口企业之间展开合作，有利于港口避免价格恶性竞争，并将焦点更多地关注于提高港口作业效率、优化服务质量、完善物流系统等，从而提升品牌地位，促使港口群向服务水平高层次竞争方向发展。

（3）依托天津服务贸易优势，打造与国际接轨的港口发展环境

着力发挥天津港龙头作用。天津港作为津冀区域的枢纽大港，有能力引领港口群内其他港口的发展。由于港口合作能够达到共赢的结果，所以天津港在自我发展的同时，也应该注重与其他港口企业的合作，在合作中起到龙头作用，对合作港口就管理方法、信息、技术引进与应用、服务质量及业务流程等相关内容给予一定的帮助。其他港口要做到积极地学习与交流，达到共同发展。积极利用天津港服务贸易和对外开放优势，加快发展"物流-金融""物流-贸易""物流-电子商务"业务，加快推进港口大宗散货由物流运输集散向物流交易集成转变；借助天津自贸区设立、东疆保税港区发展优势，大力发展融资租赁、航运金融业务，建设产业聚集区及展示交易、采购分拨、融资服务、贸易便利化、电子商务等服务平台；在海关监管模式创新、税收制度改革、离岸金融等方面实现创新发展，积极打造与国际规则和国际惯例接轨的政策环境；借助天津服务贸易优势带动河北港口发展，逐步吸引

河北港口同类功能产业和企业向天津地区转移，实现区域合作共赢。

仅从地理位置上考虑，天津港与其距离仅38海里的曹妃甸港区合作具有实际意义。无论是从货源还是海岸线资源，曹妃甸港区与天津港的竞争程度更加激烈，曹妃甸港区与天津港合作将有更高的利润提升空间。当然合作不仅仅局限在港口服务价格上，天津港是人工港，没有优越的深水泊位，并且每年的清淤成本高，严重限制了港口的发展空间，而曹妃甸港区是天然的深水港，正好弥补了天津港的劣势。因此天津港可以将铁矿石等业务转移到曹妃甸港区，并设立利益分配机制，即曹妃甸港区应将增加收益的一部分给天津港作为补偿，或者两港以参股、合资等形式展开合作。天津港和曹妃甸港区的合作将在津冀港口群中发挥龙头和主导作用，两港通过合作提高服务水平，进而带动并促进其他港口企业服务水平的提高，有助于增强整个港口群的竞争力。

（4）提高陆向辐射能力，积极完善腹地物流网络，强化港口与临港城市和腹地的协调发展

在京津冀协同发展背景下，打通津冀港口间公路及铁路通道瓶颈，构建集铁路、公路、管道及货物枢纽为一体的综合集疏运交通体系，是新时期港口间协同发展的重点工作。为此，天津应进一步加快完善港口集疏运体系，推进天津港直通区域腹地的对外铁路通道建设，逐步提升海铁联运比例，建立多条与腹地高速公路网衔接的对外高速疏港通道，消除港城交通瓶颈。津冀两地政府应加大对海铁联运和公路集装箱运输发展的扶持力度，降低物流运输成本。在加强无水港在津冀地区布局的基础上，天津港应进一步提升无水港服务功能和经营功能，不断增强内陆无水港的辐射集聚能力，拓展无水港保税功能，推进口岸功能延伸，最终形成港城交通一体、客货交通分离、综合运输高效、各类方式衔接紧密、转换方便快捷的综合集疏运体系。

腹地是港口的服务对象，也是港口业务和市场需求的来源，腹地经济的发展状况直接影响着港口的生存和发展方向，是港口群系统存在和协同发展的基础。一方面，各港口要做好对自身业务类型和能力的清晰定位，结合港口所在城市的经济发展特点对临港产业作出准确定位，确定适合临港城市发展、能够突出临港城市优势的临港产业；在此基础上，建立临港产业服务体系，实现港口和临港城市双向协同、相互促进的良性发展模式。另一方面，

加强港口群腹地经济与港口群整体的协同发展，建立长效的资源共享和信息互通机制，以高效的港口运输服务水平，促进腹地经济的增长，吸引更多的腹地市场需求，提高港口群系统的腹地辐射能力。同时，根据腹地的经济发展状况和需求类型及时调整港口群的建设规模和业务种类，实现港口群和腹地经济的双向协同发展。

（5）提升港口信息化水平，构建公共信息共享平台

通过构建津冀港口群公共信息共享平台，加强港口群内信息互通与共享，可以实现津冀港口群各港之间和内陆腹地口岸间的对接，显著提高货物运输通关效率，降低通关成本。为此，津冀港口群应提升港口信息化水平，以天津港为中心，在各港口间建立协同互通码头的专业化信息平台，提高货物周转率和港口作业效率，而且便于形成统一开放的区域营销平台，进一步拓展津冀港口群的营销宣传渠道，为货主提供高效便捷的服务。津冀港口群系统的协同发展可以通过对"互联网+"、物联网、大数据挖掘等信息技术的应用，建立高度信息化的港口群信息共享机制，打造津冀港口群系统数据挖掘及信息共享平台，实现各港口间信息的互联互通。通过港口群内信息的互通与共享，一方面，拓宽港口群整体的信息获取渠道，从而提高港口的腹地市场辐射能力；另一方面，能够提高港口群系统的反应能力，降低由获取信息的时滞性带来的损失。

（6）保障港口与城市合理发展空间，促进"港、产、城"协调发展

港口与城市互动发展一直是国内外沿海港口城市发展的共同模式，保持港口与城市各自合理的发展空间，科学布局规划港口和城市用地，是保障津冀港口与城市之间人流、物流、信息流等要素实现合理流动的必备要素。因此，要按照港口与城市功能紧密结合、空间相对独立的原则，统筹、协调津冀港口产业区域与城市的空间关系，进一步制订实施港口、产业、城市的协同发展规划。通过发挥港口的聚集产业、优化布局的主要功能，完善以规模化、集约化的港口产业区为龙头，铁路、公路、管道等集疏运通道为依托的，"点—线—面"相结合的服务网络，引导相关港口产业向综合交通枢纽、主要运输通道集聚，从而使津冀两地的港口经济与生态环境形成协调统一的发展格局，实现港口与城市的和谐共荣发展。

6.3.2.2 加大对港口的投资

对各港口与腹地城市的协同度进行整体分析发现，唐山港、黄骅港和秦皇岛港由于前期对固定资产的投资，使其在后期港口与腹地城市的协同度有所提高，从长期来看，固定资产的投资有利于促进港口与腹地城市的协同发展。

（1）加大对港口基础设施的投资

天津港目前是津冀港口规模最大的港口，腹地范围较广，不仅服务于京津冀地区，而且腹地范围涵盖东北、华北、西北，连接东北亚与中西亚，同世界上180多个国家和地区的500多个港口有贸易往来。天津港是综合性大港，未来发展潜力无限。秦皇岛港虽起步较早，但后续发展势头不足。唐山港和黄骅港货物吞吐量一直呈持续上升趋势。2017年，唐山港货物吞吐量为57320万吨，而天津港的货物吞吐量为50056万吨，唐山港货物吞吐量在2017年超过了天津港。黄骅港2008年的货物吞吐量为7980万吨，2017年的吞吐量为27028万吨，黄骅港虽然起步较晚但发展速度快。唐山港与黄骅港具有很大的发展潜力。鉴于4个港口在未来的发展潜力巨大，建议加大对港口的投资，包括加强港口配套基础设施建设和现代信息平台的建设。在基础设施建设方面，各港口不仅要不断完善港口的建设，也应配备门类齐全、负荷能力大的装卸机械以提高港口的作业效率，同时，各港口应对未来的发展潜力进行评估，做好港口投资预算，避免过度投资造成浪费。

（2）加强港口群柔性化建设

津冀港口群业务种类多样且腹地市场需求不稳定，单个港口对经济环境变化和市场需求变化的应对能力有限，容易造成市场资源流失或港口资源闲置，从而导致资源浪费。而且，单个港口由于自身条件限制，能够为腹地市场提供的服务种类和业务量有限。以港口群为单位，形成区域化的港口集合，能够拓宽业务种类，提高服务上限，从而提高港口柔性，拓宽市场，使各港口能够发挥自身优势，充分利用资源，根据不同市场需求随时调整，提供差异化的服务。通过合理的合作竞争能够促进港口群运营和管理的柔性化。因为港口之间存在竞争合作，要求港口不能再单独行动，而是作为系统中的一个元素，必须具有良好的内部协同和外部环境适应能力。同时，港口群内部分工，能够为腹地提供更完善和多样化的柔性服务。因此，津冀港口群系统要加强港口柔性化建设，从而促进港口群系统协同发展，提高整个系统的竞争力。

6.3.2.3 加快港口功能分工

由于天津港、唐山港、黄骅港和秦皇岛港地理位置相近，在京津冀地区腹地交叉，导致4个港口承接业务类似，存在竞争关系。在2008—2017年，秦皇岛港煤炭的运输量为2.3亿吨左右，唐山港煤炭运输量为1.5亿吨左右，天津港煤炭运输量为1亿吨左右，黄骅港的煤炭运输量逐年递增，在2017年达到2.1亿吨。2017年，天津港金属矿石运输量为9700万吨，石油天然气及制品运输量为5707万吨，其中煤炭及制品占比为19%，金属矿石占比为21%，石油天然气及制品占比为11%；唐山港金属矿石运输量为24749万吨，石油天然气及制品运输量为1935万吨，其中煤炭及制品占比为31%，金属矿石占比为41%，石油天然及制品占比为3%；秦皇岛港矿石运输量为546万吨，石油天然气及制品运输量为364万吨，其中煤炭及制品占比为88%，金属矿石占比为2%，石油天然气及制品占比为1%。2017年黄骅港金属矿石运输量为3995万吨，石油天然气及制品运输量为478万吨，其中煤炭及制品占比为78%，金属矿石占比为15%，石油及天然气制品占比为2%。秦皇岛港和黄骅港的煤炭吞吐量和占比要高于天津港和唐山港，黄骅港和天津港金属矿石占比相似，4个港口的石油天然气及制品占比都较小。4个港口运输货物种类侧重不明显，津冀4个港口运输货物种类相似导致存在竞争关系、造成资源浪费。天津港是我国综合性运输大港，应明确天津港在津冀港口中的核心地位，各个港口应该结合自身的优势明确港口的功能，加快促进港口的功能分工，避免4个港口恶性竞争造成资源浪费。

合理分工，充分发挥各自优势。津冀港口群系统中各港口间可以通过组成港口组合的形式进行合作，相邻港口可以同时利用共有的港口资源优势进行联合、共同管理，有利于港口资源的合理利用和优势互补，同时通过规模效应，降低成本，提高效率，从而增强港口群系统的整体竞争力。同时，各港口应该充分发挥各自优势，错位发展、合理分工。天津港的集装箱化较为成熟，集装箱类业务应以天津港为枢纽港，带动其他港口的集装箱化发展，其他港口做好天津港的支线港或喂给港。秦皇岛应该在保证完成北煤南运任务的同时，拓展业务类型，优化业务结构，结合自身优势条件发展游轮旅游业等。唐山港要充分发挥深水港区的优势，重点发展大吨位数的能源类业务。黄骅港在以煤炭业务为主的同时,做好另外3个港口的喂给工作,补充其他3个港口吞吐能力的不足。这样通过合理分工,各港口能够充分发挥自身优势,在实现港口群系统吞吐能力最大化的同时,也能防止港口的过载运营和由于闲置造成的资源浪费,从而提高港口群系统的整体竞争力。

6.3.2.4 建立利益分配及保障监督机制

津冀港口群内的合作,其核心问题是利益的分配,即参与合作的各方均想获取比竞争下更高的利益,这就需要合作港口建立利益分配及保障机制,推动合作有效地进行。合作各方需要共同商讨制定利益分配机制,考虑各种影响利益分配的相关因素,需要用定量与定性结合的方法求得最佳利益均衡点,达到利益分配的科学性及合理性,避免合作者之间的利益冲突。

建立利益保障机制,进一步完善支持港口合作的政策措施,为津冀地区港口企业展开合作营造良好的法制环境,提高港口发展的积极性及合作的稳定性,保护合作港口的利益。主要是协助区域港口处理相关的司法案件,创造良好的法制环境,保护港口投资的利益。港口供应链在进行利益分配时,要使用科学的方法进行分配,不能仅凭主观经验,必要时要使用定性和定量相结合的方法进行利益分配,使利益与投入相匹配,对投入成本多的企业给予相应的利益补偿,同时在考虑影响利益分配的各种因素时要合理而全面。只有这样的利益分配方案才更具有说服力,从而让港口供应链各企业信服。

建立环渤海地区港口群竞争与合作的协商机制和利益调整机制。环渤海地区各港口在合作中会出现很多问题,因此建立和健全环渤海地区相关港口共同参与的协商制度很有必要。同时还要探索区域港口竞争与合作的利益调整机制,包括利益共享的合作机制与共同的利益保障机制。利益共享的合作机制要求对于有较大社会经济效益的区域性重大港口投资项目应探索新的投资经营机制,比如采取按股份分配收益、联合投资等新的形式,组建区域性港口投资经营集团公司,使得所投资的项目不受区域限制;而共同的利益保障机制的建立,主要是为了协助区域港口处理相关的司法案件,创造良好的法制环境,保护港口投资的利益。

需要指出的是,港口间发展港口物流的合作,其核心问题是利益分配,这就需要各级政府从环渤海整体经济实力提升角度去考虑利益分配问题,在提升环渤海地区整体港口物流发展竞争实力和运营效率的基础上进行利益分配。从长远考虑，只有环渤海区域港口物流整体实力得到有效提升，各地方政府才能从港口物流的发展中获得最大的利益，这就需要地方政府积极探索合作机制、创新合作方式，在相互博弈中找到最佳的利益平衡点。

港口企业是理性经济人，往往以利益最大化为合作目标，一旦港口企业能够通过不良竞争行为获取更高利润，将很可能放弃合作。港口企业间应建立监督机制，并利用信息共享技术、物联网等先进技术构建信息共享平台，利于各方获取决策信息，令合作企业行为更加透明化，约束恶性竞争行为，规范合作行为。

6.3.3 社会层面策略

6.3.3.1 加强腹地城市基础设施建设

津冀4个港口与京津冀地区的城市协同发展，对京津冀协同发展具有重要作用。港口不能孤立地发展，只有港口与腹地城市之间同步发展才能实现更有效的协同发展。京津冀地区腹地城市交通网络的完善有利于提高津冀港口的服务能力，通过对腹地城市交通网络的完善，连接港口与腹地城市间的铁路和公路，能够为港口的运输节约成本。对于腹地城市来说，应加大对腹地城市的基础设施建设的投资，以完善交通运输网络，加大对公路和铁路的投资建设，提高海铁联运等集疏运系统的发展水平，以提高港口吞吐量和港口吞吐效率。

6.3.3.2 促进腹地城市经济发展

港口与腹地城市协同发展要求港口与腹地城市同步发展，任一方的滞后发展都会影响两者的协同发展。2016年，唐山市年进出口总额为705.9亿元，同比下降18.2%，其中进口总额为238.9亿元，同比下降28.7%，出口总额为467.0亿元，同比下降11.5%。2017年，唐山市年进出口总额为637.7亿元，同比下降4.7%，其中进口总额为302.0亿元，同比增长25.8%，出口总额为371.7亿元，同比下降4.7%。唐山市2016年与2017年的贸易指标有所减少，唐山港与唐山市的协同度增长缓慢，天津港与唐山市的协同度有所下降。2017年天津市投资指标和产业结构指标都有所减少，天津港与天津市2016年的协同度为0.87，2017年的协同度为0.84，较2016年有所下降。经过对各个港口与其腹地城市的协同发展分析可知，腹地城市的投资指标、产业结构指标和对外贸易指标会对港口与其腹地城市的协同发展产生影响。所以实现港口与腹地城市的协同发展也需要腹地城市的良好发展。腹地城市经济良好运转不仅能够为港口的建设提供支撑，还可以为港口提供丰富的货源。腹地城市应尽力保持GDP的稳定增长，刺激消费、拉动内需，提高经济活力。港口行业的发展也需要其他行业的支撑，港口城市应利用自身优势吸引外资，适当发展临港工业，提高港口对腹地城市的服务能力，推动腹地经济的发展。各腹地城市应根据自身发展特征，结合港口的优势合理分配资源，达到"双赢"的效果。

6.3.3.3 加强专业人才建设

（1）加强专业人才培养

人才是推动经济增长的主要因素之一，也是提高各地竞争力的有效途径，人才的引进和培养对城市的发展尤为重要，所以在津冀港口与其腹地协同发展的道路上需要注重人才的引进和培养。在人才培养方面要推进港口城市高校相关专业建设，培养相关专业需要的人才。高校可根据自身需求制订人才培养方案，可聘请有经验的管理人员或科研人员开展科研工作，为津冀港口与腹地协同发展提供理论和技术支持。在人才培养过程中，不仅要制定相关的理论学习课程，也要注重实践，安排相关专业的实习课程，保证高等教育质量，注重理论与实践相结合。

（2）引进专业人才

在加强人才培养的同时也要注重引进人才。因为不同城市对养老金、医疗保险、户籍及子女就读的政策不同，导致在引进人才时出现了一些障碍，所以在人才引进方面需要各方政府放宽政策，为引进人才提供良好的政策环境，在吸纳人才的同时也要留住人才。为人才的流动提供便利条件，打破人才引进的障碍，对人才引进的环境进行优化。各方政府应从战略层面上支持人才高地构筑，不仅从引进人才的政策方面给予更多优惠和便利，也要在人才的培养方面加大资金的投入，结合各自的发展需求对紧缺专业的人才进行有针对性的培养。

参 考 文 献

[1] Xin Shi, Huan Li. Developing the port hinterland: Different perspectives and their application to Shenzhen Port, China[J]. Resseach in Transportation Bussiness & Management, 2016, 19(6): 42-50.

[2] Yi Zhang, Jasmine Siu Lee Lam. Estimating economic losses of industry clusters due to port disruptions[J]. Transportation Research Part A,2016,91.

[3] Dan He, Zhijing Sun, Peng Gao, Yui‐yip Lau. Spatial–temporal evolution of the port–hinterland relationship: A case study of the Midstream Yangtze River, China[J]. Growth and Change, 2019,50(3):1043-1061.

[4] Tsung-Chenlee, Paul-W. Lee, Tao Chen. Economic impact analysis of port development on the south african economy[J]. South African Journal of Economics, 2012,80(2):228-245.

[5] Rodrigue J P, NotteboomT. Foreland-based regionalization: Integrating intermediate hubs with port hinterlands[J]. Research in Transportation Economics, 2010, 27(1): 19-29.

[6] Jinjun Wang, Zhiren Ma. Port logistics cluster effect and coordinated development of port economy based on grey relational analysis model[J]. Journal of Coastal Research, 2019(94): 717-721.

[7] Slack B. Services linked to intermodal transportation[J]. Papers in Regional Science, 1996, 75(3): 253-263.

[8] Taaffe E J, Morrill R L, Gould P R. Transport expansion in underdeveloped countries[J]. Geographical Review, 1963(53): 502-529.

[9] Slack B. Intermodal transportation in North America and the development of

inland load centers[J]. Professional Geographer, 1990,42(1): 72-85.

[10] Rui Wang, Qingmei Tan. Dynamic model of port throughput's influence on regional economy[J]. Journal of Coastal Research, 2019,93(9): 811-816.

[11] 李振福,汤晓雯.港口腹地划分的腹地烟羽模型研究[J].地理科学,2014（10）：1169-1175.

[12] 董晓菲,韩增林.东北沿海港口群腹地空间格局及驱动机理[J].经济地理,2016（5）：33-39.

[13] 姜晓丽,张平宇.基于Huff模型的辽宁沿海港口腹地演变分析[J].地理科学,2013,33（3）：282-290.

[14] 徐维祥,许言庆.我国港口综合实力评价与主要港口腹地空间的演变[J].经济地理,2018（5）：26-35.

[15] 聂春祺,谷人旭,王春萌,等.城市空间自相关特征及腹地空间格局研究——以福建省为例[J].经济地理,2017,37（10）：74-81.

[16] 胡列格,段娟.两种港口经济腹地范围划分方法的对比——实现港区两型发展的途径[J].系统工程,2013,31（2）：37-41.

[17] 李谭,王利,王瑜.辽宁省港口物流效率及其与腹地经济协同发展研究[J].经济地理,2012,32（9）：108-113.

[18] 赵宇哲,周晶淼,钟逸雯,等.港口城市绿色增长发展机制研究——基于增长协同与资源约束的二重机制[J].管理评论,2018,30（1）：46-59.

[19] 刘超,陈祺弘.基于协同理论的港口群交互耦合协调度评价研究[J].经济经纬,2016,33（5）：8-12.

[20] 周晓阳,赵璨晖,鲁渤.不确定条件下基于分散式双层规划的绿色协同港口物流系统优化[J].中国管理科学,2015,23（S1）：262-268.

[21] 叶雷,焦华富,曹贤忠.港口能级与城市经济协调发展评价及对策研究——以安徽省沿江5市为例[J].世界地理研究,2018,27（2）：76-84.

[22] 孟飞荣,高秀丽.港口与直接经济腹地耦合协调度及其影响因素研究——以环北部湾港口群为例[J].地理与地理信息科学,2017（6）：94-100.

[23] 王洪清,祁春节,刘欢.港口对腹地经济贡献弹性的U形曲线及其理论解释[J].地域研究与开发,2013,（2）：22-26.

[24] 司增绰.港口基础设施与区域经济发展研究动态——基于国内研究文献梳

理[J].华东理工大学学报（社会科学版），2011（2）：48-60.

[25] 王柏玲，李慧，许欣.我国港口资源整合的困境及对策[J].经济纵横，2017（4）：64-69.

[26] 叶士琳，曹有挥，蒋自然，等.基于力学平衡模型的长三角港口物流发展协调性研究[J].地理科学，2017，37（11）：1624-1631.

[27] 朱道才，陆林，晋秀龙，等.基于引力模型的安徽城市空间格局研究[J].地理科学，2011，31（5）：551-556.

[28] 刘晓丽，方创琳，王发曾.中原城市群的空间组合特征与整合模式[J].地理研究，2008，27（2）：409-420.

[29] 董晓菲，韩增林，荣宏庆.大连港、营口港与腹地经济协同发展比较分析[J].地域研究与开发，2014，33（5）：39-43.

[30] Jose Tongzon, Young-Tae Chang, Sang-Yoon Lee. How supply chain oriented is the portsector[J]. International Journal of Production Economics, 2009, 122(1): 21-34.

[31] 顾波军.港口物流供应链及其柔性化运作机制研究[J].科技管理研究，2011（3）：120-124.

[32] 张恒，陈秋双.考虑船舶废气排放的港口群协同泊位分配研究[J].交通运输系统工程与信息，2014（4）：99-106.

[33] K Biehou, R Gray. A critical review of conventional terminology for classifying seaports[J]. Transportation Research Part A, 2005(39): 75-92.

[34] 真虹，洪然.基于系统动力学机制的航运可持续发展研究[J] 中国航海，2011（1）：5-9.

[35] 陈红霞，李国平，张丹.京津冀区域空间格局及其优化整合分析[J].城市发展研究，2011（11）：74-79.

[36] 崔冬初，宋之杰.京津冀区域经济一体化中存在的问题及对策[J].经济纵横，2012（5）：75-78.

[37] WANG Chuan-xu. Optimization of hub-and-spoke two-stage logistics network in regional port cluster[J]. Systems Engineering — Theory & Practice, 2008, 28(9): 152-158.

[38] Kaselimi E N, Notteboom T E,Borger B D. A game theoretical approach to

competition between multi-user terminals: the impact of dedicated terminals[J]. Maritime Policy and Management, 2011(38): 395-414.

[39] Peter W De Langen, Evert-Jan Visser. Collective action regimes in seaport clusters: the case of the lower Mississippi port cluster[J].Journal of transport geography, 2005:173-186.

[40] Song D W. Regional container port competition and co-operation: the case of hong kong and south china[J]. Journal of Transport Geography, 2002(10): 99-11.

[41] Wang K, Nga A K Y, Lam J S L, Fu X. Cooperation or competition? factors and conditions affecting regional port governance in south China[J].Maritime Economics and Logistics, 2012(14): 386-408.

[42] Yeo G T, Roe M, Dinwoodie J. Measuring the competitiveness of container ports: logisticians' perspectives[J]. European Journal of Marketing, 2011, 45(3): 455-470.

[43] Wu Y C J, Goh M. Container port efficiency in emerging and more advanced markets[J]. Transportation Research Part E: Logistics and Transportation Review, 2010, 46(6): 1030-1042.

[44] Luo M, Liu L, Gao F. Post-entry container port capacity expansion[J]. Transportation Research B, 2012(46): 120-138.

[45] Chi Zhang, Jose Emmanuel Ramirez-Marquez. Protecting critical infrastructures against intentional attacks: a two-stage game with incomplete information[J]. Iie Transactions, 2013, 45(3):244-258.

[46] 薛娜，李学工.港口供应链的精益六西格玛物流模式研究[J].标准科学，2009，423（8）：30-33.

[47] 刘晓春，白婕.京津冀区域经济一体化的主要问题和对策[J].安徽农业科学，2009，37（21）：10172-10174.

[48] 匡海波，陈树文.基于熵权TOPSIS的港口综合竞争力评价模型研究与实证[J].科学学与科学技术管理，2007（10）：157-162.

[49] 顾波军，张祥.港口物流系统的合作投资博弈分析[J].管理现代化，2014（3）：93-98.

[50] 余明珠，山峻.区域港口群中竞合关系的博弈研究[J].运筹与管理，2014（5）：93-100.

[51] 周鑫，季建华.港口竞争合作策略的演化博弈分析[J].中国航海，2008（3）：293-297.

[52] Absi N, Dauzère-Pérès S, Kedad-Sidhoum S, et al. Lot sizing with carbon emission constraints [J]. European Journal of Operational Research, 2013, 227(1): 55-61.

[53] Hoyle B, Charlier J. Inter-port com petition in developing countries[J]. Journal of Transport Geography, 1995, 3(2): 87-103.

[54] Timothy Andrew Stojanovic, Hugh D Ormerod Smith, Christopher F Wooldridge. The impact of the Habitats Directive on European port operationsand management[J]. Geo Journal, 2006(65): 16-176.

[55] Jacobs W. Port competition between Los Angeles and long beach: An institutional analysis[J]. Tijdschrift voor de Economische en Sociale Geografie, 2007, 98(3): 360-372.

[56] Taaffe E J, Morrill R L, Gould P R. Transport expansion in underdeveloped countries: a comparative analysis[J]. Geographical Review, 1963, 53(4): 503-529.

[57] Rimmer P J. The changing status of New Zealand seaports(1853-1960)[J]. Annals of the Association of American Geographers, 1967, 57(1): 88-100.

[58] Rimmer P J. The search for spatial regularities in the development of Australian seaports, 1861-1961/2[J]. Geografiska Annaler. Series B, Human Geography, 1967, 49(1): 42-55.

[59] Hilling D. The evolution of a port system: the case of Ghana[J]. Geography, 1977, 62(2): 97-105.

[60] Hayuth Y. Containerization and the load center concept[J]. Economic Geography, 1981(57): 160-175.

[61] Slack B. Intermodal transportation in North America and the development of inland load centers[J]. The professional Geographer, 1990, 42(1): 72-83.

[62] Notteboom T E, Rodrigue J P. Port regionalization: toward a new phrase in

port Development[J]. Maritime Policy and Management, 2005, 32(2):107-121.

[63] Gordon Wilmsmeiera, Jason Monios Port, Gabriel Pérez-Salas. Port system evolution-the case of Latin America and the Caribbean[J]. Journal of Transport Geography, 2014, 39(39): 208-221.

[64] 刘沛, 穆东, 苏捷.区域港口集疏运系统资源整合的动力学机理[J].系统管理学报, 2015, 24（3）: 444-451, 462.

[65] 程佳佳, 王成金.珠江三角洲集装箱港口体系演化及动力机制[J].地理学报, 2015, 70（8）: 1256-1270.

[66] 王丹, 张浩.区域港口间协调机制的演化博弈分析[J].大连海事大学学报, 2014, 40（4）: 61-68.

[67] 范洋, 高田义, 乔晗.基于博弈模型的港口群内竞争合作研究——以黄海地区为例[J].系统工程理论与实践, 2015（4）: 955-964.

[68] 鲁渤, 王辉坡.基于演化博弈的政府推动绿色港口建设对策[J].华东经济管理, 2017, 31（8）: 153-159.

[69] 王绍卜.我国沿海集装箱港口体系的空间结构及演化[J].经济地理, 2016, 36（8）: 93-98.

[70] 赵旭, 梁雪娇, 周巧琳, 等.海上丝绸之路沿线港口体系的空间布局演化[J].上海海事大学学报, 2017, 38（4）: 43-48.

[71] 董岗, 陈心怡.区域扩围视角下长江三角港口群空间结构演化及协同策略[J].大连海事大学学报（社会科学版）, 2017（4）: 61-66.

[72] 贾雨红, 李珊珊, 董燕泽, 等.基于社会网络分析的港口竞合关系模型[J].大连海事大学学报, 2012（2）: 51-55.

[73] 王丹, 李蓓蕾.具有无标度特性的港口网络演化模型[J].沈阳大学学报（自然科学版）, 2013, 25（5）: 379-382, 388.

[74] 蹇令香, 李东兵.我国沿海港口复杂网络演化特征[J].经济地理, 2016, 36（12）: 96-103.

[75] 李珊珊, 刘巍, 高红.基于基元的区域港口群竞合网络分析[J].智能系统学报, 2017（2）: 15-23.

[76] 毛天平.基于系统理论的高职院校教师培训体系构建[J].四川理工学院学报, 2013（3）: 88-92.

[77] 于馨燕.系统理论视角下的品牌生态商业模型构建[J].企业经济，2011（9）：48-50.

[78] Ilaria Giannoccaro, Pierpaolo Pontrandolfo. Supply chain coordination by revenue sharing contracts[J]. International Journal of Production Economics, 2004, 89（2）: 131-139.

[79] Chauhan S S, Proth J M. Analysis of a supply chain partnership with revenue sharing[J]. International Journal of Production Economics, 2005, 97（1）: 44-51.

[80] Cachon G P, Lariviere M A. Supply chain coordination with revenue-sharing contracts: strengths and limitations[J]. Management Science, 2005, 51（1）: 30-44.

[81] Lee H L, So K C, Tang C S. The value of information sharing in a two: level supply chain[J]. Management Science, 2000, 46(05): 626-643.

[82] 方巍，文学志，潘吴斌，等.云计算：概念、技术及应用研究综述[J].南京信息工程大学学报，2012，4（4）：351-361.

[83] 文科，朱延平.供应链成员企业相关利益分配研究[J].商业研究，2010，7（1）：50-52.

[84] 邱若臻，黄小原.供应链收入共享契约协调的随机期望值模型[J].中国管理科学，2006，14（4）：30-34.

[85] 张智勇，郑成华，宋薛峰.基于改进Shapley值得港口物流服务供应链利益分配分析[J].工业技术经济，2009（188）：113-115.

[86] 陈君.基于云计算的供应链信息协同研究[J].商业时代，2011（31）：28-29.

[87] 张秀菊，闫彦，杨建军.基于云计算的港口综合管理信息系统的研究[J].科技创新导报，2010（8）：29-30.

[88] 段茜，黄梦醒，万兵，等.云计算环境下基于马尔可夫链动态模糊评价的供应链伙伴选择研究[J].计算机应用研究，2014，31（8）：2403-2406.

[89] 王磊.云计算环境下基于灰色AHP的供应商信任评估研究[J].计算机应用研究，2013，30（3）：742-750.

[90] 陆永明.港口供应链协调评价研究[J].物流与采购研究，2009（41）：52-54.

[91] 汤伟.港口供应链物流能力影响因素及其协调策略研究[J].科技与经济，

2009,25(5):52-54.

[92] 寇鹏.关于港口物流供应链利益分配问题的探索[J].经营管理者,2014(9):233.

[93] 杨宛璐,王磊.云环境下双滑动窗口的供应商信任评估机制研究[J].微电子学与计算机,2014(6):158-161.

[94] 古川,张红霞,安玉发.云制造环境下的供应链管理系统研究[J].中国科技论坛,2013(2):122-127.

[95] 顾新,郭耀煌,罗利.知识链成员之间利益分配的二人合作博弈分析[J].系统工程理论与实践,2004(7):24-27.

[96] 卢志刚,张晓旭.基于云重心Shapley值法的电子商务声誉联盟利益分配策略[J].计算机应用,2012,32(10):2931-2934.

[97] 李剑锋,陈燕,翟军,等.港口供应链系统动力仿真模型研究[J].计算机工程与应用,2010,46(35):18-21.